John Squair, William Henry Fraser

The high school French reader, with vocabulary and notes

John Squair, William Henry Fraser

The high school French reader, with vocabulary and notes

ISBN/EAN: 9783337157203

Printed in Europe, USA, Canada, Australia, Japan

Cover: Foto ©Paul-Georg Meister /pixelio.de

More available books at **www.hansebooks.com**

THE
HIGH SCHOOL FRENCH READER

WITH

VOCABULARY AND NOTES

BY
J. SQUAIR, B.A.,
Lecturer on French, University College, Toronto,
AND
W. H. FRASER, B.A.,
Lecturer on Italian and Spanish, University of Toronto.

Authorized by the Education Department of Ontario.

PRICE 60 CENTS.

Toronto:
ROSE PUBLISHING COMPANY.
1892.

PREFACE.

In compiling the High School French Reader the editors have had in view requirements of elementary classes in French, and of candidates for Third Class Teachers' certificate in the Province of Ontario.

With regard to its general scope and design, the Reader is intended not only to afford the beginner practice in translation and the means of obtaining familiity with grammatical forms and construction, but also to serve as an introduction to French literature. It is believed that these two objects are not incompatible, and that it is quite possible for the beginner, while dealing primarily with the mechanism of the language, to obtain incidentally some little appreciation of the beauties of literary French.

The four parts into which the Reader is divided are progressive in order of difficulty. Part I., introductory in its nature, has purposely been made as simple as possible in language, while the thought is either simple in itself or already familiar. The fact is recognized that the student is here struggling chiefly with the grammatical form, and should not be further embarrassed by difficulties of subject matter and idiom.

Two well known fairy-tales, 'Little Red-Riding-Hood' and 'Puss in Boots,' form an easy transition to the short stories from modern authors, of which Part II. is chiefly made up. To this part has been allotted the largest space, both because it is hoped the reader will be encouraged by the interest of the narrative and also because the principal effort of the beginner should be directed to a mastery of the current language of the present day.

Part III. is devoted to prose extracts representing a few celebrated names. These extracts will give the reader a glimpse at least of the vast field of French prose literature, and will afford some little practice in translating the various literary styles.

In Part IV. will be found a few specimens of lyric poetry. It was felt that in a French Reader, however small, this important department of literature should not be wholly ignored. In addition to two of the most famous and most popular national songs, 'La Marseillaise' and 'Partant pour la Syrie,' characteristic poems from La Fontaine, Lamartine, Alfred de Musset, Chateaubriand, Victor Hugo and some authors of less note are given, while French-

PREFACE.

Canadian literature is represented by 'Les Mille-Isles' of Fréchette. The memorizing of some, if not all, of these gems of poetry might be suggested as a profitable class-room exercise.

The Vocabulary has been prepared with great care and is intentionally very full. The translating of French into English, while useful incidentally as an aid to acquiring a knowledge of French, is above all an exercise in the discriminating use of English words. Where possible, words more or less synonymous have been given along with the word most appropriate to the passage in question. This, it is hoped, will help to discourage the mischievous practice of mechanical translating.

The chief purpose of the Notes is the elucidation of the more difficult and obscure points in construction and idiom. At the same time, attention has occasionally been directed to the illustration in the text of important grammatical principles, with the intention rather of supplementing than of superseding the work of the teacher. Historical notes and notes on proper names have been given only where necessary to the comprehension of the text and not elsewhere, for reasons obvious to every experienced teacher.

It is hoped that with the help given in the vocabulary and notes the beginner will be enabled to rely largely upon his own efforts for the translation of the text, thus leaving free much valuable time which may be turned to useful account in other exercises in which the direction of the teacher is more important.

UNIVERSITY OF TORONTO,
    September, 1890.

CONTENTS.

PART I.—Fables and Anecdotes.

		Page.
1.	Le Chien et l'Ombre	1
2.	Le Renard et les Raisins	1
3.	La Cigale et la Fourmi	1
4.	Le Renard et le Bouc	2
5.	Swift et son Domestique	2
6.	Une Bonne Leçon	2
7.	Un Livre intéressant	3
8.	Qui va attacher le Grelot?	3
9.	Un nouveau Salomon	4
10.	Le Renard et le Coq	4
11.	Il ne faut jamais se venger	4
12.	Les Frais du Jugement	5
13.	Frédéric le Grand et le Déserteur	5
14.	Bon Mot d'un Soldat	6
15.	Henri IV et le Paysan	6
16.	L'Empereur et le Moine	7
17.	Les Traces des Mauvaises Actions sont ineffaçables	8
18.	Aimez vos Ennemis	9
19.	Les chiens du Saint Bernard	10

PART II.—Short Stories.

1.	Le Petit Chaperon Rouge	*Charles Perrault*	12
2.	Le Maître Chat ou le Chat Botté	*Charles Perrault*	14
3.	Boum-Boum	*Jules Claretie*	18
4.	L'Oncle d'Amérique	*Émile Souvestre*	27
5.	Le Voyage du Petit Gab	*André Theuriet*	39
6.	Maître Renard et Compère Loup	*Jules Claretie*	45

CONTENTS.

			Page
7.	La Dernière Classe	Alphonse Daudet	49
8.	La Chèvre de M. Seguin	Alphonse Daudet	55
9.	Le Siège de Berlin	Alphonse Daudet	61

PART III.—Prose Extracts.

1.	L'Union entre les Hommes	Lamennais	70
2.	Ne Jugez Point	Lamennais	71
3.	La Perle de Tolède	Prosper Mérimée	72
4.	La Chute du Niagara	Chateaubriand	73
5.	Le Charmeur de Serpents	Chateaubriand	74
6.	La Grotte de Calypso	Fénelon	76
7.	Louis XIV et le Courtisan	Mme. de Sévigné	77
8.	Le Trouvère	Edg. Quinet	78
9.	Mort de César	L.-P. de Ségur	79
10.	Départ de la Première Croisade	Michaud	82
11.	La Fête de la Fédération	Mignet	84
12.	Néant de la Grandeur Royale	Bossuet	86

PART IV.—Poetry.

1.	La Marseillaise	Rouget de l'Isle	89
2.	Le Départ pour la Syrie	De Laborde	90
3.	Le Savetier et le Financier	La Fontaine	91
4.	La Fermière	Hégésippe Moreau	93
5.	Les Bœufs	Pierre Dupont	94
6.	Les Mille-Isles	Fréchette	96
7.	Hymne de l'Enfant	Lamartine	97
8.	L'Exilé	Chateaubriand	98
9.	La Feuille	Arnault	99
10.	Tristesse	Alfred de Musset	100
11.	A ma Fille	Victor Hugo	101
12.	Pour les Pauvres	Victor Hugo	102

Vocabulary 105
Notes 189

ERRATA.

Page.	Line.			
12	20	for	'Et' read	'Eh'
16	14	"	'forts' read	'fort'
20	25	"	'acheterai' read	'achèterai'
21	5	"	'qu'est-ce' read	'qu'est-ce que'
22	13	"	'attrappait read	'attrapait'
24	29	"	'for 'ais dés olée' read	'mais désolée'
25	16	"	'figure,' read	'figure'
29	16	"	'ils rappellent' read	'ils se rappellent'
31	26	"	'désséché' read	'desséché'
40	4	"	'attendais' read	'attendait'
41	7	"	'ensoleillée' read	'ensoleillées'
43	5	"	'l'a' read	'la'
51	11	"	'au' read	'aux'
54	11	"	'allatt' read	'allait'
65	22	"	'fortresse' read	'forteresse'
76	—	"	'Fénélon' read	'Fénelon'
97	7	"	'ils' read	'il'

The numbering of lines on p. 66 is incorrect.

HIGH SCHOOL FRENCH READER.

PART I.—Fables and Anecdotes.

1. LE CHIEN ET L'OMBRE.

Un chien traversait une rivière sur un pont, avec un morceau de viande dans sa gueule. Il aperçut dans l'eau son ombre, et s'imagina que c'était un autre chien qui portait aussi de la viande. Aussitôt, voulant la lui arracher, il lâcha le morceau qu'il tenait, et se jeta dans l'eau. Mais il n'attrapa ni la viande ni l'image et il eut toutes les peines du monde à regagner le bord.

2. LE RENARD ET LES RAISINS.

Un renard, qui mourait presque de faim, vit au haut d'une vigne des grappes de raisin d'une belle couleur, et qui paraissaient parfaitement mûres. Il en aurait volontiers fait un repas, et il les regarda d'un œil de convoitise. Mais, voyant qu'il n'y pouvait pas atteindre, "Ce fruit est trop vert," dit-il. "Il ne vaut pas la peine d'être cueilli. Il ne serait bon qu'à donner aux cochons."

3. LA CIGALE ET LA FOURMI.

Une cigale avait passé tout l'été à se divertir dans les champs. Quand l'hiver fut venu, elle fut fort embarrassée, car elle n'avait rien à manger. Dans sa détresse elle alla trouver sa voisine la fourmi, la priant de lui prêter quelque chose pour subsister pendant l'hiver. "Je vous le rendrai sans faute au printemps," lui dit-elle.—"Que faisiez-vous pendant la belle saison?" demanda-t-elle à la cigale.—"Je chantais."—"Vous chantiez ! J'en suis bien aise. Eh bien, vous pouvez danser maintenant."

4. LE RENARD ET LE BOUC.

Un renard était tombé par mégarde dans un puits, et ne pouvait en sortir, parce que le bord en était trop haut. Un bouc qui avait soif vint au même endroit, et demanda au renard si l'eau était bonne, et s'il y en avait beaucoup. Celui-ci, pour le faire tomber dans le piège, lui dit : " Descends, cher ami, l'eau est si bonne, et j'ai tant de plaisir à en boire, que je ne puis la quitter." Le bouc descendit, le renard monta sur les grandes cornes, se tira hors du puits, et laissa au fond le pauvre bouc.

5. SWIFT ET SON DOMESTIQUE.

Swift, étant prêt à monter à cheval, demanda ses bottes ; son domestique les lui apporta. " Pourquoi ne sont-elles pas nettoyées ?" lui dit le doyen de Saint-Patrice.—" C'est que vous allez les salir tout à l'heure dans les chemins, et j'ai pensé que ce n'était pas la peine de les décrotter." Un instant après, le domestique ayant demandé à Swift la cléf du buffet :—" Pour quoi faire ?" lui dit son maître.—" Pour déjeuner."—" Oh ! " reprit le docteur, "comme vous aurez encore faim dans deux heures d'ici, ce n'est pas la peine de manger à présent."

6. UNE BONNE LEÇON.

Un domestique avait beaucoup à souffrir du caractère inégal de son maître. Un jour, celui-ci revint de fort mauvaise humeur, et se mit à table pour dîner. Il trouva la soupe trop froide, et, cédant à sa colère, il la saisit et la jeta par la fenêtre. Le domestique s'avise alors de jeter, après la soupe, la viande qu'il allait mettre sur la table, puis enfin la nappe elle-même. "Téméraire, que fais-tu?" s'écria le maitre irrité, en se levant furieux de sa chaise.—" Pardonnez-moi, monsieur," répliqua froidement le domestique, "si je n'ai pas compris votre intention."

7. UN LIVRE INTÉRESSANT.

Frédéric le Grand avait un aide de camp, qui avait peu de fortune et qui vivait dans la gêne. Il lui envoie un petit portefeuille, en forme de livre, où il avait placé 500 thalers. Quelque temps après il rencontre l'officier. "Eh bien!" lui dit-il, "comment avez-vous trouvé l'ouvrage que je vous ai adressé?" —" Parfait, Sire," répond l'aide de camp, " et même tellement intéressant que j'en attends le second volume avec impatience." Le roi sourit ; et, quand vint la fête de l'officier, il lui envoya un nouveau portefeuille absolument semblable au premier, avec ces mots en tête du livre : " Cette œuvre n'a que deux volumes."

8. QUI VA ATTACHER LE GRELOT?

Un chat, grand ennemi des rats, en avait fait un si grand carnage dans une maison, qu'il n'y en avait presque plus. Ceux qui restaient, n'osant quitter leurs trous, mouraient presque de faim. Enfin, un jour que Minet était dehors, ils tinrent chapitre, pour délibérer sur ce qu'il y avait à faire dans cette extrémité. D'abord, leur doyen, rat plein d'expérience, opina qu'il fallait attacher un grelot au cou du chat, et cela plus tôt que plus tard ; que le bruit du grelot les avertirait de son approche, et qu'ils auraient le temps de se sauver dans leurs trous. Toute l'assemblée fut de l'avis du doyen, mais malheureusement aucun des rats n'osa attacher le grelot, et il fallut se séparer sans rien faire.

9. UN NOUVEAU SALOMON.

Un homme, étant tombé à la mer, allait périr, lorsque des pêcheurs volèrent à son secours, et parvinrent à lui sauver la vie, à l'aide de leurs crocs. Malheureusement, en le tirant de l'eau, on lui creva un œil. Lorsque cet homme eut repris ses sens, il les remercia du service qu'ils lui avaient rendu. Mais, bientôt après, il se ravisa ; il les cita devant un magistrat, les accusa de lui avoir crevé un œil et demanda une indemnité. Le magistrat fut d'abord fort embarrassé ; mais, après avoir mûrement réfléchi, il rendit le jugement suivant : "J'ordonne que le plaignant soit jeté à la mer à l'endroit où il était tombé ; et, s'il parvient à se retirer seul de l'eau, les pêcheurs lui paieront l'indemnité qu'il réclame."

10. LE RENARD ET LE COQ.

Un renard, voyant des poules juchées avec leur coq dans une cour, tâchait de les attirer par de belles paroles. "J'ai," dit-il, "une bonne nouvelle à vous apprendre ; c'est que les animaux ont tenu un grand conseil, et ont fait entre eux une paix éternelle. Descendez, célébrons de bonne amitié cette paix." Le coq, plus fin que le renard, se dresse sur ses ergots et regarde de tous côtés. "Que regardez-vous donc ?"—"Je regarde deux chiens qui s'avancent." Et le renard se sauve à toutes jambes. "Oh !" dit le coq, "la paix est faite entre les animaux."—"Oh !" lui crie le renard en courant de plus belle, "peut-être que ces deux chiens n'en savent pas encore la nouvelle."

11. IL NE FAUT JAMAIS SE VENGER.

Un homme riche se prit de querelle avec un pauvre journalier ; dans le fort de sa colère, il lui jeta une pierre. Le pauvre la ramassa et la mit dans sa poche. "Il viendra un temps," pensa-t-il, "où je pourrai la renvoyer à la tête de mon ennemi."

Le riche, réduit à la mendicité par son orgueil, sa fainéantise et sa prodigalité, passa un jour couvert de haillons devant la cabane du pauvre.

Celui-ci alla chercher sa pierre pour la lancer sur l'infortuné ; mais, par une subite réflexion, il s'arrêta et dit : "Non, je vois en ce moment qu'il ne faut jamais se venger de son ennemi ; car, s'il est riche et puissant, c'est un acte de folie ; et s'il est malheureux c'est une barbarie."

12. LES FRAIS DU JUGEMENT.

Sous un magnifique noyer à l'entrée du village, deux petits garçons trouvèrent une noix. "Elle m'appartient," disait Ignace, "car c'est moi qui l'ai vue le premier."

—"Non, elle est à moi," s'écria Bernard, "car c'est moi qui l'ai ramassée." Là-dessus, il s'éleva entre eux une violente querelle.

"Je vais vous mettre d'accord," leur dit un autre garçon plus âgé et plus fort qui survint par hasard. En effet, il se plaça entre les deux prétendants, ouvrit la noix et prononça cette sentence : "L'une des coquilles appartient à celui qui le premier a vu la noix ; l'autre coquille à celui qui l'a ramassée ; quant à l'amande, je la garde pour les frais du jugement."

13. FRÉDÉRIC LE GRAND ET LE DÉSERTEUR.

Quelque temps avant la bataille de Rosbach, époque à laquelle les affaires du roi de Prusse étaient dans un tel état, qu'il y avait tout lieu d'en augurer une perte totale et prochaine, ce prince était couché et dormait sur la paille. Un de

ses officiers, nommé Spencer, le réveilla en lui disant, "Frédéric, voilà un de tes grenadiers qui avait déserté, qu'on te ramène."—"Fais-le avancer," lui dit le roi, et, lorsqu'il fut en sa présence, il lui demanda quelle raison il avait eu de l'abandon-
5 ner.—"Tes affaires," lui répondit le déserteur, "sont dans un tel état, que je t'ai quitté pour chercher fortune ailleurs."—"Tu as raison," lui répliqua le roi; "mais je te demande de rester avec moi encore cette campagne; et, si les choses ne vont pas mieux, je te promets de déserter avec toi."

14. BON MOT D'UN SOLDAT.

10 On sait sous quelle discipline sévère vivaient les troupes de Charles XII, qu'elles ne pillaient pas les villes prises d'assaut avant d'en avoir reçu la permission, qu'elles allaient même au pillage avec ordre et le quittaient au premier signal. Un jour, le roi se promenant à cheval près de Leipsic, un paysan saxon
15 vint se jeter à ses pieds pour lui demander justice d'un grenadier qui venait de lui enlever ce qui était destiné pour le dîner de sa famille. Le roi fit venir ce soldat: "Est-il vrai," dit-il d'un visage sévère, "que vous avez volé cet homme?"—"Sire," dit le soldat, "je ne lui ai pas fait tant de mal que Votre Ma-
20 jesté en a fait à son maître: vous lui avez ôté un royaume, et je n'ai pris à ce manant qu'un dindon." Le roi donna dix ducats de sa main au paysan, et pardonna au soldat en faveur de la hardiesse du bon mot, en lui disant:—"Souviens-toi, mon ami, que, si j'ai ôté un royaume au roi Auguste, je n'en ai rien
25 pris pour moi."

15. HENRI IV ET LE PAYSAN.

Henri IV, dans une chasse, s'étant écarté, suivant sa coutume, de ses gardes et de sa cour, rencontra un paysan assis sous un arbre. "Que fais-tu là?" lui dit le prince. — "J'étais venu ici dès le point du jour, pour voir passer le roi," répondit le paysan; "sans ce désir, je serais à labourer mon champ, qui n'est pas fort éloigné."—"Si tu veux monter sur la croupe de mon cheval," lui répliqua Henri, "je te conduirai où est le roi, et tu le verras à ton aise."

Le paysan, enchanté, profite de la rencontre, monte à côté du chevalier et demande chemin faisant comment il pourra reconnaître le roi. "Tu n'auras qu'à regarder celui qui sera couvert pendant que tous les autres auront la tête nue."

Enfin le moment arrive où le roi rejoint une partie de sa cour et se trouve parmi ses courtisans; tous se découvrent, excepté lui. Alors il demande au paysan: "Eh bien, quel est le roi?" —"Ma foi, monsieur," lui répondit-il, "c'est vous ou moi, car il n'y a que nous deux qui ayons notre chapeau sur la tête."

16. L'EMPEREUR ET LE MOINE.

Un soir, le grand empereur Charlemagne, qui est mort (il y a) plus de mille ans, était assis à la porte de son palais.

Devant lui étaient ses gardes et ses serviteurs.

Un moine vient à passer. Il tient à la main un grand bâton, porte une besace sur le dos, et une gourde à la ceinture. Il s'arrête et veut entrer dans le palais.

"Moine," dit un des gardes, "que veux-tu?"

—"Je veux entrer dans cette hôtellerie pour y dormir," répond le moine.

—"Moine," dit le garde, "ceci n'est pas une hôtellerie. Passe ton chemin."

Charlemagne, qui a tout entendu, fait approcher le moine, et lui dit doucement:—"Bon moine, ceci n'est pas une hôtellerie; c'est mon palais, et je suis l'empereur Charlemagne."

Le moine ne se trouble pas et dit :—" Seigneur, à qui ce palais appartenait-il il y a cinquante ans ?"
—" A mon grand-père," répond l'empereur.
—" Et après votre grand-père ?"
—"A moi."
—" Et quand vous serez mort, qui aura votre palais ?"
—" Mon fils Louis !" dit l'empereur.
—" Seigneur," s'écrie le moine, " une maison où l'on passe ainsi les uns après les autres, n'est-ce pas une hôtellerie ?"

17. LES TRACES DES MAUVAISES ACTIONS SONT INEFFAÇABLES.

Un fermier avait un fils appelé Jean, garçon insouciant et léger. " Écoute !" lui dit-il un jour, " chaque fois que tu feras mal, j'enfoncerai un clou dans ce poteau ; et chaque fois que tu feras bien, j'en retirerai un. Ce sera comme un livre où tu pourras lire ta conduite."

Ainsi dit, ainsi fait. Et chaque jour le père avait un clou et quelquefois un grand nombre de clous à planter. Rarement, bien rarement, en avait-il un à retirer.

A la fin, Jean s'aperçut que le poteau était tout couvert de clous et il commença à être honteux de tant de fautes. Il résolut alors de se mieux conduire, et, dès le jour suivant, il fut si obéissant et si appliqué que plusieurs clous furent enlevés ; le lendemain et les jours suivants, il en fut de même. Et Jean persévérant dans ses efforts, le moment vint où il ne resta plus qu'un clou à ôter.

" Regarde, Jean !" lui dit alors son père ; " voici le dernier clou, je vais l'arracher ! N'est-tu pas content ?"

Jean regarda le poteau ; mais, au lieu d'exprimer sa joie comme s'y attendait son père, il fondit en larmes.

"Comment," dit le père, "je croyais que tu serais ravi que tous les clous fussent ôtés."—"Oui," dit Jean en sanglotant, "les clous n'y sont plus, mais les trous restent."

18. AIMEZ VOS ENNEMIS.

Un père, chargé de biens et d'années, prit le parti de distribuer entre ses trois fils ses richesses, fruit de ses travaux. "Je me réserve encore," dit le vieillard, "un diamant, que je destine à celui d'entre vous qui se distinguera le plus par quelque action noble et généreuse."

Pour obtenir ce prix, les fils se dispersent ; mais, au bout de trois mois, on les voit de retour à la maison paternelle.

L'aîné des frères, s'adressant à son père, lui parla ainsi :—

"Pendant mon voyage, un étranger m'a confié un dépôt sans avoir de sûreté de ma part, et dès qu'il me l'a redemandé, je le lui ai remis fidèlement. Dites-moi, cette action ne mérite-t-elle pas des éloges ?"

—"Tu as fait, mon fils, ce que tu devais faire," reprit alors le père, "et celui qui agit autrement est un fripon ; car la probité est un devoir. Ton action est bonne, mais elle n'est pas généreuse."

Le second reprit ensuite :

"Dans ma tournée, je passais un jour auprès d'un étang, dans lequel un pauvre enfant venait de se laisser tomber. Je courus aussitôt à son secours ; je le tirai de l'eau et lui sauvai la vie."

—"Tu as fait, mon enfant," repartit le vieillard, "ce qu'en qualité d'hommes nous sommes tous obligés de faire pour nos semblables."

Le plus jeune dit à son tour :

"Un jour, je trouvai mon ennemi profondément endormi au

bord d'un précipice. Sa vie était entre mes mains. Je l'ai doucement éveillé et je l'ai tiré du danger."

—" O mon fils !" s'écria le vieillard en le regardant tendrement, "le diamant est à toi. Quelle grandeur d'âme que de 5 faire du bien à son ennemi !"

19. LES CHIENS DU SAINT BERNARD.

Les chiens du mont St. Bernard passent leur vie à aller chercher les pauvres voyageurs ensevelis dans la neige ; ils les réchauffent, et leur présentent, avec une intelligence admirable, la liqueur qu'ils portent dans une gourde suspendue à leur cou 10 par une chaînette de fer.

Écoutez un récit d'un jeune domestique du couvent : "Si je suis ici, messieurs, c'est à un de ces bons chiens que je le dois. J'avais six ans, lorsque ma mère, traversant avec moi le St. Bernard, tomba dans un abîme. A cette vue, je poussai 15 des cris affreux. Étendu sur la neige, mes membres furent bientôt raides de froid. A six ans on ne sait pas se passer de sa mère. Ne voyant point revenir la mienne, je fus saisi d'un désespoir dont le souvenir me fait encore battre le cœur. Un chien entend mes cris ; il accourt, lève la tête pour m'engager 20 à prendre la gourde, qu'une main charitable et prévoyante lui avait confiée "

"Dans mon inexpérience, je m'effraye des mouvements du chien, et je cherche à m'éloigner de lui. Le bon animal voit mon erreur, il lève une patte doucement, puis la pose encore 25 plus doucement sur mes pieds, il lèche mes mains engourdies. Je me rassure, je tâche de me relever ; impossible ! Croyez-vous que le chien va me laisser là ? Pas du tout, il s'approche de moi, et par ses gémissements et sa pantomime il m'invite à monter sur lui. J'y réussis, mais non sans peine, et mon libérateur m'amena ainsi à l'hospice, où je reçus les soins les plus touchants."

" Je n'eus pas, comme vous pouvez le croire, d'autre désir que de rester ici avec mon ami. Les bons moines m'ont élevé, m'ont instruit, et lorsqu'ils m'ont offert d'aller apprendre un état en Italie ou en Suisse, j'ai dit : ' Non, je resterai ici pour recevoir et assister les voyageurs ; ma vie leur appartient.' "

PART II.—Short Stories.

1. LE PETIT CHAPERON ROUGE.

CHARLES PERRAULT.

Il était une fois une petite fille de village, la plus jolie qu'on eût pu voir ; sa mère en était folle, et sa mère-grand plus folle encore. Cette bonne femme lui fit faire un petit chaperon rouge qui lui seyait si bien, que partout on l'appelait le petit Chaperon Rouge.

Un jour sa mère, ayant fait des galettes, lui dit : " Va voir comment se porte ta mère-grand, car on m'a dit qu'elle était malade. Porte-lui une galette et ce petit pot de beurre." Le petit Chaperon Rouge partit aussitôt pour aller chez sa mère-grand, qui demeurait dans un autre village. En passant dans un bois, elle rencontra compère le Loup, qui eut bien envie de la manger ; mais il n'osa, à cause de quelques bûcherons qui étaient dans la forêt. Il lui demanda où elle allait. La pauvre enfant, qui ne savait pas qu'il était dangereux de s'arrêter à écouter un loup, lui dit : " Je vais voir ma mère-grand, et lui porter une galette avec un pot de beurre que ma mère lui envoie. — Demeure-t-elle bien loin ? lui dit le Loup. — Oh ! oui, lui dit le petit Chaperon Rouge ; c'est par delà le moulin que vous voyez tout là-bas, là-bas à la première maison du village.—Eh bien ! dit le Loup, je veux aller la voir aussi ; je m'y en vais par ce chemin-ci, et toi par ce chemin-là, et nous verrons à qui plus tôt y sera." Le Loup se mit à courir de toute sa force par le chemin qui était le plus court ; et la petite fille s'en alla par le chemin le plus long, s'amusant à cueillir des noisettes, à courir après des papillons et à faire des bouquets des petites fleurs qu'elle rencontrait. Le Loup ne fut pas longtemps à arriver à la maison de la mère-grand ; il heurte : toc, toc.—" Qui est là ?—C'est votre fille, le petit Chaperon Rouge, dit le Loup en contrefaisant sa voix, qui vous apporte une galette et un petit pot de beurre que ma mère vous 5 envoie." La bonne mère-grand, qui était dans son lit, à cause qu'elle se trouvait un peu mal, lui cria : " Tire la chevillette, la bobinette cherra." Le Loup tira la chevillette, et la porte s'ouvrit. Il se jeta sur la bonne femme, et la dévora en moins de rien, car il y avait plus de trois jours qu'il n'avait mangé. 10 Ensuite il ferma la porte, et alla se coucher dans le lit de la mère-grand, en attendant le petit Chaperon Rouge, qui, quelque temps après, vint heurter à la porte : toc, toc.—" Qui est là ?" Le petit Chaperon Rouge, qui entendit la grosse voix du Loup, eut peur d'abord, mais, croyant que sa mère-grand 15 était enrhumée, répondit : " C'est votre fille le petit Chaperon Rouge, qui vous apporte une galette et un petit pot de beurre que ma mère vous envoie." Le Loup lui cria en adoucissant un peu sa voix : " Tire la chevillette, la bobinette cherra." Le petit Chaperon Rouge tira la chevillette, et la porte s'ouvrit. 20 Le Loup la voyant entrer, lui dit en se cachant dans le lit, sous la couverture : " Mets la galette et le petit pot de beurre sur la huche, et viens te coucher avec moi." Le petit Chaperon Rouge se déshabille, et va se mettre dans le lit, où elle fut bien étonnée de voir comment sa mère-grand était faite en son déshabillé. 25 Elle lui dit : " Ma mère-grand, que vous avez de grands bras ! —C'est pour mieux t'embrasser, ma fille.—Ma mère-grand, que vous avez de grandes jambes !— C'est pour mieux courir, mon enfant.—Ma mère-grand, que vous avez de grandes oreilles !—C'est pour mieux t'écouter, mon enfant.—Ma 30 mère-grand, que vous avez de grands yeux !—C'est pour mieux te voir, mon enfant.—Ma mère-grand, que vous avez de grandes dents !—C'est pour te manger." Et, en disant ces mots, le méchant Loup se jeta sur le petit Chaperon Rouge, et la mangea.

2. LE MAÎTRE CHAT OU LE CHAT BOTTÉ.
CHARLES PERRAULT.

Un meunier ne laissa pour tous biens à trois enfants qu'il avait, que son moulin, son âne et son chat. Les partages furent bientôt faits ; ni le notaire, ni le procureur n'y furent appelés. Ils auraient eu bientôt mangé tout le pauvre patrimoine. L'aîné eut le moulin, le second eut l'âne, et le plus jeune n'eut que le chat. Ce dernier ne pouvait se consoler d'avoir un si pauvre lot. "Mes frères, disait-il, pourront gagner leur vie honnêtement en se mettant ensemble ; pour moi, lorsque j'aurai mangé mon chat, et que je me serai fait un manchon de sa peau, il faudra que je meure de faim." Le Chat, qui entendait ce discours, mais qui n'en fit pas semblant, lui dit d'un air posé et sérieux : " Ne vous affligez point, mon maître, vous n'avez qu'à me donner un sac et me faire faire une paire de bottes pour aller dans les broussailles, et vous verrez que vous n'êtes pas si mal partagé que vous croyez." Quoique le maître du Chat ne fît pas grand fond là-dessus, il lui avait vu faire tant de tours de souplesse pour prendre des rats et des souris, comme quand il se pendait par les pieds, ou qu'il se cachait dans la farine pour faire le mort, qu'il ne désespéra pas d'en être secouru dans sa misère. Lorsque le Chat eut ce qu'il avait demandé, il se botta bravement, et, mettant son sac à son cou, il en prit les cordons avec ses pattes de devant, et s'en alla dans une garenne où il y avait grand nombre de lapins.

LE MAITRE CHAT OU LE CHAT BOTTÉ.

Il mit du son et des lacerons dans son sac, et, s'étendant comme s'il eût été mort, il attendit que quelque jeune lapin, peu instruit encore des ruses de ce monde, vînt se fourrer dans son sac pour manger ce qu'il y avait mis. A peine fut-il couché, qu'il eut contentement ; un jeune étourdi de lapin entra dans son sac, et le maître Chat, tirant aussitôt ses cordons, le prit et le tua sans miséricorde. Tout glorieux de sa proie, il s'en alla chez le roi et demanda à lui parler. On le fit monter à l'appartement de Sa Majesté, où étant entré, il fit une grande révérence au roi, et lui dit : " Voilà, sire, un lapin de garenne que M. le marquis de Carabas (c'était le nom qu'il prit en gré de donner à son maître) m'a chargé de vous présenter de sa part.—Dis à ton maître, répondit le roi, que je le remercie, et qu'il me fait plaisir." Une autre fois, il alla se cacher dans un blé, tenant toujours son sac ouvert, et lorsque deux perdrix y furent entrées, il tira les cordons et les prit toutes deux. Il alla ensuite les présenter au roi, comme il avait fait du lapin de garenne. Le roi reçut encore avec plaisir les deux perdrix, et lui fit donner pour boire. Le Chat continua ainsi, pendant deux ou trois mois, de porter de temps en temps au roi du gibier de la chasse de son maître. Un jour qu'il sut que le roi devait aller à la promenade sur le bord de la rivière, avec sa fille, la plus belle princesse du monde, il dit à son maître: " Si vous voulez suivre mon conseil, votre fortune est faite ; vous n'avez qu'à vous baigner dans la rivière, à l'endroit que je vous montrerai, et ensuite me laisser faire." Le marquis de Carabas fit ce que son chat lui conseillait, sans savoir à quoi cela serait bon. Dans le temps qu'il se baignait, le roi vint à passer, et le Chat se mit à crier de toute sa force : " Au secours ! au secours ! voilà M. le marquis de Carabas qui se noie !", A ce cri, le roi mit la tête à la portière, et reconnais-

sant le Chat qui lui avait apporté tant de fois du gibier, il
ordonna à ses gardes qu'on allât vite au secours de M. le marquis de Carabas. Pendant qu'on retirait le pauvre marquis de
la rivière, le Chat, s'approchant du carrosse, dit au roi que, dans
5 le temps que son maître se baignait, il était venu des voleurs
qui avaient emporté ses habits, quoiqu'il eût crié *au voleur !*
de toute sa force : le drôle les avait cachés sous une grosse
pierre. Le roi ordonna aussitôt aux officiers de sa garde-robe
d'aller querir un de ses plus beaux habits pour M. le marquis
10 de Carabas. Le roi lui fit mille caresses ; et, comme les beaux
habits qu'on venait de lui donner relevaient sa bonne mine
(car il était beau et bien fait de sa personne), la fille du roi le
trouva fort à son gré, et le marquis de Carabas ne lui eut pas
plus tôt jeté deux ou trois regards fort respectueux et un peu
15 tendres, qu'elle en devint amoureuse à la folie. Le roi voulut
qu'il montât dans son carrosse et qu'il fût de la promenade.
Le Chat, ravi de voir que son dessein commençait à réussir,
prit les devants, et, ayant rencontré des paysans qui fauchaient
un pré, il leur dit : "*Bonnes gens qui fauchez, si vous ne dites pas
20 au roi que le pré que vous fauchez appartient à M. le marquis
de Carabas, vous serez tous hachés menu comme chair à pâté.*"
Le roi ne manqua pas de demander aux faucheurs à qui était
ce pré qu'ils fauchaient. "C'est à M. le marquis de Carabas,"
dirent-ils tous ensemble ; car la menace du Chat leur avait fait
25 peur. "Vous avez là un bel héritage, dit le roi au marquis de
Carabas.—Vous voyez, sire, répondit le marquis, c'est un
pré qui ne manque point de rapporter abondamment toutes les
années." Le maître Chat, qui allait toujours devant, rencontra
des moissonneurs, et leur dit : "*Bonnes gens qui moissonnez, si
30 vous ne dites pas que tous ces blés appartiennent à M. le marquis
de Carabas, vous serez tous hachés menu comme chair à pâté.*"

Le roi, qui passa un moment après, voulut savoir à qui appartenaient tous les blés qu'il voyait. "C'est à M. le marquis de Carabas," répondirent les moissonneurs, et le roi s'en réjouit encore avec le marquis. Le Chat, qui allait devant le carrosse, disait toujours la même chose à tous ceux qu'il rencontrait ; et 5 le roi était étonné des grands biens de M. le marquis de Carabas. Le maître Chat arriva enfin dans un beau château, dont le maître était un ogre, le plus riche qu'on ait jamais vu : car toutes les terres par où le roi avait passé étaient de la dépendance de ce château. Le Chat eut soin de s'informer qui était 10 cet ogre, et ce qu'il savait faire, et demanda à lui parler, disant qu'il n'avait pas voulu passer si près de son château sans avoir l'honneur de lui faire la révérence. L'ogre le reçut aussi civilement que le peut un ogre, et le fit reposer. "On m'a assuré, dit le Chat, que vous aviez le don de vous changer en 15 toutes sortes d'animaux, et que vous pouviez, par exemple, vous transformer en lion, en éléphant.—Cela est vrai, répondit brusquement l'ogre, et, pour vous le montrer, vous allez me voir devenir lion." Le Chat fut si effrayé de voir un lion devant lui, qu'il gagna aussitôt les gouttières, non sans peine et sans 20 péril, à cause de ses bottes, qui ne valaient rien pour marcher sur les tuiles. Quelque temps après, le Chat ayant vu que l'ogre avait quitté sa première forme, descendit et avoua qu'il avait eu bien peur. "On m'a assuré encore, dit le Chat, mais je ne saurais le croire, que vous aviez aussi le pouvoir de prendre la 25 forme des plus petits animaux, par exemple de vous changer en un rat, en une souris : je vous avoue que je tiens cela tout à fait impossible.—Impossible ! reprit l'ogre, vous allez le voir ; " et en même temps il se changea en une souris, qui se mit à courir sur le plancher. Le Chat ne l'eut pas plus tôt aperçue, 30 qu'il se jeta dessus et la mangea. Cependant le roi, qui vit

en passant le beau château de l'ogre, voulut entrer dedans. Le Chat qui entendit le bruit du carrosse qui passait sur le pont-levis, courut au-devant, et dit au roi : "Votre majesté soit la bienvenue dans ce château de M. le marquis de Carabas !—
5 Comment, monsieur le marquis, s'écria le roi, ce château est encore à vous ! Il ne se peut rien de plus beau que cette cour et tous ces bâtiments qui l'environnent ; voyons les dedans, s'il vous plaît." Le marquis donna la main à la jeune princesse, et, suivant le roi qui montait le premier, ils entrèrent
10 dans une grande salle, où ils trouvèrent une magnifique collation que l'ogre avait fait préparer pour ses amis, qui devaient venir le voir ce même jour-là, mais qui n'avaient pas osé y entrer, sachant que le roi y était. Le roi, charmé des bonnes qualités de M. le marquis de Carabas, de même que sa fille,
15 qui en était folle, et voyant les grands biens qu'il possédait, lui dit, après avoir bu cinq ou six coups : "Il ne tiendra qu'à vous, monsieur le marquis, que vous ne soyez mon gendre." Le marquis, faisant de grandes révérences, accepta l'honneur que lui faisait le roi ; et, dès le même jour, il épousa la prin-
20 cesse. Le chat devint grand seigneur, et ne courut plus après les souris que pour se divertir.

3. BOUM-BOUM.

JULES CLARETIE.

I

L'enfant restait étendu, pâle, dans son petit lit blanc, et, de ses yeux agrandis par la fièvre, regardait devant lui, toujours avec la fixité étrange des malades qui aperçoivent déjà ce que
25 les vivants ne voient pas.

La mère au pied du lit, mordant ses doigts pour ne pas crier, suivait, anxieuse, poignardée de souffrance, les progrès de la maladie sur le pauvre visage aminci du petit être, et le père, un brave homme d'ouvrier, renfonçait dans ses yeux rouges les pleurs qui lui brûlaient les paupières.

Et le jour se levait, clair, doux, un beau matin de juin, entrant dans l'étroite chambre de la rue des Abbesses, où se mourait le petit François, l'enfant de Jacques Legrand et de Madeleine Legrand, sa femme.

Il avait sept ans. Tout blond, tout rose, et si vif; gai comme un passereau, le petit, il n'y avait pas trois semaines encore ! . . . Mais une fièvre l'avait saisi, on l'avait ramené, un soir, de l'école communale, la tête lourde et les mains très chaudes. Et depuis il était là, dans ce lit, et quelquefois, en ses délires il disait en regardant ses petits souliers bien cirés que la mère avait soigneusement placés dans un coin, sur une planche :

" On peut bien les jeter maintenant, les souliers du petit François ! Petit François ne les mettra plus ! Petit François n'ira plus à l'école . . . jamais, jamais ! "

Alors le père disait, criait : " Veux-tu bien te taire ! " et la mère allait enfoncer sa tête blonde, toute pâle, dans son oreiller pour que le petit François ne l'entendît pas pleurer.

Cette nuit-là, l'enfant n'avait pas eu le délire ; mais depuis deux jours il inquiétait le médecin par une sorte d'abattement bizarre qui ressemblait à de l'abandon, comme si, à sept ans, le malade eût éprouvé déjà l'ennui de vivre. Il était las, silencieux, triste, laissant ballotter sa tête maigre sur le traversin, ne voulant rien prendre, n'ayant plus aucun sourire sur ses pauvres lèvres amincies, et, les yeux hagards, cherchant, voyant on ne savait quoi, là-bas, très loin. . .

"Là-haut ! peut-être !" pensait Madeleine qui frissonnait. Quand on voulait lui faire prendre une tisane, un sirop, un peu de bouillon, il refusait. Il refusait tout.

"Veux-tu quelque chose, François ?

—Non, je ne veux rien !

—Il faut pourtant le tirer de là, avait dit le docteur. Cette torpeur m'effraye ! . . . Vous êtes le père et la mère, vous connaissez bien votre enfant. . . . Cherchez ce qui pourrait ranimer ce petit corps, rappeler à terre cet esprit qui court après les nuages ! . . ."

Et il était parti.

"Cherchez !"

Oui, sans doute, ils le connaissaient bien, leur François, les braves gens ! Ils savaient combien ça l'amusait, le petit, d'aller saccager les haies le dimanche et de revenir à Paris, chargé d'aubépines, sur les épaules du père, ou encore aux Champs-Élysées, d'entrevoir Guignol dans l'intérieur de la *ficelle*, avec les petits riches. . . . Jacques Legrand avait acheté à François des images, des soldats dorés, des ombres chinoises ; il les découpait, les mettait sur le lit de l'enfant, les faisait danser devant les yeux égarés du petit, et avec des envies de pleurer, il essayait de le faire rire. . . .

"Ça c'est un général ! . . . Tu te rappelles, nous en avons vu un, un général, au bois de Boulogne, une fois ? . . . Si tu prends bien ta tisane, je t'en achèterai un pour de vrai, avec une tunique de drap et des épaulettes d'or. . . . Le veux-tu, dis, le général ? . . . .

—Non, répondit l'enfant, de la voix sèche que donne la fièvre.

—Veux-tu un pistolet, des billes. . . . une arbalète ?

—Non, répétait la petite voix, nette et presque cruelle. . ."

Et à tout ce qu'on lui disait, à tous les pantins, à tous les ballons qu'on lui promettait, la petite voix—tandis que les parents s'entre-regardaient désespérés—répondait : " Non . . . non . . . non ! "

" Mais qu'est-ce que tu veux, enfin, mon François ? " demanda la mère. " Voyons, il y a bien quelque chose que tu voudrais avoir. . . . Dis, dis-le-moi ! . . . à moi ! . . . ta maman ! "
Et elle coulait sa joue sur l'oreiller du petit malade, et elle lui murmurait cela à l'oreille, gentiment comme un secret. Alors l'enfant, avec un accent bizarre, se redressant sur son lit et étendant vers quelque chose d'invisible une main avide, répondit tout à coup d'un ton ardent, à la fois suppliant et impératif :

" Je veux *Boum-Boum !* "

II

Boum-Boum !

La pauvre Madeleine jeta à son mari un regard effaré. Que disait donc là le petit ? Est-ce que c'était encore une fois le délire, l'affreux délire qui revenait ?

Boum-Boum !

Elle ne savait ce que cela signifiait et elle en avait peur de ces mots singuliers que l'enfant, maintenant, répétait avec un entêtement maladif, comme si, n'ayant pas osé jusque-là formuler son rêve, il s'y cramponnait à présent dans une obstination invincible :

" Oui, Boum-Boum ! Boum-Boum ! Boum-Boum ! Je veux Boum-Boum ! "

La mère avait saisi nerveusement la main de Jacques, disant tout bas comme une folle :

" Qu'est-ce que ça signifie, ça, Jacques ? Il est perdu ! "

Mais le père avait sur son visage rude de travailleur un sourire presque heureux et stupéfait aussi, le sourire d'un condamné qui entrevoit une possibilité de liberté.

Boum-Boum ! Il se rappelait bien la matinée du lundi de
5 Pâques où il avait conduit François au Cirque. Il avait encore dans l'oreille les grands éclats de joie de l'enfant, son bon rire de gamin amusé, lorsque le clown, le beau clown tout pailleté d'or avec un grand papillon mordoré, scintillant, multicolore, dans le dos de son costume noir, faisait quelque
10 gambade à travers la piste, donnait un croc-en-jambe à un écuyer, ou se tenait immobile et raide sur le sable, la tête en bas et les pieds en l'air, ou jetait au lustre des chapeaux de feutre mou qu'il attrapait adroitement sur son crâne, où ils formaient un à un une pyramide, et à chaque tour, à chaque
15 lazzi comme un beau refrain égayant sa face spirituelle et drôle, poussait le même cri, répétait le même mot, accompagné par fois par un roulement de l'orchestre : *Boum-Boum !*

Boum-Boum ! Et à chaque fois qu'il arrivait, *Boum-Boum !* le cirque éclatait en bravos, et le petit partait de son grand
20 rire. Boum-Boum ! C'était ce Boum-Boum-là, c'était le clown du cirque, c'était l'amuseur de toute une partie de la ville qu'il voulait voir, qu'il voulait avoir, le petit François, et qu'il n'aurait pas et ne verrait pas, puisqu'il était là, couché, sans forces dans son lit blanc !

25 Le soir, Jacques Legrand apporta à l'enfant un clown articulé, tout cousu de paillons, qu'il avait acheté, dans un passage, très cher. Le prix de quatre de ses journées de mécanicien ! Mais il eût donné vingt, trente, il eût donné le prix d'une année de son labeur, pour ramener un sourire aux
30 lèvres pâles du malade. . . .

L'enfant regarda un moment le joujou, qui étincelait sur ses draps blancs ; puis, tristement :
"Ce n'est pas Boum-Boum ! . . . Je veux voir Boum-Boum !"

Ah ! si Jacques avait pu l'envelopper dans ses couvertures, l'emporter, le porter au Cirque, lui montrer le clown dansant sous le lustre allumé et lui dire : —"Regarde !" Il fit mieux, Jacques, il alla au Cirque, demanda l'adresse du clown et, timide, les jambes cassées d'émotion, il monta une à une les marches qui menaient à l'appartement de l'artiste, à Montmartre. C'était bien hardi ce qu'il venait faire là, Jacques ! Mais, après tout, les comédiens vont bien chanter, dire des monologues chez les grands seigneurs, dans les salons. Peut-être que le clown consentirait à venir dire bonjour à François. N'importe, comment allait-on le recevoir, lui, Jacques Legrand, là, chez Boum-Boum ?

Ce n'était plus Boum-Boum ! C'était M. Moreno, et, dans le logis artistique, des livres, des gravures, une élégance d'art faisaient comme un décor choisi à un charmant homme qui reçut Jacques dans son cabinet, pareil à celui d'un médecin.

Jacques regardait, ne reconnaissant le clown et tournait, retournait entre ses doigts son chapeau de feutre. L'autre attendait. Alors le père s'excusa. C'était étonnant, ce qu'il venait demander là, ça ne se faisait pas. . . pardon, excuse. . . . Mais enfin, il s'agissait du petit. . . Un gentil petit, Monsieur. Et si intelligent ! Toujours le premier à l'école, excepté dans le calcul qu'il ne comprend pas. . . Un rêveur, ce petit, voyez-vous ! Oui, un rêveur. Et la preuve. . . . tenez. . . .

Jacques maintenant hésitait, balbutiait ; puis il ramassa son courage et brusquement :

"La preuve c'est qu'il veut vous voir, qu'il ne pense qu'à vous et que vous êtes là, devant lui, comme une étoile qu'il voudrait avoir et qu'il regarde. . . ."

Quand il eut fini, le père très blême, avait sur le front de 5 grosses gouttes. Il n'osait regarder le clown, qui, lui, restait les yeux fixés sur l'ouvrier. Et qu'est-ce qu'il allait dire, Boum-Boum? S'il allait le congédier, le prendre pour un fou, le mettre à la porte?

"Vous demeurez? demanda Boum-Boum.

10 —Oh! tout près! Rue des Abbesses!

—Allons! dit l'autre. Il veut voir Boum-Boum, votre garçon? Eh bien, il va voir Boum-Boum."

III

Lorsque la porte s'ouvrit devant le clown, Jacques Legrand cria joyeusement à son fils :

15 " François, sois content, gamin ! Tiens, le voilà, Boum-Boum ! "

Et l'enfant eut sur le visage un éclair de joie. Il se souleva sur le bras de sa mère et tourna la tête vers les deux hommes qui venaient, chercha un moment, à côté de son père, quel 20 était ce monsieur en redingote dont la bonne figure gaie lui souriait, et qu'il ne connaissait pas, et quand on lui dit : "C'est Boum-Boum !" il laissa tomber lentement, tristement son front sur l'oreiller et resta encore, les yeux fixes, ses beaux grands yeux bleus qui regardaient au delà des murailles de la 25 petite chambre et cherchaient toujours les paillons et le papillon de Boum-Boum, comme un amoureux qui poursuit son rêve. . .

" Non. répondit l'enfant de sa voix qui n'était plus sèche, mais désolée non, ce n'est pas Boum-Boum."

Le clown, debout, près du petit lit, laissait tomber sur le visage du petit malade un regard profond, très grave et d'une douceur infinie.

Il hocha la tête, regarda le père anxieux, la mère écrasée, dit en souriant : " Il a raison, ce n'est pas Boum-Boum ! " Et il partit.

" Je ne le verrai pas, je ne le verrai plus, Boum-Boum ! " répétait maintenant l'enfant dont la petite voix parlait aux anges. " Boum-Boum est peut-être là-bas, là-bas, où petit François ira bientôt."

Et tout à coup —il n'y avait pas une demi-heure que le clown avait disparu —brusquement la porte se rouvrit comme tout à l'heure, et, dans son maillot noir pailleté, la houpette jaune sur le crâne, le papillon d'or sur la poitrine et dans le dos, un large sourire ouvrant comme une bouche de tirelire, sa bonne figure enfarinée, Boum-Boum, le vrai Boum-Boum, le Boum-Boum du cirque, le Boum-Boum du quartier populaire, le Boum-Boum du petit François, Boum-Boum parut..

Et sur ce petit lit blanc, une joie de vie dans les yeux, riant, pleurant, heureux, sauvé, l'enfant frappa de ses maigres petites mains, cria *bravo* et dit, avec sa gaîté de sept ans, qui partit tout à coup, allumée comme une fusée :

" Boum ! Boum-Boum ! C'est lui, c'est lui, cette fois ! Voilà Boum-Boum ! Vive Boum-Boum ! Bonjour, Boum-Boum ! "

IV

Quand le docteur revint, ce jour-là, il trouva, assis au chevet du petit François, un clown à face blême, qui faisait rire encore et toujours rire le petit, et qui lui disait, en remuant un morceau de sucre au fond d'une tasse de tisane :

"Tu sais, si tu ne bois pas, petit François, Boum-Boum ne reviendra plus."

Et l'enfant buvait.

" N'est-ce pas que c'est bon ?

—Très bon ! . . . merci, Boum-Boum !

—Docteur, dit le clown au médecin, ne soyez pas jaloux. . . Il me semble pourtant que mes grimaces lui font autant de bien que vos ordonnances !"

Le père et la mère pleuraient ; mais, cette fois, c'était de joie.

Et jusqu'à ce que le petit François fût sur pied, une voiture s'arrêta tous les jours devant le logis d'ouvrier de la rue des Abbesses, à Montmartre, et un homme en descendit, enveloppé dans un paletot, le collet relevé, et, dessous costumé comme pour le cirque, avec un gai visage enfariné.

"Qu'est-ce que je vous dois, Monsieur? dit à la fin Jacques Legrand au maître clown, lorsque l'enfant fit sa première sortie, car enfin je vous dois quelque chose !"

Le clown tendit aux parents ses deux larges mains d'Hercule doux.

"Une poignée de main," dit-il. . . .

Puis, posant deux gros baisers sur les joues redevenues roses de l'enfant :

"Et, dit-il, en riant, la permission de mettre sur mes cartes de visite :

BOUM-BOUM

Docteur acrobate, médecin ordinaire du petit François !"

4. L'ONCLE D'AMÉRIQUE.
ÉMILE SOUVESTRE.

Bien qu'au commencement de ce siècle Dieppe eût déjà beaucoup perdu de son importance, ses expéditions maritimes avaient encore une grandeur que le commerce restreint de nos jours ne peut faire soupçonner. Le temps des fortunes fabuleuses n'était point tellement passé qu'on ne vît, de temps en temps, revenir des pays lointains, quelques-uns de ces millionnaires inattendus dont le théâtre a tant abusé, et l'on pouvait encore, sans trop de naïveté, croire à la réalité des *oncles d'Amérique*. En effet, on montrait alors à Dieppe plus d'un négociant dont les navires remplissaient le port, et qu'on avait vu partir, quelque vingt ans auparavant, en simple jaquette de matelot. Ces exemples étaient un encouragement pour les forts et une éternelle espérance pour les déshérités. Ils rendaient l'invraisemblable possible et l'impossible vraisemblable. Les malheureux se consolaient de la réalité en espérant un miracle.

Ce miracle semblait près de s'accomplir pour une pauvre famille du petit village d'Omonville, situé à quatre lieues de Dieppe.

La veuve Mauvaire avait subi de rudes épreuves. Son fils aîné, le véritable soutien de la famille, était mort dans un naufrage, laissant quatre enfants à la charge de la vieille femme. Ce malheur avait arrêté et peut-être rompu le mariage de sa fille Clémence, en même temps qu'il dérangeait les projets de son fils Martin, qui avait dû quitter ses études tardives pour venir reprendre sa part des travaux de la ferme.

Mais au milieu de l'inquiétude et de l'abattement de la pauvre famille, une espérance rayonna tout à coup ! Une lettre écrite de Dieppe annonça le retour d'un beau-frère de la veuve, parti depuis vingt ans. L'oncle Bruno revenait *avec quelques curiosités du Nouveau-Monde*, ainsi qu'il le disait lui-même, et dans la résolution de s'établir à Dieppe.

Sa lettre faisait, depuis la veille, l'objet de toutes les préoccupations. Bien qu'elle ne renfermât rien de précis, le fils Martin, qui avait de la lecture, y reconnut le style d'un homme trop libre et de trop bonne humeur pour ne pas s'être enrichi. Évidemment le marin revenait avec quelques tonnes d'écus, dont il ne refuserait pas de faire part à sa famille.

Une fois en route, l'imagination marche vite. Chacun ajouta ses suppositions à celles de Martin ; Julienne elle-même, la filleule recueillie par la veuve, et qui habitait la ferme moins comme servante que comme parente d'adoption, Julienne se mit à chercher ce que l'oncle d'Amérique pourrait lui donner.

" Je lui demanderai un caraco de drap et une croix d'or," dit-elle, après une nouvelle lecture de la lettre que Martin venait de faire tout haut.

" Ah ! dit la veuve en soupirant, si mon pauvre Didier vivait, voilà qu'il eût trouvé un protecteur.

—Il y a toujours ses enfants, marraine, fit observer la jeune fille sans compter mam'selle Clémence, qui ne refuserait pas une dot.

—Pour quoi faire ? dit Clémence, en secouant tristement la tête.

—Pourquoi ? répéta Julienne ; mais pour que les parents de M. Marc n'aient plus rien à dire. Ils ont eu beau embarquer leur fils, à cette fin d'empêcher le mariage ; si l'oncle Bruno le veut, allez ! le futur sera bientôt de retour.

—Reste à savoir s'il a envie de revenir, objecta la jeune fille à demi-voix.

—Eh bien ! si ce n'est pas lui, tu en trouveras un autre, dit Martin, qui ne voyait que le mariage de sa sœur, tandis que celle-ci voyait surtout le mari ; avec un oncle d'Amérique on trouve toujours une bonne alliance. Qui sait même s'il n'a pas avec lui quelque compagnon de fortune, quelque millionnaire dont il voudra se faire un neveu ?

—Oh ! j'espère bien que non, s'écria Clémence effrayée ; rien ne presse pour mon mariage.

—Ce qui presse, c'est de trouver une place pour ton frère, reprit la veuve d'un ton chagrin.

—Monsieur le comte me fait toujours espérer la recette de ses fermes, objecta Martin.

—Mais il ne se décide pas, reprit la vieille femme ; en attendant le temps se passe et le blé se mange. Les grands seigneurs ne savent pas ça ; leur esprit est au plaisir, et, quand ils se rappellent le morceau de pain qu'ils vous ont promis, vous êtes déjà mort de famine.

—Nous n'aurons plus ça à craindre avec l'amitié de l'oncle Bruno, dit Martin ; il n'y a pas à se tromper ; sa lettre dit : ' J'arriverai demain à Omonville, avec *tout ce que je possède.*' Ce qui signifie qu'il ne compte pas nous oublier.

—Il doit être en route, interrompit la veuve, il peut arriver à chaque instant. Avez-vous bien tout préparé, Clémence ? "

La jeune fille se leva et montra le buffet garni avec une abondance inaccoutumée. Près d'un gigot de mouton qu'on venait de retirer du four se dressait un énorme quartier de lard fumé, flanqué de deux assiettes de fouasses de froment et d'une terrine de crème douce. Plusieurs pots de cidre complétaient ce menu, qui fit pousser aux enfants des cris d'admiration et de convoitise.

La veuve choisit alors dans son armoire à linge une nappe

et des serviettes jaunies par le manque d'usage. La jeune servante prit dans le vaisselier les assiettes les moins ébréchées et commença à mettre le couvert, en plaçant au haut bout de la table l'unique cuiller d'argent que possédât la famille.

On achevait ces préparatifs, lorsqu'un des enfants qui faisait le guet au dehors se précipita dans la maison en criant :

"Le voici! le voici!

—Qui cela? demanda-t-on de toutes parts.

—Eh bien! parbleu! l'oncle Bruno, répondit une voix forte et joviale.

La famille entière se retourna. Un matelot venait de s'arrêter sur le seuil et restait encadré dans la baie de la porte subitement ouverte ; il tenait sur le poing un perroquet vert, et de la main gauche un singe de moyenne espèce.

Les petits enfants épouvantés se sauvèrent dans le giron de la grand'mère, qui ne put elle-même retenir un cri. Martin, Clémence et la servante regardaient stupéfiés.

"Comment! est-ce qu'on a peur de ma ménagerie? reprit Bruno en riant. Allons, braves gens, remettez-vous le cœur, et qu'on s'embrasse ; je viens de faire trois mille lieues pour ça!"

Martin se hasarda le premier ; puis vinrent Clémence, la veuve et les plus grands de ses petits-fils ; mais rien ne put décider la petite-fille ni le cadet à s'approcher.

Bruno s'en dédommagea en embrassant Julienne.

"Par ma foi! j'ai cru que je n'arriverais jamais, reprit-il ; savez-vous, maman Mauvaire, qu'il y a une bonne bordée à courir de Dieppe à votre maison.

Martin remarqua alors les chaussures du marin qui étaient couvertes de poussière.

"Est-ce que l'oncle Bruno est venu à pied? demanda-t-il tout surpris.

—Pardieu ! voudrais-tu que je fusse venu en canot à travers vos champs de blé ?" répondit le matelot gaiement.

Martin se tourna vers la porte :

"Mais... les bagages ?... hasarda-t-il.

—Mes bagages, je les ai sur moi, dit Bruno. Un marin, mon petit, ça n'a besoin pour garde-robe que d'une pipe et d'un bonnet de nuit."

La veuve et les enfants se regardèrent.

"Pardon, objecta le garçon ; mais, d'après la lettre de l'oncle, j'avais cru...

—Quoi donc ? que j'arrivais avec un vaisseau à trois ponts ?

—Non, reprit Martin, qui s'efforça de rire agréablement ; mais avec vos malles... pour un long séjour ; car vous nous aviez fait espérer que vous resteriez longtemps.

—Moi ?

—La preuve, c'est que vous nous avez dit venir avec *tout ce que vous possédiez.*

—Eh bien, le voilà, tout ce que je possède, s'écria Bruno : mon singe et mon perroquet.

—Quoi ! c'est tout ? s'écria la famille d'une seule voix.

—Avec mon coffre de matelot, où il y a pas mal de bas sans pieds et de chemises dépouillées de manches ! Mais on n'en est pas plus triste pour ça, les enfants. Tant que la conscience et l'estomac sont en bon état, le reste n'est qu'une farce ! Faites excuse, belle-sœur ; je vois là du cidre, et vos quatre lieues de chemin de terre m'ont desséché le gosier. Houp ! Rochambeau, salue les parents."

Le singe fit trois gambades, puis alla s'asseoir un peu plus loin, en se grattant le museau.

Le marin, qui avait gagné la table, se servit à boire.

La famille paraissait consternée. En voyant le couvert

mis, Bruno s'était assis sans façon et avait déclaré qu'il mourait de faim. Bon gré, mal gré, il fallut servir la soupe aux pommes et le lard fumé qui avait été aperçu ; mais la veuve Mauvaire referma le buffet sur le reste.

5 Le matelot que Martin continuait à interroger, raconta alors comment il avait parcouru vingt ans les mers de l'Inde sous divers pavillons, sans autres gains que sa paye, aussitôt dépensée que reçue. Enfin, au bout d'une heure il parut évident que l'oncle Bruno n'avait pour fortune que beaucoup de bonne 10 humeur et un excellent appétit.

Le désappointement fut général, mais se traduisit selon le caractère de chacun. Tandis qu'il n'éveillait chez Clémence que de la surprise mêlée d'un peu de tristesse, chez Martin c'était un dépit humilié, et chez la veuve du regret et de la colère. 15 Ce changement de dispositions ne tarda pas à s'exprimer. Le singe ayant effrayé la petite fille en la poursuivant, sa grand'mère exigea qu'il fût relégué dans une écurie abandonnée; et le perroquet s'étant permis de becqueter dans l'assiette du matelot, Martin le déclara impossible à supporter. Clémence 20 ne dit rien, mais elle sortit avec Julienne pour vaquer aux soins du ménage, tandis que la veuve allait reprendre son rouet hors du seuil.

Resté seul avec son neveu, qui cherchait à donner l'apparence de la distraction à son air maussade, l'oncle Bruno 25 reposa tranquillement le verre qu'il avait vidé à petits coups, sifflota un instant, puis s'appuyant des deux coudes sur la table, il regarda Martin en face.

"Sais-tu bien, garçon, dit-il tranquillement, que le vent me paraît être un peu au nord-est dans la maison? Vous 30 avez tous des mines qui font froid au cœur, et personne ne m'a encore adressé ici le plus petit mot d'amitié ? C'est pas comme ça qu'on reçoit un parent qu'on n'a pas vu depuis vingt ans ! "

Martin répondit assez brusquement que l'accueil était ce qu'il pouvait être, et qu'il ne dépendait pas d'eux de lui faire meilleure chère.

" Mais il dépend de vous de faire meilleur visage, répliqua Bruno, et vous m'avez reçu comme un grain blanc. Au reste, c'est assez causé sur l'article, mon petit ; j'aime pas de querelles de ménage. Rappelle-toi bien seulement que vous vous repentirez un jour de la chose ; je ne te dis que ça."

Ayant ainsi parlé, le matelot se coupa une nouvelle tranche de lard, et se remit à manger.

Martin, frappé de ces paroles, eut un soupçon.

" L'oncle Bruno n'aurait point cet air d'assurance, pensa-t-il, s'il ne possédait, comme il le prétend, qu'un singe et un perroquet ! Nous avons été dupes d'une ruse ; il a voulu nous éprouver, et l'espèce de menace qu'il vient de me faire l'a trahi ; vite, tâchons de réparer notre sottise et de le ramener à nous."

Il courut aussitôt à sa mère et à sa sœur pour leur faire part de sa découverte. Toutes deux se hâtèrent de rentrer : les visages qui étaient partis renfrognés revenaient épanouis et souriants. La veuve s'excusa de ce que les nécessités du ménage l'eussent forcée à quitter le cher beau-frère, et s'étonna de ne pas voir la table mieux servie.

" Eh bien ! où est donc le gâteau, s'écria-t-elle ; où sont les fouasses et la crème que j'avais mises à part pour Bruno ? Julienne à quoi pensez-vous, ma chère ? Et vous, Clémence, voyez s'il ne reste pas des noisettes dans le petit buffet ; ça aiguise les dents et ça aide à boire le *piot*."

La jeune fille obéit, et, quand tout fut sur la table, elle vint s'asseoir souriante vis-à-vis du matelot. Celui-ci la regarda avec complaisance.

"Eh bien! à la bonne heure, dit-il; voilà une figure de vraie parente; je retrouve la fille de mon pauvre Georges!"

Et, lui passant la main sous le menton :

"Du reste, c'est pas d'aujourd'hui que je te connais, petiote, ajouta-t-il; il y a longtemps qu'on me parle de toi.

—Qui cela," demanda la jeune fille étonnée.

Avant que le matelot eût répondu, une voix haute et brève fit entendre le nom de Clémence! Celle-ci se retourna stupéfaite et ne vit personne.

"Ah! ah! tu ne sais pas qui t'appelle! dit le matelot en riant.

—Clémence! Clémence! redit la même voix.

—C'est le perroquet, s'écria Martin.

—Le perroquet, répéta la jeune fille; et qui donc lui a appris mon nom?

—Quelqu'un qui ne l'a pas oublié, répliqua Bruno en clignant de l'œil.

—Vous, mon oncle?

—Non, fillette, mais un jeune matelot, né natif d'Omonville.

— Marc?

—Je crois bien que c'est son nom!

—Vous l'avez donc vu, mon oncle?

—Un peu, par la raison que je suis revenu sur le navire où il était embarqué.

—Il est de retour?

—Avec une part de voyage qui lui permettra, dit-il, de se mettre en ménage sans avoir besoin de ses parents pour lui pendre la crémaillère.

—Et il vous a parlé. . .

—De toi, dit le marin, qui acheva la pensée de sa nièce, assez souvent pour que Jako ait retenu le nom, comme tu vois."

Clémence devint rouge de plaisir, et la veuve elle-même ne put retenir un geste de satisfaction. Le mariage projeté entre sa fille et Marc lui avait toujours souri, et elle s'était sérieusement affligée des obstacles apportés, dans ces derniers temps, par la famille du jeune homme. Bruno lui apprit que celui-ci n'avait été retenu à Dieppe que par les formalités nécessaires à son débarquement, et qu'il arriverait probablement le lendemain, plus amoureux que jamais.

Cette nouvelle réjouit tout le monde, mais particulièrement Clémence, qui embrassa son oncle avec un véritable transport de reconnaissance.

"Allons, nous voilà bons amis à la vie, à la mort, pas vrai ? dit-il en riant ; aussi, pour que tu ne t'ennuies pas trop à attendre le matelot, je te donne mon perroquet ; ça te parlera de lui."

Clémence embrassa de nouveau son oncle avec mille remercîments, et tendit les mains à l'oiseau, dont elle n'avait plus peur ; il s'élança sur son bras en criant :

"Bonjour, Clémence ! "

Tout le monde éclata de rire, et la jeune fille ravie l'emporta en le baisant.

"Vous venez de faire une heureuse, frère Bruno, dit la veuve, qui la suivit des yeux.

—Je voudrais bien que ce ne fût pas la seule, répondit le marin, en redevenant sérieux ; vous aussi, belle-sœur, j'aurais quelque chose à vous offrir ; mais j'ai peur de vous remuer un triste souvenir dans le cœur.

—Il s'agit de mon fils Didier ! s'écria la vieille femme, avec cette lucide promptitude des mères.

—Vous l'avez dit, reprit Bruno. Quand il a fait naufrage, là-bas, nous étions malheureusement séparés. . . Si le bon Dieu nous eût mis sur le même navire, qui sait ? je nage à rendre des points aux marsouins, moi ; j'aurais peut-être pu lui donner un coup d'épaule, comme à l'affaire de Tréport.

—En effet, vous lui aviez une fois sauvé la vie ! s'écria la veuve, subitement rappelée à un lointain souvenir ; je n'aurais jamais dû l'oublier, beau-frère."

Elle avait tendu une main au matelot ; celui-ci la serra dans les siennes.

"Bah ! c'est rien, dit-il, avec bonhomie, un simple service de voisinage ; mais dans l'Inde il n'y avait pas moyen : quand notre navire est arrivé, celui de Didier était à la côte depuis quinze jours. Tout ce que j'ai pu faire, ça était de savoir où on l'avait enterré, et d'y planter une croix de bambou.

—Vous avez fait cela ! s'écria la mère baignée de larmes ; oh ! merci, Bruno ; merci, frère !

—C'est pas tout, reprit le matelot, qui s'attendrissait malgré lui : j'ai su que des gueux de Lascars avaient vendu les nippes des noyés ; si bien qu'à force de chercher j'ai retrouvé la montre du neveu, je l'ai rachetée avec tout ce que j'avais vaillant, et je vous la rapporte, belle-sœur ; la voilà "

En parlant ainsi, il montrait à la vieille femme une grosse montre d'argent suspendue à un bout de filin goudronné. La veuve la saisit en poussant un cri, et la baisa à plusieurs reprises. Toutes les femmes pleuraient ; Martin lui-même paraissait très ému ; quant à Bruno, il toussait et essayait de boire pour combattre son attendrissement.

Lorsque la veuve Mauvaire put retrouver la parole, elle serra dans ses bras le digne matelot, et le remercia avec chaleur. Toute sa mauvaise humeur avait disparue ; elle ne pensait plus aux idées qui l'avaient préoccupée jusqu'alors ; elle était tout entière à la reconnaissance du don précieux qui lui rappelait un fils si cruellement disparu.

La conversation avec Bruno devint plus libre et plus amicale. Ses explications ne permirent bientôt plus de se tromper sur sa véritable position : l'oncle d'Amérique revenait bien aussi pauvre qu'il était parti. En déclarant à son neveu que lui et les siens se repentiraient de leur froideur, il n'avait pensé qu'aux regrets qu'ils devaient éprouver, tôt ou tard, d'avoir méconnu un bon parent ; tout le reste était une induction de Martin.

Bien que cette découverte détruisît définitivement les espérances de la mère et de la fille, elle ne changea rien à leurs manières. Toutes deux, gagnées de cœur à l'oncle Bruno, lui conservèrent par choix la bienveillance qu'elles lui avaient d'abord témoignée par intérêt, et l'entourèrent, à l'envi, des prévenances les plus affectueuses.

Le matelot, pour lequel on avait épuisé toutes les réserves de l'humble ménage, venait enfin de quitter la table, lorsque Martin, sorti depuis un instant, rentra tout à coup, en demandant à Bruno s'il voulait vendre son singe.

"Rochambeau ? répondit le marin, non pas, *fistot ;* je l'ai élevé, il m'obéit ; c'est mon serviteur et mon compagnon ; je ne le donnerais pas pour dix fois ce qu'il vaut. Mais qui donc veut l'acheter ?

—C'est M. le comte, dit le jeune homme ; il vient de passer, il a vu l'animal, et en a été si content qu'il m'a prié de faire moi-même le prix, et de le lui amener.

—Eh bien ! tu lui diras qu'on le garde," répondit Bruno en bourrant sa pipe.

Martin fit un geste de contrariété.

"C'est jouer de malheur ! dit-il ; M. le comte s'était justement rappelé ses promesses ; il m'avait dit de lui faire avoir le singe, et qu'il prendrait avec moi ses arrangements pour cette place de receveur.

—Ah ! ton sort était fait !" s'écria la veuve avec un accent affligé.

Bruno se fit expliquer l'affaire.

"Ainsi, dit-il, après un moment de réflexion, tu espérais, en procurant Rochambeau au comte, obtenir l'emploi que tu désires ?

—J'en étais sûr, répliqua Martin.

—Eh bien ! s'écria brusquement le marin, je ne vends pas l'animal, mais je te le donne ! Offre-le à ton seigneur, et il faudra bien qu'il reconnaisse ta politesse."

Ce fut un concert général de remerciments auxquels le marin ne put couper court qu'en envoyant son neveu au château avec Rochambeau. Martin fut très bien reçu par le comte, qui causa quelque temps avec lui, s'assura qu'il pouvait remplir l'emploi demandé, et le lui accorda.

On comprend la joie de la famille lorsqu'il revint avec cette nouvelle. La veuve, voulant expier ses torts, avoua alors au marin les espérances intéressées qu'avait fait naître son retour. Bruno éclata de rire.

"Par mon baptême, s'écria-t-il, je vous ai joué un bon tour ! Vous espériez des millions, et je ne vous ai apporté que deux bêtes inutiles.

—Vous vous trompez, mon oncle, dit doucement Clémence : vous nous avez apporté trois trésors sans prix : car, grâce à vous, ma mère a maintenant un souvenir, mon frère du travail, et moi . . . moi, j'ai l'espérance ! "

5. LE VOYAGE DU PETIT GAB.
ANDRÉ THEURIET.

De mes fenêtres le regard plongeait, à travers la cour, sur l'intérieur de l'entresol habité par la famille du petit Gabriel, que dans la maison on appelait familièrement " le petit Gab."— Le père était coupeur dans un magasin de confection ; la mère, maladive et déjà toute blanche à quarante-cinq ans, s'occupait du ménage et y usait le reste de sa santé. De ses cinq enfants, les trois aînés avaient essaimé au dehors ; il ne demeurait au logis qu'une sœur de dix-huit ans, qui était couturière, et le petit Gab qui était bossu. Son épine dorsale déviée faisait remonter ses épaules jusqu'au niveau des oreilles, ses jambes grêles et molles pliaient sous son buste déjeté et mal équilibré ; il ne pouvait marcher que lorsque sa taille était soutenue par un corset orthopédique. Sur ce buste contourné, bombé en avant et en arrière, se dressait une tête au crâne trop développé, mais au visage d'une délicatesse exquise, d'une expression singulièrement poignante. Bien qu'il eût huit ans à l'aspect de son pauvre corps rabougri et noué, on lui en eût donné à peine cinq ; on lui en eût donné vingt à voir sa physionomie méditative, son front saillant et ses grands yeux d'un brun noir, si tristes et si précocement pensifs. Le père, la mère et la grande sœur l'adoraient à cause de ses façons tendres et de son intelligence extraordinairement éveillée. Le médecin avait défendu qu'on le fît travailler, mais pour le distraire et le changer de milieu, on le conduisait à une école, où il se bornait à écouter gravement et où il retenait tout ce qu'il entendait dire.

Un soir, à la sortie des classes, je l'aperçus sous le porche de la maison, assis contre la loge de la concierge. Sa mère étant allée faire quelque emplette, et sa sœur n'étant pas encore revenue du magasin, il avait trouvé en rentrant la porte de l'appartement fermée, et, accoté contre le mur, les yeux avidement tournés vers la rue, il attendait avec une mine réfléchie 5 et douloureusement résignée. Tandis que je le questionnais, ses noires prunelles jetaient sur moi de longs regards observateurs et effrayés. Sur ces entrefaites, la grande sœur arriva toute essoufflée : "Ah! mon pauvre Gab, s'écria-t-elle, je t'ai fait attendre ! Tu t'impatientais, hein ?—Non, répondit Gab 10 d'une voix calme, claire comme un timbre d'argent, je me disais seulement que vous ne vouliez peut-être plus de moi et que vous ne reviendriez pas. . . Je suis si malade et si ennuyeux !—Ah ! vilain méchant, murmura la jeune fille en le couvrant de baisers ; puis se retournant vers moi avec des 15 yeux pleins de larmes :—il est si mignon, ajouta-t-elle, et si intelligent ; il raisonne comme une grande personne. . . Quel dommage qu'il ait si peu de santé ! . . . Le médecin dit que s'il pouvait aller cet été à Berck, l'air de la mer et les bains de sable le guériraient probablement. . . Mais 20 c'est loin, Berck, et c'est de la dépense ! . . . Enfin, je vais tâcher de gagner de quoi l'y conduire. . . ."

Et la courageuse jeune fille travaillait du matin au soir pour amasser la somme nécessaire. Elle s'énervait sur sa machine à plisser et à tuyauter ; elle taillait, assemblait, cou-25 sait presque sans se reposer. Bien avant dans la nuit, j'entendais le tressaillement sec et précipité de la machine, pareil au bruissement saccadé que font les sauterelles dans les champs ; derrière les rideaux éclairés par la lampe, je distinguais la silhouette laborieuse, et je pensais involontaire-30 ment à une des strophes de la terrible chanson de Thomas Hood : "Coudre, coudre, coudre, jusqu'à ce que les yeux

deviennent lourds et sans regards ! — Ourlet, gousset et
poignet,—jusqu'à ce que sur les boutons, je tombe de sommeil,--et que je les couse comme dans un rêve... Coudre,
coudre, coudre,—dans la froide lumière de décembre,—et
coudre, coudre, coudre—quand le temps est chaud et le ciel
bleu,—tandis qu'au long des toits les hirondelles par couples,
caracolent,—comme pour me montrer leurs plumes ensoleillés
—et me narguer avec leur printemps ! "

Dans la maison, tout le monde connaissait l'histoire du petit
Gab, et les femmes des locataires confiaient volontiers de
l'ouvrage à la grande sœur. On arrêtait l'enfant au passage,
sur le carré ou dans la cour ; on le caressait, on le choyait,
on lui envoyait des friandises. Lui, toujours farouche, se
dérobait aux caresses, et, plus inquiet que réjoui, méditait
longuement sur ces soudaines marques d'amitié : " La dame
du troisième me donne des joujoux, demanda-t-il pensivement à sa sœur, pourquoi, puisqu'elle ne me connaît pas ? "
Puis, après avoir ruminé un moment, il ajoutait avec une
perspicacité qui ouvrait de navrantes échappées sur le travail
de la réflexion dans ce cerveau d'enfant : " C'est sans doute
parce que je suis bossu."

La besogne abondait, la tirelire grossissait dans le coin
obscur d'un tiroir de la commode ; juillet était proche et on
commençait déjà les préparatifs du départ : — achat d'une
belle malle de cuir, confection d'un costume pour l'enfant,—
et le petit Gab, émerveillé, ne parlait plus à ses camarades de
classe que de son voyage aux bains de mer, quand, à la dernière heure, un incident malheureux vint tout bouleverser.
La jeune femme de l'employé du cinquième avait chargé la
couturière de regarnir sa robe de noce et de l'arranger à la
mode du moment,—une robe qui avait coûté gros et qu'on

voulait faire resservir pour les petites sauteries du prochain hiver. Un soir, en jouant avec l'encrier, Gab le laissa glisser de ses doigts maigres et l'encre ruissela malencontreusement sur le satin de la jupe... On ne le gronda pas, hélas ! non,
5 sa figure consternée faisait trop de peine à voir. La grande sœur étouffa un cri de terreur ; silencieusement, nerveusement elle épongea l'étoffe et mesura l'étendue du désastre. L'encre avait outragement taché huit mètres de satin. Conter le malheur à la cliente du cinquième et l'apitoyer en faveur de
10 Gab, il n'y fallait pas songer ; d'abord la femme de l'employé n'était pas riche, et sa toilette de noce constituait son unique ressource pour les jours de tralala et de cérémonie ; puis l'ouvrière était fière et ne se souciait pas de mettre la maison au courant de ses misères intérieures. Le plus expédient et
15 le plus digne était de courir au Bon-Marché et de chercher à rassortir l'étoffe. Huit mètres à quinze francs, cela donnait un total de cent vingt francs ; une rude brèche à la tirelire, et au budget du voyage !—C'était fini, il fallait renoncer aux bains de mer pour cette année.—La couturière embrassa le petit
20 Gab et se remit à travailler.

L'hiver qui suivit, on piocha dur à l'entresol. L'automne avait été pluvieux et la santé de Gab s'en était ressentie. Les os lui faisaient mal, il avait des mouvements de fièvre et des douleurs au cerveau. Le docteur, en l'auscultant, avait hoché
25 la tête et insisté de nouveau pour qu'on envoyât l'enfant à Berck dès le retour de la belle saison. Cette fois, c'était décidé ; coûte que coûte, on partirait pour les bains de mer dès la fin de mai ; et la machine à coudre recommençait avec plus de précipitation son bruissement de sauterelle, et les
30 veillées se prolongeaient plus avant dans la nuit. On avait acheté au petit Gab un livre d'images où il n'y avait que des

paysages de mer : des vues de ports avec leurs forêts de mâts rangés le long de la muraille des quais ; des falaises escarpées aux rochers lavés par des vagues écumeuses ; des barques de pêcheurs, s'éparpillant au large comme une volée d'oiseaux aux ailes blanches.—L'enfant ne parlait que de la mer : il la 5 voyait dans ses rêves, et parfois même en plein jour, à travers le brouillard gris qui emplissait la cour intérieure, il avait de maladives hallucinations de côtes battues par le flot, et de grands espaces liquides traversés par des navires aux voiles gonflées. Parfois il prenait sur la cheminée un gros coquil- 10 lage ; il l'approchait de son oreille, et le cou enfoncé dans les épaules, les yeux pensifs, il écoutait pendant des heures ce bruit de mer, qui semblait venir de très loin, de très loin, à travers la coquille. ...

L'hiver fut exceptionnellement humide et froid, et je ne 15 rencontrai plus le petit Gab sous le porche de la maison. Le médecin avait défendu expressément qu'on le laissât sortir. De temps en temps, je l'apercevais à la fenêtre, dont l'un des rideaux était soulevé. Ses yeux tristes et renfoncés erraient dans le vide et, sur la vitre claire, ses doigts maigres dessi- 20 naient de vagues formes de navires. Puis tout d'un coup ses regards s'arrêtaient sur la croisée où j'étais en observation, et, se sentant épié, d'un geste farouche il tirait le rideau de mousseline.

Vers la mi-mars je ne le vis plus près des carreaux. 25 Ses os le faisaient de plus en plus souffrir, ses jambes trop faibles ne pouvaient plus le porter et ses maux de tête redoublaient. Il passait maintenant des journées entières étendu sur son petit lit, feuilletant pour la centième fois le livre d'images où l'on voyait la mer et les grands navires aux 30 voiles blanches. Il n'avait pas renoncé à l'idée de son voyage :

"Quand partirons-nous ? " demandait-il à sa sœur ; et lorsque celle-ci lui avait expliqué qu'il fallait attendre le beau temps, il reprenait de sa voix grêle : "C'est que je suis pressé, je voudrais me guérir vite, bien vite, afin de ne plus te voir pleurer." Et il se faisait indiquer les noms des villes par où l'on passerait. Il les connaissait déjà toutes par cœur : Chantilly, puis Clermont, Amiens, Abbeville et enfin la mer... "Une fois que nous serons là-bas, disait-il, je suis sûr que mes os ne me feront plus mal." En attendant, il voulait avoir constamment près de lui, le grand coquillage rose de la cheminée, et, l'oreille appuyée contre les valves nacrées, il écoutait attentivement le bruit lointain de cette mer qui devait le délivrer de toutes ses misères.

Vers Pâques je n'entendis plus le sourd tressaillement de la machine à coudre. On ne travaillait plus dans l'appartement de l'entresol, et pourtant une lueur de lampe, dorant l'une des fenêtres très avant dans la nuit, indiquait qu'on y veillait toujours, près du lit de l'enfant malade.— "Il est au plus mal, murmurait la concierge en serrant instinctivement contre ses jupes un gros garçon joufflu, il n'en a pas pour longtemps... Le pauvre, ce sera une délivrance !..." Un matin, je me croisai sous le porche avec un étroit cercueil porté par deux croque-morts et suivi de la famille.... C'était le petit Gab qui partait enfin pour son voyage vers la mer insondable de l'Inconnu.

6. MAÎTRE RENARD ET COMPÈRE LOUP.
JULES CLARETIE.

En ce temps-là les bêtes parlaient. On prétend qu'il n'en est plus ainsi.

Maître Renard s'occupait de politique, et compère le Loup, son oncle, était un guerrier renommé qui remportait force victoires sur les moutons.

D'ailleurs, paraît-il, le Renard et le Loup ne se quittaient guère, quoiqu'ils ne s'aimassent pas beaucoup. Ils voyageaient souvent ensemble, et passaient leur temps à se jouer des tours dont les trois quarts étaient pendables. Et si le loup était le plus fort, le Renard était le plus malin. A compère féroce, compère rusé. Le Renard avait donc souvent le dessus. Il faut dire aussi que le Loup, avec ses grosses dents menaçantes et ses yeux farouches, portait beaucoup moins de cervelle dans son crâne que le Renard au museau pointu.

Or, il arriva un jour qu'après une longue route, le Renard et le Loup, qui marchaient depuis le matin, se trouvèrent en appétit à la nuit tombante. Mais comment apaiser sa faim? Les poules étaient couchées, et maître Mâtin, à la porte de la bergerie, faisait sentinelle pour les brebis.

Les deux compères ressentaient depuis longtemps des tiraillements d'estomac et faisaient bien piteuse mine, lorsqu'ils aperçurent dans un champ un tas de noix, vertes comme un pré, qu'on venait de gauler, et qu'on avait laissées là jusqu'au lendemain.

"A la guerre comme à la guerre, dit le Renard; voilà qui fera notre repas pour ce soir. Voyons, compère, partageons. Que choisissez-vous dans la trouvaille? Le dedans ou le dehors?"

Compère le Loup regarda ces belles couleurs vertes de la noix, et dit au Renard :

" Je choisis le dehors.

—Va pour le dehors," fit maître Renard.

Et, arrachant vivement les écorces, il les donna au Loup qui les mordillait en faisant la grimace, tandis que le Renard croquait la chair blanche des noix, et répondait : " Ah ! quel bonheur ! " à l'autre qui faisait : " Ah ! pouah ! "

Et voilà comment compère le Loup se coucha ce soir-là, sans souper.

Le lendemain, au point du jour, les deux compagnons se remirent en route. Le Loup répétait qu'il avait faim, et qu'il voudrait bien déjeuner.

" Tiens, dit tout à coup le Renard, en avisant au bord d'un chemin un panier d'olives, voilà le déjeuner tout trouvé ! Tant pis pour le berger qui a oublié là sa cueillette.

—J'aimerais mieux manger le berger, fit le Loup, mais on prend ce qu'on trouve.

—Partageons," dit encore le Renard.

Compère le Loup sourit finement et regarda d'un air madré le Renard qui, très sérieux, lui demandait :

" Or, çà, que choisissez-vous cette fois, compère ? Le dedans ou le dehors ?

—Oui-da, fit le Loup, me prends-tu pour dame l'Oie ? Je choisis le dedans, beau railleur !

—Va pour le dedans," dit maître Renard.

Et, grignotant le vert de l'olive, il en jetait les noyaux à compère le Loup, qui, les voulant briser, se cassa deux dents.

Et voilà comment compère le Loup continua, ce jour-là, son chemin sans déjeuner.

" Bah ! je te rattraperai bien, songeait le Loup. Je me vengerai comme il faut, et je te rendrai fèves pour pois."

Il crut même avoir trouvé sa vengeance.

En passant tout près d'une ferme, posé devant la fenêtre ouverte, ils sentirent et virent à la fois un appétissant pot à beurre.

Le Loup regarda le Renard qui s'en léchait déjà les babines, et il allait, sans plus de façons, emporter le pot, lorsque le Renard lui dit :

"Que vas-tu faire ? Tu veux donc que nous soyons surpris et assommés à coups d'épieu par les fermiers !... Si tu voles ce pot de beurre en plein jour, on s'en apercevra bien vite et l'on nous poursuivra, tous chiens dehors. Attendons le coucher du soleil ; la nuit venue, nous aurons occasion de saisir notre prise et tout le temps voulu pour la dévorer.

—Attendons, dit le Loup en soupirant ; mais c'est que j'ai bien faim !"

Pendant ce temps, le Renard songeait :

"Tu as tellement faim, compère, que tu mangerais le pot de beurre tout entier, et j'en veux ma part."

Ils allèrent donc se cacher dans les bois, en attendant la nuit.

Pour tromper son appétit, le Loup grignotait des brins d'herbe ou des branchettes. Le Renard, lui, pensait aux noix, pensait aux olives, et pensait surtout au pot de beurre.

Tout à coup, il fit un grand cri :

"Je ne te l'ai pas dit, compère ? Je suis parrain, ce matin. Je l'avais oublié ! Et parrain à deux pas d'ici. Il faut qu'un moment je te quitte.

—Va, dit le Loup. Moi, je dors."

Le Renard partit, et revint un moment après.

"Eh bien, dit le Loup que la faim talonnait et qui n'avait pas dormi, comment a-t-on appelé le marmot ?

—Commencé!" dit le Renard en s'étendant au pied d'un arbre.

Mais au bout d'un moment, il se releva et dit encore :

"Imbécile que je suis ! Pendant que j'y étais !... La
5 Belette m'a prié de servir de parrain à un enfant... Cela fait deux ; mais il faut obliger son prochain. Je retourne là-bas.

—A ton aise ! répondit le Loup, mais tu es bien bon de te déranger !"

Quand le Renard fut de retour, le Loup lui demanda
10 encore :

"Eh bien, comment a-t-on appelé le marmot cette fois?

—Continué ! dit le Renard.

—Voilà des noms que je ne savais pas au calendrier," fit le Loup.

15 Le Renard étalait au soleil son ventre blanc qui paraissait rebondi et satisfait, et montrait en riant ses dents aiguës.

"Ah! que j'ai faim ! disait le Loup ; mais voici la nuit fort heureusement, et nous allons manger à pleine gorge.

—Comment, la nuit ? dit le Renard en tressaillant. Ah!
20 misère ! mais je dois encore servir de parrain dans un baptême. Tu fais bien de me le rappeler !

—Un baptême? Décidément, c'est la journée des baptêmes, dit le Loup.

—Ce sera le dernier. Je te quitte. A bientôt !"
25 Et le Renard s'enfuit.

Quand il revint, la nuit était tombée, ou à peu près.

"Ma foi ! dit le Loup, je me disposais à dîner sans toi. Mais comment l'as-tu appelé, celui-là ?

—Terminé ! dit le Renard. Seulement, ce ne sont là que
30 des prénoms, et je n'ai eu qu'un seul filleul dans toute la journée.

—Un seul filleul et trois baptêmes ? Qu'est-ce que tu me chantes là ? fit le Loup.

—Commencé, Continué, Terminé, répondit le Renard, ce sont les trois noms de notre pot de beurre, compère. Je te garantis que la Bretagne n'en produit pas de meilleur.

—Tu l'as donc avalé, misérable ? "

Et le Loup, qui avait une horrible faim, allait peut-être goûter de son compagnon. Mais le Renard était déjà loin. Il court encore. Depuis ce temps, le Renard et le Loup sont restés brouillés. Vous pouvez voir qu'au Jardin des Plantes ils ont demandé chacun une cage à part.

A l'humble conte, je voudrais trouver une morale.

La fable prouve, si vous voulez, que la force n'est rien sans l'intelligence. Elle montre aussi qu'il ne faut jamais se fier aux faux amis et aux Renards qui courent le monde.

7. LA DERNIÈRE CLASSE.

ALPHONSE DAUDET.

Ce matin-là j'étais très en retard pour aller à l'école, et j'avais grand'peur d'être grondé, d'autant plus que M. Hamel nous avait dit qu'il nous interrogerait sur les participes, et je n'en savais pas le premier mot. Un moment l'idée me vint de manquer la classe et de prendre ma course à travers champs.

Le temps était si chaud, si clair !

On entendait les merles siffler à la lisière du bois, et dans le pré Rippert, derrière la scierie, les Prussiens qui faisaient l'exercice. Tout cela me tentait bien plus que la règle des participes ; mais j'eus la force de résister, et je courus bien vite vers l'école.

En passant devant la mairie, je vis qu'il y avait du monde arrêté près du petit grillage aux affiches. Depuis deux ans, c'est de là que nous sont venues toutes les mauvaises nouvelles, les batailles perdues, les réquisitions, les ordres de la commandature ; et je pensai sans m'arrêter ·

" Qu'est-ce qu'il y a encore ? "

Alors, comme je traversais la place en courant, le forgeron Wachter, qui était là avec son apprenti en train de lire l'affiche, me cria :

" Ne te dépêche pas tant, petit ; tu y arriveras toujours assez tôt, à ton école ! "

Je crus qu'il se moquait de moi, et j'entrai tout essoufflé dans la petite cour de M. Hamel.

D'ordinaire, au commencement de la classe, il se faisait un grand tapage qu'on entendait jusque dans la rue, les pupitres ouverts, fermés, les leçons qu'on répétait très haut ensemble en se bouchant les oreilles pour mieux apprendre, et la grosse règle du maître qui tapait sur les tables :

" Un peu de silence ! "

Je comptais sur tout ce train pour gagner mon banc sans être vu ; mais justement ce jour-là tout était tranquille, comme au matin de dimanche. Par la fenêtre ouverte je voyais mes camarades déjà rangés à leur place, et M. Hamel, qui passait et repassait avec la terrible règle en fer sous le bras. Il fallut ouvrir la porte et entrer au milieu de ce grand calme. Vous pensez si j'étais rouge, et si j'avais peur !

Eh bien, non. M. Hamel me regarda sans colère et me dit très doucement :

" Va vite à ta place, mon petit Frantz ; nous allions commencer sans toi."

J'enjambai le banc et je m'assis tout de suite à mon pupitre.

Alors seulement, un peu remis de frayeur, je remarquai que
notre maître avait sa belle redingote verte, son jabot plissé fin
et la calotte de soie noire brodée qu'il ne mettait que les jours
d'inspection ou de distribution de prix. Du reste, toute la
classe avait quelque chose d'extraordinaire et de solennel.
Mais ce qui me surprit le plus, ce fut de voir au fond de la
salle, sur les bancs qui restaient vides d'habitude, les gens du
village assis et silencieux comme nous, le vieux Hauser avec
son tricorne, l'ancien maire, l'ancien facteur, et puis d'autres
personnes encore. Tout ce monde-là paraissait triste ; et
Hauser avait apporté un vieil abécédaire mangé aux bords qu'il
tenait grand ouvert sur ses genoux, avec ses grosses lunettes
posées en travers des pages.

Pendant que je m'étonnais de tout cela, M. Hamel était
monté dans sa chaire, et, de la même voix douce et grave dont
il m'avait reçu, il nous dit :

" Mes enfants, c'est la dernière fois que je vous fais la
classe. L'ordre est venu de Berlin de ne plus enseigner que
l'allemand dans les écoles de l'Alsace et de la Lorraine... Le
nouveau maître arrive demain. Aujourd'hui c'est votre dernière leçon de français. Je vous prie d'être bien attentifs."

Ces quelques paroles me bouleversèrent. Ah! les misérables, voilà ce qu'ils avaient affiché à la mairie :

Ma dernière leçon de français !

Et moi qui savais à peine écrire ! Je n'apprendrais donc
jamais ! Il faudrait donc en rester là ! Comme je m'en
voulais maintenant du temps perdu, des classes manquées à
courir les nids ou à faire des glissades sur la Saar ! Mes livres
que tout à l'heure encore je trouvais si ennuyeux, si lourds à
porter, ma grammaire, mon histoire sainte, me semblaient de
vieux amis qui me feraient beaucoup de peine à quitter.

C'est comme M. Hamel. L'idée qu'il allait partir, que je ne le verrais plus, me faisait oublier les punitions, les coups de règle.

Pauvre homme !

C'est en l'honneur de cette dernière classe qu'il avait mis ses beaux habits du dimanche, et maintenant je comprenais pourquoi ces vieux du village étaient venus s'asseoir au bout de la salle. Cela semblait dire qu'ils regrettaient de ne pas y être venus plus souvent, à cette école. C'était aussi comme une façon de remercier notre maître de ses quarante ans de bons services, et de rendre leurs devoirs à la patrie qui s'en allait.

J'en étais là de mes réflexions, quand j'entendis appeler mon nom. C'était mon tour de réciter. Que n'aurais-je pas donné pour pouvoir dire tout au long cette fameuse règle des participes, bien haut, bien clair, sans une faute ! mais je m'embrouillai aux premiers mots, et je restai debout à me balancer dans mon banc, le cœur gros, sans oser lever la tête. J'entendais M. Hamel qui me parlait :

"Je ne te gronderai pas mon petit Frantz, tu dois être assez puni. Voilà ce que c'est. Tous les jours on se dit : Bah ! j'ai bien le temps. J'apprendrai demain. Et puis tu vois ce qui arrive... Ah ! ç'a été le grand malheur de notre Alsace de toujours remettre son instruction à demain. Maintenant ces gens-là sont en droit de nous dire : Comment ! Vous prétendiez être Français, et vous ne savez ni parler ni écrire votre langue ! ... Dans tout ça, mon pauvre Frantz, ce n'est pas encore toi le plus coupable. Nous avons tous notre bonne part de reproches à nous faire.

"Vos parents n'ont pas assez tenu à vous voir instruits. Ils aimaient mieux vous envoyer travailler à la terre ou aux filatures pour avoir quelques sous de plus. Moi-même, n'ai-je rien à me reprocher ? Est-ce que je ne vous ai pas souvent fait arroser mon jardin au lieu de travailler ? Et quand je voulais aller pêcher des truites, est-ce que je me gênais pour vous donner congé ? " . . .

Alors, d'une chose à l'autre, M. Hamel se mit à nous parler de la langue française, disant que c'était la plus belle langue du monde, la plus claire, la plus solide, qu'il fallait la garder entre nous et ne jamais l'oublier, parce que quand un peuple tombe esclave, tant qu'il tient bien sa langue, c'est comme s'il tenait la clef de sa prison. Puis il prit une grammaire et nous lut notre leçon. J'étais étonné de voir comme je comprenais. Tout ce qu'il me disait me semblait facile, facile. Je crois aussi que je n'avais jamais si bien écouté et que lui non plus n'avait jamais mis autant de patience à ses explications. (On aurait dit qu'avant de s'en aller le pauvre homme voulait nous donner tout son savoir, nous le faire entrer dans la tête d'un seul coup.)

La leçon finie, on passa à l'écriture. Pour ce jour-là, M. Hamel nous avait préparé des exemples tout neufs, sur lesquels était écrit en belle ronde : *France, Alsace, France, Alsace.* Cela faisait comme des petits drapeaux qui flottaient tout autour de la classe pendus à la tringle de nos pupitres. Il fallait voir comme chacun s'appliquait, et quel silence ! On n'entendait que le grincement des plumes sur le papier. Un moment des hannetons entrèrent ; mais personne n'y fit attention, pas même les tout petits, qui s'appliquaient à tracer leurs *bâtons* avec un cœur, une conscience, comme si cela encore était du français... Sur la toiture de l'école, des pigeons roucoulaient tout bas, et je me disais en les écoutant :

" Est-ce qu'on ne va pas les obliger à chanter en allemand, eux aussi ? "

De temps en temps quand je levais les yeux de dessus ma page, je voyais M. Hamel immobile dans sa chaire et fixant les objets autour de lui, comme s'il avait voulu emporter dans son regard toute sa petite maison d'école... Pensez! depuis
5 quarante ans, il était là à la même place, avec sa cour en face de lui et sa classe toute pareille. Seulement les bancs, les pupitres s'étaient polis, frottés par l'usage ; les noyers de la cour avaient grandi, et le houblon qu'il avait planté lui-même enguirlandait maintenant les fenêtres jusqu'au toit. Quel
10 crève-cœur ça devait être pour ce pauvre homme de quitter toutes ces choses, et d'entendre sa sœur qui allait, venait, dans la chambre au-dessus, en train de fermer leurs malles! car ils devaient partir le lendemain, s'en aller du pays pour toujours.

15 Tout de même il eut le courage de nous faire la classe jusqu'au bout. Après l'écriture, nous eûmes la leçon d'histoire ; ensuite les petits chantèrent le BA BE BI BO BU. Là-bas au fond de la salle, le vieux Hauser avait mis ses lunettes, et, tenant son abécédaire à deux mains, il épelait les lettres avec
20 eux. On voyait qu'il s'appliquait, lui aussi ; sa voix tremblait d'émotion, et c'était si drôle de l'entendre, que nous avions tous envie de rire et de pleurer. Ah! je m'en souviendrai de cette dernière classe...

Tout à coup l'horloge de l'église sonna midi, puis l'Angelus.
25 Au même moment, les trompettes des Prussiens qui revenaient de l'exercice éclatèrent sous nos fenêtres.... M. Hamel se leva, tout pâle, dans sa chaire. Jamais il ne m'avait paru si grand.

"Mes amis, dit-il, mes amis, je.... je...."
30 Mais quelque chose l'étouffait. Il ne pouvait pas achever sa phrase.

Alors il se tourna vers le tableau, prit un morceau de craie, et, en appuyant de toutes ses forces, il écrivit aussi gros qu'il put :

"Vive la France!"

Puis il resta là, la tête appuyée au mur, et, sans parler, avec sa main il nous faisait signe :

"C'est fini. . . . allez-vous-en."

8. LA CHÈVRE DE M. SEGUIN.

ALPHONSE DAUDET.

M. Seguin n'avait jamais eu de bonheur avec ses chèvres. Il les perdait toutes de la même façon : un beau matin, elles cassaient leur corde, s'en allaient dans la montagne, et là-haut le loup les mangeait. Ni les caresses de leur maître, ni la peur du loup, rien ne les retenait. C'était, paraît-il, des chèvres indépendantes, voulant à tout prix le grand air et la liberté.

Le brave M. Seguin, qui ne comprenait rien au caractère de ses bêtes, était consterné. Il disait :

"C'est fini ; les chèvres s'ennuient chez moi, je n'en garderai pas une."

Cependant il ne se découragea pas, et, après avoir perdu six chèvres de la même manière, il en acheta une septième ; seulement, cette fois, il eut soin de la prendre toute jeune, pour qu'elle s'habituât mieux à demeurer chez lui.

Ah! qu'elle était jolie la petite chèvre de M. Seguin ! qu'elle était jolie avec ses yeux doux, sa barbiche de sous-officier, ses sabots noirs et luisants, ses cornes zébrées et ses longs poils blancs qui lui faisaient une houppelande! et puis, docile, caressante, se laissant traire sans bouger, sans mettre son pied dans l'écuelle. Un amour de petite chèvre...

M. Seguin avait derrière sa maison un clos entouré d'aubépines. C'est là qu'il mit sa nouvelle pensionnaire. Il l'attacha
5 à un pieu au plus bel endroit du pré, en ayant soin de lui laisser beaucoup de corde, et de temps en temps il venait voir si elle était bien. La chèvre se trouvait très heureuse et broutait l'herbe de si bon cœur que M. Seguin était ravi.

"Enfin, pensait le pauvre homme, en voilà une qui ne
10 s'ennuiera pas chez moi ! "

M. Seguin se trompait, sa chèvre s'ennuya.

Un jour, elle se dit en regardant la montagne :

"Comme on doit être bien là-haut ! Quel plaisir de gambader dans la bruyère, sans cette maudite longe qui vous
15 écorche le cou ! ... C'est bon pour l'âne ou pour le bœuf de brouter dans un clos ! ... Les chèvres, il leur faut du large."

A partir de ce moment, l'herbe du clos lui parut fade. L'ennui lui vint. Elle maigrit, son lait se fit rare. C'était pitié de la voir tirer tout le jour sur sa longe, la tête tournée
20 du côté de la montagne, la narine ouverte, en faisant *Mê!* ... tristement.

M. Seguin s'apercevait bien que sa chèvre avait quelque chose, mais il ne savait pas ce que c'était... Un matin, comme il achevait de la traire, la chèvre se retourna et lui dit
25 dans son patois :

"Écoutez, monsieur Seguin, je me languis chez vous, laissez-moi aller dans la montagne.

—Ah ! mon Dieu ! ... Elle aussi ! cria M. Seguin stupéfait, et du coup il laissa tomber son écuelle ; puis, s'asseyant
30 dans l'herbe à côté de sa chèvre :

— Comment Blanquette, tu veux me quitter ! "
Et Blanquette répondit :
" Oui, monsieur Seguin :
— Est-ce que l'herbe te manque ici ?
— Oh ! non ! monsieur Seguin.
— Tu es peut-être attachée de trop court ; veux-tu que j'allonge la corde !
— Ce n'est pas la peine, monsieur Seguin.
— Alors, qu'est-ce qu'il te faut ! qu'est-ce que tu veux ?
— Je veux aller dans la montagne, monsieur Seguin.
— Mais, malheureuse, tu ne sais pas qu'il y a le loup dans la montagne... Que feras-tu quand il viendra ? ...
— Je lui donnerai des coups de corne, monsieur Seguin.
— Le loup se moque bien de tes cornes. Il m'a mangé des biques autrement encornées que toi... Tu sais bien, la pauvre vieille Renaude qui était ici l'an dernier ? une maîtresse chèvre, forte et méchante comme un bouc. Elle s'est battue avec le loup toute la nuit... puis, le matin, le loup l'a mangée.
— Pécaïre ! Pauvre Renaude ! ... Ça ne fait rien, monsieur Seguin, laissez-moi aller dans la montagne.
— Bonté divine ! ... dit M. Seguin ; mais qu'est-ce qu'on leur fait donc à mes chèvres ? Encore une que le loup va me manger... Eh bien, non... je te sauverai malgré toi, coquine ! et de peur que tu ne rompes ta corde, je vais t'enfermer dans l'étable, et tu y resteras toujours.

Là-dessus, M. Seguin emporta la chèvre dans une étable toute noire, dont il ferma la porte à double tour. Malheureusement, il avait oublié la fenêtre, et à peine eut-il le dos tourné, que la petite s'en alla...

Quand la chèvre blanche arriva dans la montagne, ce fut un ravissement général. Jamais les vieux sapins n'avaient rien

vu d'aussi joli.¹ On la reçut comme une petite reine. Les châtaigniers se baissaient jusqu'à terre pour la caresser du bout de leurs branches. Les genêts d'or s'ouvraient sur son passage, et sentaient bon tant qu'ils pouvaient. Toute la
5 montagne lui fit fête.

On pense bien si notre chèvre était heureuse ! Plus de corde, plus de pieu... rien qui l'empêchât de gambader, de brouter à sa guise... C'est là qu'il y en avait de l'herbe ! jusque par-dessus les cornes !... Et quelle herbe ! savoureuse,
10 fine, dentelée, faite de mille plantes... C'était bien autre chose que le gazon du clos. Et les fleurs donc !... De grandes campanules bleues, des digitales de pourpre à longs calices, toute une forêt de fleurs sauvages débordant de sucs capiteux !...

La chèvre blanche, à moitié soûle, se vautrait là-dedans les
15 jambes en l'air et roulait le long des talus, (pêle-mêle avec les feuilles tombées et les châtaignes)... Puis, tout à coup elle se redressait d'un bond sur ses pattes. Hop ! la voilà partie, la tête en avant, à travers les maquis et les buissières, tantôt sur un pic, tantôt au fond d'un ravin, là-haut, en bas, par-
20 tout... On aurait dit qu'il y avait dix chèvres de M. Seguin dans la montagne.

C'est qu'elle n'avait peur de rien la Blanquette.

Elle franchissait d'un saut de grands torrents qui l'éclaboussaient au passage de poussière humide et d'écume. Alors,
25 toute ruisselante, elle allait s'étendre sur quelque roche plate et se faisait sécher par le soleil... Une fois, s'avançant au bord d'un plateau, une fleur de cytise aux dents, elle aperçut en bas, tout en bas dans la plaine, la maison de M. Seguin avec le clos derrière. Cela la fit rire aux larmes.

30 "Que c'est petit, dit-elle ; comment ai-je pu tenir là-dedans ?"

Pauvrette! de se voir si haut perchée, elle se croyait au moins aussi grande que le monde...

Tout à coup le vent fraîchit... La montagne devint violette ; c'était le soir...

" Déjà ! " dit la petite chèvre ; et elle s'arrêta fort étonnée.

En bas, les champs étaient noyés de brume. Le clos de M. Seguin disparaissait dans le brouillard, et de la maisonnette on ne voyait plus que le toit avec un peu de fumée. Elle écouta les clochettes d'un troupeau qu'on ramenait, et se sentit l'âme toute triste... Un gerfaut, qui rentrait, la frôla de ses ailes en passant. Elle tressaillit... puis ce fut un hurlement dans la montagne.

" Hou ! hou ! "

Elle pensa au loup ; de tout le jour la folle n'y avait pas pensé... Au même moment une trompe sonna bien loin dans la vallée. C'était ce bon M. Seguin qui tentait un dernier effort.

" Hou ! hou ! ... faisait le loup.

—Reviens ! reviens ! ... " criait la trompe.

Blanquette eut envie de revenir ; mais en se rappelant le pieu, la corde, la haie du clos, elle pensa que maintenant elle ne pouvait plus se faire à cette vie, et qu'il valait mieux rester.

La trompe ne sonnait plus...

La chèvre entendit derrière elle un bruit de feuilles. Elle se retourna et vit dans l'ombre deux oreilles courtes, toutes droites, avec deux yeux qui reluisaient .. C'était le loup.

Énorme, immobile, assis sur son train de derrière, il était là regardant la petite chèvre blanche et la dégustant par avance. Comme il savait bien qu'il la mangerait, le loup ne se pressait pas ; seulement, quand elle se retourna, il se mit à rire méchamment.

"Ha! ha! la petite chèvre de M. Seguin !" et il passa sa grosse langue rouge sur ses babines d'amadou.

Blanquette se sentit perdue... Un moment en se rappelant l'histoire de la vieille Renaude, qui s'était battue toute la nuit pour être mangée le matin, elle se dit qu'il vaudrait peut-être mieux se laisser manger tout de suite ; puis, s'étant ravisée, elle tomba en garde, la tête basse et la corne en avant, comme une brave chèvre de M. Seguin qu'elle était... Non pas qu'elle eût l'espoir de tuer le loup,—les chèvres ne tuent pas le loup,—mais seulement pour voir si elle pourrait tenir aussi longtemps que la Renaude...

Alors le monstre s'avança, et les petites cornes entrèrent en danse.

Ah! la brave chevrette, comme elle y allait de bon cœur ! Plus de dix fois, je ne mens pas, elle força le loup à reculer pour reprendre haleine. Pendant ces trêves d'une minute, la gourmande cueillait en hâte encore un brin de sa chère herbe ; puis elle retournait au combat, la bouche pleine... Cela dura toute la nuit. De temps en temps la chèvre de M. Seguin regardait les étoiles danser dans le ciel clair, et elle se disait :

"Oh! pourvu que je tienne jusqu'à l'aube..."

L'une après l'autre, les étoiles s'éteignirent. Blanquette redoubla de coups de cornes, le loup de coups de dents... Une lueur pâle parut dans l'horizon... Le chant d'un coq enroué monta d'une métairie.

"Enfin!" dit la pauvre bête, qui n'attendait plus que le jour pour mourir; et elle s'allongea par terre dans sa belle fourrure blanche toute tachée de sang. .

Alors le loup se jeta sur la petite chèvre et la mangea.

9. LE SIÈGE DE BERLIN.

ALPHONSE DAUDET.

Nous remontions l'avenue des Champs-Élysées avec le docteur V...., demandant aux murs troués d'obus, aux trottoirs défoncés par la mitraille, l'histoire de Paris assiégé, lorsqu'un peu avant d'arriver au rond-point de l'Étoile, le docteur s'arrêta, et me montrant une de ces grandes maisons de coin si pompeusement groupées autour de l'Arc de triomphe :

"Voyez-vous, me dit-il, ces quatre fenêtres fermées là haut sur ce balcon? Dans les premiers jours du mois d'août, ce terrible mois d'août de l'an soixante-dix, si lourd d'orages et de désastres, je fus appelé là pour un cas d'apoplexie foudroyante. C'était chez le colonel Jouve, un cuirassier du premier Empire, vieil entêté de gloire et de patriotisme, qui dès le début de la guerre était venu se loger aux Champs-Élysées, dans un appartement à balcon... Devinez pourquoi? Pour assister à la rentrée triomphale de nos troupes... ; Pauvre vieux! La nouvelle de Wissembourg lui arriva comme il sortait de table. En lisant le nom de Napoléon au bas de ce bulletin de défaite, il était tombé foudroyé.

"Je trouvai l'ancien cuirassier étendu de tout son long sur le tapis de la chambre, la face sanglante et inerte comme s'il avait reçu un coup de massue sur la tête. Debout, il devait

être très grand ; couché, il avait l'air immense. De beaux traits, des dents superbes, une toison de cheveux blancs tout frisés, quatre-vingts ans, qui en paraissaient soixante... Près de lui sa petite-fille à genoux et toute en larmes. Elle lui
5 ressemblait. A les voir l'un à côté de l'autre, on eût dit deux belles médailles grecques frappées à la même empreinte, seulement l'une antique, terreuse, un peu effacée sur les contours, l'autre resplendissante et nette, dans tout l'éclat et le velouté de l'empreinte nouvelle.

10 "La douleur de cette enfant me toucha. Fille, et petite-fille de soldat, elle avait son père à l'État-Major de Mac-Mahon, et l'image de ce grand vieillard étendu devant elle évoquait dans son esprit une autre image non moins terrible Je la rassurai de mon mieux ; mais, au fond, je gardais peu
15 d'espoir. Nous avions affaire à une belle et bonne hémiplégie, et, à quatre vingts ans, on n'en revient guère. Pendant trois jours, en effet, le malade resta dans le même état d'immobilité et de stupeur... Sur ces entrefaites, la nouvelle de Reichshoffen arriva à Paris. Vous vous rappelez de quelle étrange
20 façon. . Jusqu'au soir, nous crûmes tous à une grande victoire, vingt mille Prussiens tués, le prince royal prisonnier... Je ne sais par quel miracle, quel courant magnétique, un écho de cette joie nationale alla chercher notre pauvre sourd-muet jusque dans les limbes de sa paralysie ; toujours est-il que ce soir-là
25 en m'approchant de son lit, je ne trouvai plus le même homme. L'œil était presque clair, la langue moins lourde. Il eut la force de me sourire et bégaya deux fois :

"Vic.. .toi... re !

—Oui, colonel, grande victoire !...

30 "Et à mesure que je lui donnais des détails sur le beau succès de Mac-Mahon, je voyais ses traits se détendre, sa figure s'éclairer.

Quand je sortis, la jeune fille m'attendait, pâle et debout devant la porte. Elle sanglotait.

"Mais il est sauvé !" lui dis-je en lui prenant les mains.

"La malheureuse enfant eut à peine le courage de me répondre. On venait d'afficher le vrai Reichshoffen, Mac-Mahon en fuite, toute l'armée écrasée... Nous nous regardâmes consternés. Elle se désolait en pensant à son père. Moi, je tremblais en pensant au vieux. Bien sûr, il ne résisterait pas à cette nouvelle secousse... Et cependant comment faire ?... Lui laisser sa joie, les illusions qui l'avaient fait revivre ?... Mais alors il fallait mentir...

"Eh bien, je mentirai !" me dit l'héroïque fille en essuyant vite ses larmes, et, toute rayonnante, elle rentra dans la chambre de son grand-père.

"C'était une rude tâche qu'elle avait prise là. Les premiers jours on s'en tira encore. Le bonhomme avait la tête faible et se laissait tromper comme un enfant. Mais avec la santé ses idées se firent plus nettes. Il fallut le tenir au courant du mouvement des armées, lui rédiger des bulletins militaires. Il y avait pitié vraiment à voir cette belle enfant penchée nuit et jour sur sa carte d'Allemagne, piquant de petits drapeaux, s'efforçant de combiner toute une campagne glorieuse ; Bazaine sur Berlin, Frossard en Bavière, Mac-Mahon sur la Baltique. Pour tout cela elle me demandait conseil, et je l'aidais autant que je pouvais ; mais c'est le grand-père surtout qui nous servait dans cette invasion imaginaire. Il avait conquis l'Allemagne tant de fois sous le premier Empire ! Il savait tous les coups d'avance : "Maintenant voilà où ils vont aller... Voilà ce qu'on va faire..." et ses prévisions se réalisaient toujours, ce qui ne manquait pas de le rendre très fier.

"Malheureusement nous avions beau prendre des villes, gagner des batailles, nous n'allions jamais assez vite pour lui. Il était insatiable, ce vieux!... Chaque jour, en arrivant, j'apprenais un nouveau fait d'armes :

"Docteur, nous avons pris Mayence," me disait la jeune fille en venant au-devant de moi avec un sourire navré, et j'entendais à travers la porte une voix joyeuse qui me criait :

"Ça marche! ça marche!... Dans huit jours nous entrerons à Berlin."

"A ce moment-là les Prussiens n'étaient plus qu'à huit jours de Paris. ... Nous nous demandâmes d'abord s'il ne valait pas mieux le transporter en province ; mais, sitôt dehors, l'état de la France lui aurait tout appris, et je le trouvais encore trop faible, trop engourdi de sa grande secousse pour lui laisser connaître la vérité. On se décida donc à rester.

"Le premier jour de l'investissement, je montai chez eux—je me souviens—très ému, avec cette angoisse au cœur que nous donnaient à tous les portes de Paris fermées, la bataille sous les murs, nos banlieues devenues frontières. Je trouvai le bonhomme jubilant et fier.

"Eh bien, me dit-il, le voilà donc commencé ce siège !

"Je le regardai stupéfait :

"Comment, colonel, vous savez?"...

"Sa petite-fille se tourna vers moi :

"Eh! oui, docteur... C'est la grande nouvelle... Le siège de Berlin est commencé."

"Elle disait cela en tirant son aiguille, d'un petit air si tranquille... Comment se serait-il douté de quelque chose ! Le canon des forts, il ne pouvait pas l'entendre. Ce malheureux Paris, sinistre et bouleversé, il ne pouvait pas le voir. Ce qu'il apercevait de son lit, c'était un pan de l'Arc de triomphe, et dans sa chambre, autour de lui, tout un bric-à-brac du premier Empire bien fait pour entretenir ses illusions. Des portraits de maréchaux, des gravures de batailles, le roi de Rome en robe de baby ; puis de grandes consoles toutes raides, ornées de cuivres à trophées, chargées de reliques impériales, des médailles, des bronzes, un rocher de Sainte-Hélène sous globe, des miniatures représentant la même dame frisottée, en tenue de bal, en robe jaune, des manches à gigots et des yeux clairs,—et tout cela, les consoles, le roi de Rome, les maréchaux, les dames jaunes, avec la robe montante, la ceinture haute, cette raideur engoncée qui était la grâce de 1806... Brave colonel ! c'est cette atmosphère de victoires et conquêtes, encore plus que tout ce que nous pouvions lui dire, qui le faisait croire si naïvement au siège de Berlin.

" A partir de ce jour, nos opérations militaires se trouvèrent bien simplifiées. Prendre Berlin, ce n'était plus qu'une affaire de patience. De temps en temps, quand le vieux s'ennuyait trop, on lui lisait une lettre de son fils, lettre imaginaire bien entendu, puisque rien n'entrait plus dans Paris, et que, depuis Sedan, l'aide de camp de Mac-Mahon avait été dirigé sur une forteresse d'Allemagne. Vous figurez-vous le désespoir de cette pauvre enfant sans nouvelle de son père, le sachant prisonnier, privé de tout, malade peut-être, et obligée de le faire parler dans des lettres joyeuses, un peu courtes, comme pouvait en écrire un soldat en campagne, allant toujours en avant dans le pays conquis ? Quelquefois la force lui manquait ; on restait des semaines sans nouvelles. Mais le vieux s'inquiétait, ne dormait plus. Alors vite arrivait une lettre d'Allemagne qu'elle venait lui lire gaiement près de son lit, en retenant ses larmes. Le colonel écoutait religieusement,

souriait d'un air entendu, approuvait, critiquait, nous expliquait les passages un peu troubles. Mais où il était beau surtout, c'est dans les réponses qu'il envoyait à son fils : " N'oublie jamais que tu es Français, lui disait-il... Sois
5 généreux pour ces pauvres gens. Ne leur fais pas l'invasion trop lourde." ... Et c'étaient des recommandations à n'en plus finir, d'adorables prêchi-prêcha sur le respect des propriétés, la politesse qu'on doit aux dames, un vrai code d'honneur militaire à l'usage des conquérants. Il y mêlait
10 aussi quelques considérations générales sur la politique, les conditions de la paix à imposer aux vaincus. Là-dessus, je dois le dire, il n'était pas exigeant :

—" L'indemnité de guerre, et rien de plus... A quoi bon leur prendre des provinces?... Est-ce qu'on peut faire de
15 la France avec de l'Allemagne?"...

"Il dictait cela d'une voix ferme, et l'on sentait tant de candeur dans ses paroles, une si belle foi patriotique, qu'il était impossible de ne pas être ému en l'écoutant.

"Pendant ce temps-là, le siège avançait toujours, pas celui
20 de Berlin, hélas!... C'était le moment du grand froid, du bombardement, des épidémies, de la famine. Mais, grâce à nos soins, à nos efforts, à l'infatigable tendresse qui se multipliait autour de lui, la sérénité du vieillard ne fut pas un instant troublée. Jusqu'au bout je pus lui avoir du pain
25 blanc, de la viande fraîche. Il n'y en avait que pour lui, par exemple; et vous ne pouvez rien imaginer de plus touchant que ces déjeuners de grand-père, si innocemment égoïstes,— le vieux sur son lit, frais et riant, la serviette au menton, près de lui sa petite-fille, un peu pâle par les privations, guidant
30 ses mains, le faisant boire, l'aidant à manger toutes ces bonnes choses défendues. Alors animé par le repas, dans le bien-être

de sa chambre chaude, la bise d'hiver au dehors, cette neige
qui tourbillonnait à ses fenêtres, l'ancien cuirassier se rappelait
ses campagnes dans le Nord, et nous racontait pour la
centième fois cette sinistre retraite de Russie où l'on n'avait à
manger que du biscuit gelé et de la viande de cheval.

—" Comprends-tu cela, petite ? Nous mangions du cheval !"

" Je crois bien qu'elle le comprenait. Depuis deux mois, elle
ne mangeait pas autre chose... De jour en jour cependant,
à mesure que la convalescence approchait, notre tâche autour
du malade devenait plus difficile. Cet engourdissement de
tous ses sens, de tous ses membres, qui nous avait si bien
servis jusqu'alors, commençait à se dissiper. Deux ou trois
fois déjà, les terribles bordées de la porte Maillot l'avaient fait
bondir, l'oreille dressée comme un chien de chasse ; on fut
obligé d'inventer une dernière victoire de Bazaine sous Berlin,
et des salves tirées en cet honneur aux Invalides. Un autre
jour qu'on avait poussé son lit près de la fenêtre,—c'était, je
crois, le jeudi de Buzenval,—il vit très-bien des gardes
nationaux qui se massaient sur l'avenue de la Grande-Armée.

" Qu'est-ce que c'est donc que ces troupes-là ?" demanda
le bonhomme, et nous l'entendions grommeler entre ses
dents :

" Mauvaise tenue ! mauvaise tenue !"

"Il n'en fut pas autre chose ; mais nous comprîmes que
dorénavant il fallait prendre de grandes précautions. Malheureusement on n'en prit pas assez.

" Un soir, comme j'arrivais, l'enfant vint à moi toute
troublée :

—" C'est demain qu'ils entrent," me dit-elle.

" La chambre du grand-père était-elle ouverte ? Le fait est
que depuis, en y songeant, je me suis rappelé qu'il avait, ce

soir-là, une physionomie extraordinaire. Il est probable qu'il nous avait entendus. Seulement nous parlions des Prussiens, nous ; et le bonhomme pensait aux Français, à cette entrée triomphale qu'il attendait depuis si longtemps,—Mac-Mahon 5 descendant l'avenue dans les fleurs, dans les fanfares, son fils à côté du maréchal, et lui, le vieux, sur son balcon, en grande tenue comme à Lutzen, saluant les drapeaux troués et les aigles noires de poudre...

" Pauvre père Jouve ! Il s'était sans doute imaginé qu'on 10 voulait l'empêcher d'assister à ce défilé de nos troupes, pour lui éviter une trop grande émotion. Aussi se garda-t-il bien de parler à personne ; mais le lendemain, à l'heure même où les bataillons prussiens s'engageaient timidement sur la longue voie qui mène de la porte Maillot aux Tuileries, la fenêtre de 15 là-haut s'ouvrit doucement, et le colonel parut sur le balcon avec son casque, sa grande latte, toute sa vieille défroque glorieuse d'ancien cuirassier de Milhaud. Je me demande encore quel effort de volonté, quel sursaut de vie l'avait ainsi mis sur pied et harnaché. Ce qu'il y a de sûr, c'est qu'il était là, 20 debout, derrière la rampe, s'étonnant de trouver les avenues si larges, si muettes, les persiennes des maisons fermées, Paris sinistre comme un grand lazaret, partout des drapeaux, mais si singuliers, tout blancs avec des croix rouges, et personne pour aller au-devant de nos soldats.

25 " Un moment il put croire qu'il s'était trompé...

" Mais non ! là-bas, derrière l'Arc de triomphe, c'était un bruissement confus, une ligne noire qui s'avançait dans le jour levant... Puis, peu à peu, les aiguilles des casques brillèrent, les tambours se mirent à battre, et sous l'arc de l'Étoile, 30 rhythmée par le pas des sections, par le heurt des sabres, éclata la marche triomphale de Schubert...

"Alors, dans le silence morne de la place, on entendit un cri, un cri terrible : " Aux armes !... aux armes !... les Prussiens !" Et les quatre uhlans de l'avant-garde purent voir là-haut, sur le balcon, un grand vieillard chanceler en remuant les bras, et tomber raide. Cette fois le colonel Jouve était bien mort."

PART III.—Prose Extracts.

1. L'UNION ENTRE LES HOMMES.

LAMENNAIS.

Un homme voyageait dans la montagne, et il arriva en un lieu où un gros rocher, ayant roulé sur le chemin, le remplissait tout entier, et hors du chemin il n'y avait point d'autre issue, ni à gauche, ni à droite.

5 Or, cet homme voyant qu'il ne pouvait continuer son voyage à cause du rocher, essaya de le mouvoir pour se faire un passage, et il se fatigua beaucoup à ce travail, et tous ses efforts furent vains.

Ce que voyant, il s'assit plein de tristesse et dit : " Que sera-10 ce de moi lorsque la nuit viendra et me surprendra dans cette solitude, sans nourriture, sans abri, sans aucune défense, à l'heure où les bêtes féroces sortent pour chercher leur proie ? "

Et comme il était absorbé dans cette pensée, un autre voyageur survint, et celui-ci, ayant fait ce qu'avait fait le premier et 15 s'étant trouvé aussi impuissant à remuer le rocher, s'assit en silence et baissa la tête.

Et après celui-ci, il en vint plusieurs autres, et aucun ne put mouvoir le rocher, et leur crainte à tous était grande.

Enfin l'un d'eux dit aux autres : " Mes frères, prions notre 20 Père qui est dans les cieux : peut-être qu'il aura pitié de nous dans cette détresse."

Et cette parole fut écoutée, et ils prièrent de cœur le Père qui est dans les cieux.

Et quand ils eurent prié, celui qui avait dit : " Prions," dit encore : " Mes frères, ce qu'aucun de nous n'a pu faire seul, qui sait si nous ne le ferons pas tous ensemble ? "

Et ils se levèrent, et tous ensemble ils poussèrent le rocher et le rocher céda, et ils poursuivirent leur route en paix.

Le voyageur c'est l'homme, le voyage c'est la vie, le rocher, ce sont les misères qu'il rencontre à chaque pas sur sa route.

Aucun homme ne saurait soulever seul ce rocher, mais Dieu en a mesuré le poids de manière qu'il n'arrête jamais ceux qui voyagent ensemble.

2. NE JUGEZ POINT.

LAMENNAIS.

Quand vous voyez un homme conduit en prison ou au supplice, ne vous pressez pas de dire : " Celui-là est un homme méchant, qui a commis un crime contre les hommes."

Car peut-être est-ce un homme de bien qui a voulu servir les hommes, et qui en est puni par leurs oppresseurs.

Quand vous voyez un peuple chargé de fers et livré au bourreau, ne vous pressez pas de dire : " Ce peuple est un peuple violent, qui voulait troubler la paix de la terre."

Car peut-être est-ce un peuple martyr, qui meurt pour le salut du genre humain.

Il y a dix-huit siècles, dans une ville d'Orient, les pontifes et les rois de ce temps-là clouèrent sur une croix, après l'avoir battu de verges, un séditieux, un blasphémateur, comme ils l'appelaient.

Le jour de sa mort, il y eut une grande terreur dans l'enfer et une grande joie dans le ciel.

Car le sang du juste avait sauvé le monde.

3. LA PERLE DE TOLÈDE.

PROSPER MÉRIMÉE.

Qui me dira si le soleil est plus beau à son lever qu'à son coucher? Qui me dira de l'olivier ou de l'amandier lequel est le plus beau des arbres? Qui me dira qui du Valencien ou de l'Andalous est le plus brave? Qui me dira quelle est la plus belle des femmes?—Je vous dirai quelle est la plus belle des femmes : c'est Aurore de Vargas, la perle de Tolède.

Le noir Tuzani a demandé sa lance, il a demandé son bouclier : sa lance, il la tient de sa main droite ; son bouclier pend à son cou. Il descend dans son écurie, et considère ses quarante juments l'une après l'autre. Il dit :

"Berja est la plus vigoureuse ; sur sa large croupe, j'emporterai la perle de Tolède, ou, par Allah! Cordoue ne me reverra plus."

Il part, il chevauche, il arrive à Tolède, et il rencontre un vieillard près du Zacatin.

"Vieillard à la barbe blanche, porte cette lettre à don Guttiere, à don Guttiere de Saldaña. S'il est homme, il viendra combattre contre moi près de la fontaine d'Almami. La perle de Tolède doit appartenir à l'un de nous."

Et le vieillard a pris la lettre, il l'a prise et l'a portée au comte de Saldaña, comme il jouait aux échecs avec la perle de Tolède. Le comte a lu la lettre, il a lu le cartel, et de sa main il a frappé la table si fort, que toutes les pièces en sont tombées. Et il se lève et demande sa lance et son bon cheval ; et la perle s'est levée aussi, toute tremblante ; car elle a compris qu'il allait à un duel.

"Seigneur Guttiere, don Guttiere de Saldaña, restez, je vous en prie, et jouez encore avec moi."

—Je ne jouerai pas davantage aux échecs ; je veux jouer au jeu des lances à la fontaine d'Almami.

Et les pleurs d'Aurore ne purent l'arrêter ; car rien n'arrête un cavalier qui se rend à un duel. Alors la perle de Tolède a pris son manteau, et, montée sur sa mule, s'en est allée à la fontaine d'Almami.

Autour de la fontaine le gazon est rouge. Rouge aussi l'eau de la fontaine ; mais ce n'est point le sang d'un chrétien qui rougit le gazon, qui rougit l'eau de la fontaine. Le noir Tuzani est couché sur le dos ; la lance de don Guttiere s'est brisée dans sa poitrine ; tout son sang se perd peu à peu. Sa jument Berja le regarde en pleurant, car elle ne peut guérir la blessure de son maître.

La perle descend de sa mule.

"Cavalier, ayez bon courage ; vous vivrez encore pour épouser une belle Moresque ; ma main sait guérir les blessures que fait mon chevalier.

—O perle si blanche, ô perle si belle, arrache de mon sein ce tronçon de lance qui le déchire : le froid de l'acier me glace et me transit.

Elle s'est approchée sans défiance ; mais il a ranimé ses forces, et, du tranchant de son sabre, il balafre ce visage si beau.

4. LA CHUTE DU NIAGARA.

CHATEAUBRIAND.

Nous arrivâmes bientôt au bord de la cataracte, qui s'annonçait par d'affreux mugissements. Elle est formée par la rivière Niagara, qui sort du lac Érié, et se jette dans le lac Ontario ; sa hauteur perpendiculaire est de cent quarante-quatre pieds. Depuis le lac Érié jusqu'au saut, le fleuve accourt par une

pente rapide, et, au moment de la chute, c'est moins un fleuve qu'une mer, dont les torrents se pressent à la bouche béante d'un gouffre. La cataracte se divise en deux branches, et se courbe en fer à cheval. Entre les deux chutes s'avance une île
5 creusée en dessous, qui pend avec tous ses arbres sur le chaos des ondes. La masse du fleuve, qui se précipite au midi, s'arrondit en un vaste cylindre, puis se déroule en nappe de neige, et brille au soleil de toutes les couleurs. Celle qui tombe au levant descend dans une ombre effrayante ; on dirait une
10 colonne d'eau du déluge. Mille arcs-en-ciel se courbent et se croisent sur l'abîme. Frappant le roc ébranlé, l'eau rejaillit en tourbillons d'écume, qui s'élèvent au-dessus des forêts, comme les fumées d'un vaste embrasement. Des pins, des noyers sauvages, des rochers taillés en forme de fantômes, décorent la
15 scène. Des aigles entraînés par le courant d'air, descendent en tournoyant au fond du gouffre ; et des carcajoux se suspendent par leurs queues flexibles au bout d'une branche abaissée, pour saisir dans l'abîme les cadavres brisés des élans et des ours.

5. LE CHARMEUR DE SERPENTS.

CHATEAUBRIAND.

Au mois de juillet 1791, nous voyagions dans le Haut-Canada,
20 avec quelques familles sauvages de la nation des Onontagués. Un jour que nous étions arrêtés dans une grande plaine, au bord de la rivière Génésie, un serpent à sonnettes entra dans notre camp. Il y avait parmi nous un Canadien qui jouait de la flûte ; il voulut nous divertir, et s'avança contre le serpent,
25 avec son arme d'une nouvelle espèce. A l'approche de son ennemi, le reptile se forme en spirale, aplatit sa tête, enfle ses joues, contracte ses lèvres, découvre ses dents empoisonnées et

sa gueule sanglante; il brandit sa double langue comme deux flammes; ses yeux sont deux charbons ardents ; son corps, gonflé de rage, s'abaisse et s'élève comme les soufflets d'une forge ; sa peau, dilatée, devient terne et écailleuse, et sa queue, dont il sort un bruit sinistre, oscille avec tant de rapidité qu'elle ressemble à une légère vapeur.

Alors le Canadien commence à jouer sur sa flûte ; le serpent fait un mouvement de surprise, et retire la tête en arrière. A mesure qu'il est frappé de l'effet magique, ses yeux perdent leur âpreté, les vibrations de sa queue se ralentissent, et le bruit qu'elle fait entendre s'affaiblit et meurt peu à peu. Moins perpendiculaires sur leur ligne spirale, les orbes du serpent charmé s'élargissent, et viennent tour à tour se poser sur la terre, en cercles concentriques. Les nuances d'azur, de vert, de blanc et d'or reprennent leur éclat sur sa peau frémissante ; et, tournant légèrement la tête, il demeure immobile dans l'attitude de l'attention et du plaisir.

Dans ce moment le Canadien marche quelques pas, en tirant de sa flûte des sons doux et monotones ; le reptile baisse son cou nuancé, entr'ouvre, avec sa tête, les herbes fines, et se met à ramper sur les traces du musicien qui l'entraîne, s'arrêtant lorsqu'il s'arrête, et recommençant à le suivre quand il recommence à s'éloigner. Il fut ainsi conduit hors de notre camp, au milieu d'une foule de spectateurs, tant sauvages qu'européens, qui en croyaient à peine leurs yeux : à cette merveille de la mélodie, il n'y eut qu'une seule voix dans l'assemblée pour qu'on laissât le merveilleux serpent s'échapper.

6. LA GROTTE DE CALYPSO.

FÉNELON.

On arriva à la porte de la grotte de Calypso, où Télémaque fut surpris de voir avec une apparence de simplicité rustique, tout ce qui peut charmer les yeux. Il est vrai qu'on n'y voit ni or, ni argent, ni marbre, ni colonnes, ni tableaux, ni statues;
5 mais cette grotte était taillée dans le roc en voûte pleine de rocailles et de coquilles. Elle était tapissée d'une jeune vigne qui étendait ses branches souples également de tous côtés. Les doux zéphyrs conservaient en ce lieu malgré les ardeurs du soleil une délicieuse fraîcheur. Des fontaines, coulant avec
10 un doux murmure sur des prés semés d'amarantes et de violettes, formaient en divers lieux des bains aussi purs et aussi clairs que le cristal. Mille fleurs naissantes émaillaient les tapis verts dont la grotte était environnée. Là, on trouvait un bois de ces arbres touffus qui portent des pommes d'or, et
15 dont la fleur, qui se renouvelle dans toutes les saisons, répand le plus doux de tous les parfums. Ce bois semblait couronner ces belles prairies, et formait une nuit que les rayons du soleil ne pouvaient percer. Là, on n'entendait jamais que le chant des oiseaux ou le bruit d'un ruisseau, qui, se précipitant du
20 haut d'une roche, tombait à gros bouillons pleins d'écume, et s'enfuyait au travers de la prairie.

La grotte de la déesse était sur le penchant d'une colline ; de là on découvrait la mer, quelquefois claire et unie comme une glace, quelquefois follement irritée contre les rochers, où
25 elle se brisait en gémissant, et élevant ses vagues comme des montagnes. D'un autre côté, on voyait une rivière où se formaient des îles bordées de tilleuls fleuris, et de hauts peupliers qui portaient leurs têtes superbes jusque dans les

nues. Les divers canaux qui formaient ces îles, semblaient se jouer dans la campagne. Les uns roulaient leurs eaux claires avec rapidité, d'autres avaient une eau paisible et dormante ; d'autres par de longs détours, revenaient sur leurs pas, comme pour remonter vers leur source, et semblaient ne pouvoir quitter ces bords enchantés. On apercevait de loin des collines et des montagnes qui se perdaient dans les nues, et dont la figure bizarre formait un horizon à souhait pour le plaisir des yeux. Les montagnes voisines étaient couvertes de pampres verts qui pendaient en festons : le raisin, plus éclatant que la pourpre, ne pouvait se cacher sous les feuilles, et la vigne était accablée sous son fruit. Le figuier, l'olivier, le grenadier, et tous les autres arbres couvraient la campagne, et en faisaient un grand jardin.

7. LOUIS XIV ET LE COURTISAN.
MADAME DE SÉVIGNÉ.

Il faut que je vous conte une petite historiette qui est très vraie et qui vous divertira. Le roi se mêle depuis peu de faire des vers. Il fit l'autre jour un petit madrigal que lui-même ne trouva pas trop joli. Un matin il dit au maréchal de Gramont : "Monsieur le maréchal, lisez, je vous prie, ce petit madrigal, et voyez si vous en avez vu un aussi impertinent : parce qu'on sait que depuis peu j'aime les vers, on m'en apporte de toutes les façons." Le maréchal, après avoir lu, dit au roi : "Sire, Votre Majesté juge divinement bien de toutes les choses ; il est vrai que voilà le plus sot et le plus ridicule madrigal que j'aie jamais lu." Le roi se mit à rire, et lui dit : "N'est-il pas vrai que celui qui l'a fait est bien fat ?—Sire, il n'y a pas

moyen de lui donner un autre nom.—Eh bien ! dit le roi, je suis ravi que vous en ayez parlé si bonnement : c'est moi qui l'ai fait.—Ah ! sire, quelle trahison ! que votre Majesté me le rende, je l'ai lu brusquement.—Non, monsieur le
5 maréchal, les premiers sentiments sont toujours les plus naturels." Le roi a fort ri de cette folie, et tout le monde trouve que voilà la plus cruelle petite chose que l'on puisse faire à un vieux courtisan. Pour moi, qui aime toujours à faire des réflexions, je voudrais que le roi en fît là-dessus, et qu'il jugeât
10 par là combien il est loin de connaître jamais la vérité.

8. LE TROUVÈRE.

EDG. QUINET.

Pendant six mois d'hiver, le château féodal était resté enveloppé de nuages. Point de tournois, point de guerre ; peu d'étrangers et de pèlerins ; de longs jours monotones, de tristes et interminables soirées mal remplies par le jeu d'échecs.
15 Enfin, le printemps avait commencé ; la châtelaine avait cueilli la première violette dans le verger. Avec les hirondelles, on attendait le retour du troubadour ou du trouvère.

Par un beau jour du mois de mai, ce dernier envoyait ses chanteurs et ses jongleurs réciter ses anciens romans aux bour-
20 geois et au menu peuple dans l'intérieur des petites villes. Pour lui, il suit la rampe escarpée qui mène au château. Sans retard, dès le soir de son arrivée, les barons, les écuyers, les demoiselles se réunissent dans la grande salle pavée pour entendre le poème qu'il vient d'achever pendant l'hiver. Le trou-
25 vère, au milieu de l'assemblée, ne lit pas, il récite. Mais quand son récit s'élève, il chante par intervalles, en s'accompagnant

de la harpe ou de la viole. Son début est plein de fierté et de naïveté ; c'est en même temps un tableau de l'assemblée :

> Seigneurs, or, faites paix, chevaliers et barons,
> Et rois et ducs, comtes et princes de renoms,
> Et prélats et bourgeois, gens de religions,
> Dames et demoiselles, et petits enfançons.

A la voix du chanteur, chaque objet rendait un écho sonore. Le château crénelé, le vent qui souffle dans les salles, les aubades des guets sur les tourelles, le bruit des chaînes des ponts-levis, tout cela fait en quelque sorte partie de son poème. Ce qu'il ne dit pas, les choses et les souvenirs des auditeurs le disent à sa place. Quand l'automne approche, le trouvère est à la fin de son récit ; il part enrichi des présents de son hôte. Ce sont des vêtements précieux, de belles armes, des chevaux bien enharnachés. Quelquefois il est fait chevalier, si déjà il ne l'est. Puis, lui absent, le manoir a perdu sa voix : tout retombe, jusqu'à la saison nouvelle, dans le silence et la monotonie accoutumée.

9. MORT DE CÉSAR.

L.-P. DE SÉGUR.

Cependant le jour qui devait terminer sa destinée étant arrivé, sa femme Calpurnie, troublée par un songe dans lequel elle avait cru le voir assassiné entre ses bras, se jette à ses pieds, et le conjure de ne pas sortir de sa maison, dans un moment que tant de présages devaient lui faire regarder comme funeste.

La grande âme de César, touchée par les craintes de l'amour, fut un moment ébranlée. Cédant aux larmes de Calpurnie, il se décide à contremander l'assemblée du sénat. Un des conjurés, Décimus Brutus, qui entrait alors chez lui, prévoyant que ce délai pouvait renverser tous leurs desseins, lui représenta vivement l'injure qu'il ferait au sénat en refusant d'y venir, lorsqu'il l'attendait pour le couronner, et la tache 5 dont il couvrirait sa gloire, si un songe de Calpurnie le décidait à faire une telle insulte au premier corps de l'État. César sortit, et la fortune sembla vouloir encore sur sa route le détourner du précipice où il allait tomber.

Ayant rencontré l'augure Spurina, qui lui avait annoncé son 10 malheur : "Tu le vois, lui dit-il, voilà cependant les ides de mars venues.—Oui, lui répondit le devin, mais elles ne sont pas encore passées."

Un esclave voulait l'avertir du péril qui le menaçait, il ne put percer la foule dont il était environné.

15 Artémidore, philosophe grec, lié avec les principaux conjurés, avait pénétré leur secret : se mêlant au grand nombre de ceux qui présentaient des placets à César, il lui remit un mémoire qui contenait tous les détails de la conjuration, et lui dit : "Lisez promptement ; ceci est pour vous d'un intérêt 20 urgent." César, obsédé, n'eut pas le temps de lire cet écrit, qu'il tenait encore lorsqu'il entra dans le sénat.

Les conspirateurs, qui l'y attendaient, cachaient sous un calme profond les mouvements divers dont ils étaient agités. L'œil le plus pénétrant n'aurait pu deviner à leur maintien le 25 coup terrible qu'ils méditaient...

Dès qu'on vit paraître le dictateur, la plupart des conjurés, comme ils en étaient convenus, allèrent au-devant de lui, et l'accompagnèrent jusqu'à sa chaire curule, tandis que d'autres éloignaient de lui Antoine, son ami et son collègue au consulat, 30 en prétextant la nécessité de lui parler d'une affaire importante.

MORT DE CÉSAR.

Pendant que César s'avançait, un sénateur, Popilius Léna, qu'on savait instruit de la conjuration, s'approche de lui, et lui parle quelque temps à l'oreille : une consternation soudaine saisit alors tous les conjurés, qui, se croyant trahis, portent déjà leurs mains sur leurs poignards, décidés à se tuer pour éviter le supplice. Brutus seul, jugeant au maintien de Popilius qu'il était plutôt suppliant qu'accusateur, rassure d'un coup d'œil ses complices.

Dès que César est assis, Cimber se jette à ses pieds, lui demandant le rappel de son frère qu'il avait exilé. Les autres conjurés entourent César pour appuyer cette demande : le dictateur refuse ; trop pressé par leurs instances, il veut se lever ; Cimber le retient par sa robe. C'était le signal convenu. César s'écrie : " Ce ne sont plus des prières, c'est de la violence." Casca, placé derrière son siège, le frappe à l'épaule, mais faiblement, car la crainte d'un coup si hardi rendait sa main tremblante et son poignard incertain. " Misérable ! que fais-tu ? " dit César en se retournant ; en même temps il perce le bras de Casca avec un poinçon qu'il tenait dans sa main. Casca appelle son frère à son secours ; tous les conspirateurs tirent leurs poignards ; César s'élance sur eux ; il écarte les uns, renverse les autres ; il reçoit enfin un coup de poignard dans la poitrine. Le sang qu'il perd, les glaives qu'on présente à ses yeux n'effraient pas son courage ; il se défend de tous côtés, quoique sans armes, comme un lion furieux et blessé ; mais au moment où il aperçoit Brutus qui lui enfonce son poignard dans le flanc, il prononce en gémissant ces paroles : " Et toi, Brutus, aussi ! " Alors il cesse toute résistance, s'enveloppe la tête, reçoit sans se plaindre tous les coups qu'on lui porte, et, par un sort étrange, tombe et meurt aux pieds de la statue de Pompée.

10. DÉPART DE LA PREMIÈRE CROISADE.

MICHAUD.

Dès que le printemps parut, rien ne put contenir l'impatience des croisés ; ils se mirent en marche pour se rendre dans les lieux où ils devaient se rassembler. Le plus grand nombre allait à pied ; quelques cavaliers paraissaient au milieu de la multitude ; plusieurs voyageaient montés sur des chars trainés par des bœufs ferrés ; d'autres côtoyaient la mer, descendaient les fleuves dans des barques ; ils étaient vêtus diversement, armés de lances, d'épées, de javelots, de massues de fer, etc. La foule des croisés offrait un mélange bizarre et confus de toutes les conditions et de tous les rangs. On voyait la vieillesse à côté de l'enfance, l'opulence près de la misère ; le casque était confondu avec le froc, la mitre avec l'épée, le seigneur avec les serfs, le maître avec ses serviteurs. Près des villes, près des forteresses, dans les plaines, sur les montagnes s'élevaient des tentes, des pavillons pour les chevaliers, et des autels dressés à la hâte pour l'office divin ; partout se déployait un appareil de guerres et de fêtes solennelles. D'un côté un chef militaire exerçait ses soldats à la discipline, de l'autre un prédicateur rappelait à ses auditeurs les vérités de l'Évangile ; on entendait le bruit des clairons et des trompettes ; plus loin on chantait des psaumes et des cantiques. Depuis le Tibre jusqu'à l'Océan, et depuis le Rhin jusqu'au-delà des Pyrénées, on ne rencontrait que des troupes d'hommes revêtus de la croix, jurant d'exterminer les Sarrasins, et d'avance célébrant leurs conquêtes ; de toutes parts retentissait le cri de guerre des croisés : Dieu le veut ! Dieu le veut !

Les pères conduisaient leurs enfants et leur faisaient jurer de vaincre ou de mourir pour Jésus-Christ. Les guerriers s'arrachaient des bras de leurs épouses et de leurs familles et promettaient de revenir victorieux. Les femmes, les vieillards, dont la faiblesse restait sans appui, accompagnaient leurs fils ou leurs époux dans la ville la plus voisine, et, ne pouvant se séparer des objets de leur affection, prenaient le parti de les suivre jusqu'à Jérusalem. Ceux qui restaient en Europe enviaient le sort des croisés et ne pouvaient retenir leur larmes ; ceux qui allaient chercher leur mort en Asie, étaient pleins d'espérance et de joie.

Parmi les pèlerins partis des côtes de la mer, on remarquait une foule d'hommes qui avaient quitté les îles de l'Océan. Leurs vêtements et leurs armes, qu'on n'avait jamais vus, excitaient la curiosité et la surprise. Ils parlaient une langue qu'on n'entendait point ; et pour montrer qu'ils étaient chrétiens, ils élevaient leurs deux doigts l'un sur l'autre en forme de croix. Entraînés par leur exemple et par l'esprit d'enthousiasme répandu partout, des familles, des villages entiers partaient pour la Palestine ; ils étaient suivis par leurs humbles pénates ; ils emportaient leurs provisions, leurs ustensiles, leurs meubles. Les plus pauvres marchaient sans prévoyance et ne pouvaient croire que celui qui nourrit les petits des oiseaux, laissât périr de misère des pèlerins revêtus de sa croix. Leur ignorance ajoutait à leur illusion, et prêtait à tout ce qu'ils voyaient un air d'enchantement et de prodige ; ils croyaient sans cesse toucher au terme de leur pèlerinage. Les enfants des villageois, lorsqu'une ville ou un château se présentait à leurs yeux, demandaient *si c'était là Jérusalem.* Beaucoup de grands seigneurs qui avaient passé leur vie dans leurs donjons rustiques, n'en savaient guère, plus que leurs vassaux : ils conduisaient avec eux leurs équipages de pêche et de chasse, et marchaient précédés d'une meute, ayant leur faucon sur le poing. Ils espéraient atteindre Jérusalem en faisant bonne chère, et montrer à l'Asie le luxe grossier de leurs châteaux.

Au milieu du délire universel, aucun sage ne fit entendre la voix de la raison ; personne ne s'étonnait alors de ce qui fait aujourd'hui notre surprise. Ces scènes si étranges, dans lesquelles tout le monde était acteur, ne devaient être un spectacle que pour la postérité.

11. LA FÊTE DE LA FÉDÉRATION.

MIGNET.

Le 14 juillet arriva ; la Révolution eut peu de journées si belles ; le temps seul ne répondit point à cette magnifique fête.... C'était dans le Champ de Mars que devait avoir lieu la fédération ; les immenses préparatifs de cette fête venaient à peine d'être terminés. Paris entier avait concouru pendant plusieurs semaines aux travaux, afin que tout fût prêt le 14. Le matin, à sept heures, le cortège des électeurs, des représentants de la commune, des présidents des districts, de l'Assemblée nationale, de la garde parisienne, des députés de l'armée, des fédérés des départements, partit avec ordre de l'emplacement de la Bastille.

La présence de tous les corps nationaux, les bannières flottantes, les inscriptions patriotiques, les costumes variés, les sons de la musique, l'allégresse du peuple rendaient ce cortège imposant. Il traversa la ville et passa la Seine au milieu d'une salve d'artillerie, sur un pont de bateaux qu'on avait jeté la veille. Il entra dans le Champ de Mars en passant sous un

LA FÊTE DE LA FÉDÉRATION. 85

arc de triomphe décoré d'inscriptions patriotiques. Chaque corps se mit, avec ordre et au bruit des applaudissements, à la place qui lui était destinée.

Le vaste emplacement du Champ de Mars était entouré de gradins de gazon occupés par quatre cent mille spectateurs. Au milieu s'élevait un autel à la manière antique ; autour de l'autel, sur un vaste amphithéâtre, on voyait le roi, sa famille, l'Assemblée et la municipalité ; les fédérés des départements étaient placés par ordre sous leurs bannières ; les députés de l'armée et la garde nationale étaient à leurs rangs et sous leurs drapeaux. L'évêque d'Autun monta sur l'autel en habits pontificaux ; quatre cents prêtres, revêtus d'aubes blanches et décorées de ceintures tricolores flottantes, se postèrent aux quatre coins de l'autel. La messe fut célébrée au bruit des instruments militaires : l'évêque d'Autun bénit ensuite l'oriflamme et les quatre-vingt-trois bannières.

Il se fit alors un profond silence dans cette vaste enceinte ; et La Fayette, nommé ce jour-là commandant général de toutes les gardes nationales du royaume, s'avança le premier pour prêter le serment civique. Il fut porté entre les bras des grenadiers sur l'autel-de la Patrie, au milieu des acclamations du peuple ; et il dit d'une voix élevée, en son nom, au nom des troupes et des fédérés : " Nous jurons d'être à jamais fidèles à la nation, à la loi et au roi, de maintenir de tout notre pouvoir la constitution décrétée par l'Assemblée nationale et acceptée par le roi, et de demeurer unis à tous les Français par les liens indissolubles de la fraternité." Aussitôt les salves de l'artillerie, les cris prolongés de *Vive la nation ! vive le roi !* les sons de la musique se mêlèrent ensemble. Le président de l'Assemblée nationale prêta le même serment, et tous les députés le répétèrent à la fois. Alors Louis XVI se leva, et dit : " Moi, roi

des Français, je jure d'employer tout le pouvoir qui m'est délégué par l'acte constitutionnel de l'État à maintenir la constitution décrétée par l'Assemblée nationale et acceptée par moi." La reine entraînée leva le dauphin dans ses bras, et le mon-
5 trant au peuple : " Voilà mon fils ; il se réunit ainsi que moi dans les mêmes sentiments."

Au même instant les bannières s'abaissèrent, les acclamations du peuple se firent entendre : les sujets crurent à la sincérité du monarque, le monarque à l'attachement des sujets, et on
10 termina cette heureuse journée par un cantique d'actions de grâces.

Les fêtes de la Fédération se prolongèrent quelque temps encore ; des joutes, des illuminations, des danses furent données par la ville de Paris aux députés des départements. Un
15 bal eut lieu sur le sol même où, un an auparavant, s'élevait la Bastille ; des grilles, des fers, des ruines étaient jetés çà et là, et sur la porte on avait écrit cette inscription, qui contrastait avec l'ancienne destination de ce séjour : *Ici l'on danse.* " On dansait en effet avec joie, avec sécurité, dit un contemporain,
20 sur le même sol où coulèrent tant de pleurs, où gémirent tant de fois le courage, le génie, l'innocence, où furent si souvent étouffés les cris du désespoir." Après que ces fêtes furent terminées, on frappa une médaille pour en éterniser le souvenir, et chacun des fédérés retourna dans son département.

12. NÉANT DE LA GRANDEUR ROYALE.

BOSSUET.

25 Celui qui règne dans les cieux, et de qui relèvent tous les empires, à qui seul appartient la gloire, la majesté et l'indé-

pendance, est aussi le seul qui se glorifie de faire la loi aux rois, et de leur donner, quand il lui plaît, de grandes et de terribles leçons. Soit qu'il élève les trônes, soit qu'il les abaisse, soit qu'il communique sa puissance aux princes, soit qu'il la retire à lui-même, et ne leur laisse que leur propre faiblesse, il leur apprend leurs devoirs d'une manière souveraine et digne de lui ; car, en leur donnant sa puissance, il leur commande d'en user comme il fait lui-même, pour le bien du monde ; et il leur fait voir, en la retirant, que toute leur majesté est empruntée, et que, pour être assis sur le trône, ils n'en sont pas moins sous sa main et sous son autorité suprême. C'est ainsi qu'il instruit les princes, non seulement par des discours et par des paroles, mais encore par des effets et par des exemples. *Et nunc, reges, intelligite ; erudimini qui judicatis terram.*

Chrétiens, que la mémoire d'une grande reine, fille, femme, mère de rois si puissants, et souveraine de trois royaumes, appelle de tous côtés à cette triste cérémonie, ce discours vous fera paraître un de ces exemples redoutables qui étalent aux yeux du monde sa vanité toute entière. Vous verrez dans une seule vie toutes les extrémités des choses humaines : la félicité sans bornes, aussi bien que les misères, une longue et paisible jouissance d'une des plus nobles couronnes de l'univers ; tout ce que peuvent donner de plus glorieux la naissance et la grandeur accumulées sur une tête, qui ensuite est exposée à tous les outrages de la fortune ; la bonne cause d'abord suivie de bons succès, et, depuis, des retours soudains, des changements inouïs ; la rébellion longtemps retenue, à la fin tout à fait maîtresse ; nul frein à la licence, les lois abolies ; la majesté violée par des attentats jusqu'alors inconnus ; l'usurpation de la tyrannie sous le nom de liberté ;

une reine fugitive qui ne trouve aucune retraite dans trois royaumes, et à qui sa propre patrie n'est plus qu'un triste lieu d'exil ; neuf voyages sur mer entrepris par une princesse malgré les tempêtes ; l'Océan étonné de se voir traversé tant 5 de fois en des appareils si divers pour des causes si différentes ; un trône indignement renversé et miraculeusement rétabli. Voilà les enseignements que Dieu donne aux rois ; ainsi fait-il voir au monde le néant de ses pompes et de ses grandeurs. Si les paroles nous manquent, si les expressions 10 ne répondent pas à un sujet si vaste et si relevé, les choses parleront assez d'elles-mêmes. Le cœur d'une grande reine, autrefois élevé par une si longue suite de prospérités, et puis plongé tout à coup dans un abîme d'amertumes, parlera assez haut : et, s'il n'est pas permis aux particuliers de faire 15 des leçons aux princes sur des événements si étranges, un roi me prête ses paroles pour leur dire : *Et nunc, reges, intelligite ; erudimini qui judicatis terram :* entendez, ô grands de la terre ; instruisez-vous, arbitres du monde.

PART IV.—Poetry.

1. LA MARSEILLAISE.
ROUGET DE L'ISLE.

Allons, enfants de la patrie,
Le jour de gloire est arrivé :
Contre nous de la tyrannie
L'étendard sanglant est levé.
Entendez-vous dans ces campagnes   5
Mugir ces féroces soldats ?
Ils viennent jusque dans vos bras,
Égorger vos fils, vos compagnes !

Aux armes, citoyens ! formez vos bataillons !
    Marchons, marchons !   10
Qu'un sang impur abreuve nos sillons !
    Marchons, marchons !
Qu'un sang impur abreuve nos sillons !

. . . . .

Amour sacré de la patrie,
Conduis, soutiens nos bras vengeurs ;   15
Liberté, Liberté chérie,
Combats avec tes défenseurs !
Sous nos drapeaux que la Victoire
Accoure à tes mâles accents !
Que tes ennemis expirants
Voient ton triomphe et notre gloire !   20

Aux armes, citoyens ! formez vos bataillons !
Marchons, marchons !
Qu'un sang impur abreuve nos sillons !
Marchons, marchons !
Qu'un sang impur abreuve nos sillons !

2. LE DÉPART POUR LA SYRIE.

DE LABORDE.

Partant pour la Syrie,
Le jeune et beau Dunois
Allait prier Marie
De bénir ses exploits.
" Faites, reine immortelle,
Lui dit-il en partant,
Que j'aime la plus belle
Et sois le plus vaillant."

Il trace sur la pierre
Le serment de l'honneur,
Et va suivre à la guerre
Le comte son seigneur.
Au noble vœu fidèle,
Il dit en combattant :
" Amour à la plus belle,
Honneur au plus vaillant."

" On lui doit la victoire,
Vraiment ! dit le seigneur.
Puisque tu fais ma gloire
Je ferai ton bonheur.

De ma fille Isabelle
Sois l'époux à l'instant,
Car elle est la plus belle
Et toi le plus vaillant."

A l'autel de Marie
Ils contractent tous deux
Cette union chérie
Qui seule rend heureux.
Chacun dans la chapelle
Disait en les voyant :
" Amour à la plus belle,
Honneur au plus vaillant."

3. LE SAVETIER ET LE FINANCIER.

LA FONTAINE.

Un savetier chantait du matin jusqu'au soir :
 C'était merveille de le voir,
Merveille de l'ouïr ; il faisait des passages,
 Plus content qu'aucun de sept sages.
Son voisin, au contraire, étant tout cousu d'or,
 Chantait peu, dormait moins encor;
 C'était un homme de finance.
Si sur le point du jour parfois il sommeillait,
Le savetier alors en chantant l'éveillait ;
 Et le financier se plaignait
 Que les soins de la Providence
N'eussent pas au marché fait vendre le dormir,
 Comme le manger et le boire.

En son hôtel il fait venir
Le chanteur, et lui dit : " Or, çà, sire Grégoire,
Que gagnez-vous par an ?—Par an ! ma foi, monsieur,
    Dit avec un ton de rieur
5 Le gaillard savetier, ce n'est point ma manière
De compter de la sorte, et je n'entasse guère
    Un jour sur l'autre : il suffit qu'à la fin
    J'attrape le bout de l'année :
    Chaque jour amène son pain.
10 —Eh bien ! que gagnez-vous, dites-moi, par journée ?
—Tantôt plus, tantôt moins : le mal est que toujours
(Et sans cela nos gains seraient assez honnêtes),
Le mal est que dans l'an s'entremêlent des jours
    Qu'il faut chômer : on nous ruine en fêtes ;
15 L'une fait tort à l'autre, et monsieur le curé
De quelque nouveau saint charge toujours son prône."
    Le financier, riant de sa naïveté,
Lui dit : " Je veux vous mettre aujourd'hui sur le trône.
Prenez ces cent écus ; gardez-les avec soin,
20   Pour vous en servir au besoin."
Le savetier crut voir tout l'argent que la terre
    Avait, depuis plus de cent ans,
    Produit pour l'usage des gens.
Il retourne chez lui, dans sa cave il enserre
25   L'argent et sa joie à la fois.
    Plus de chant, il perdit la voix
Du moment qu'il gagna ce qui cause nos peines.
    Le sommeil quitta son logis ;
    Il eut pour hôte les soucis,
30   Les soupçons, les alarmes vaines.
Tout le jour, il avait l'œil au guet, et la nuit,

Si quelque chat faisait du bruit,
Le chat prenait l'argent. A la fin le pauvre homme
S'en courut chez celui qu'il ne réveillait plus :
"Rendez moi, lui dit-il, mes chansons et mon somme,
Et reprenez vos cent écus."

4. LA FERMIÈRE.
HÉGÉSIPPE MOREAU.

Amour à la fermière ! elle est
   Si gentille et si douce !
C'est l'oiseau des bois qui se plaît
   Loin du bruit dans la mousse ;
Vieux vagabond qui tend la main
   Enfant pauvre et sans mère,
Puissiez-vous trouver en chemin
   La ferme et la fermière !

De l'escabeau vide au foyer
   Là le pauvre s'empare,
Et le grand bahut de noyer
   Pour lui n'est point avare ;
C'est là qu'un jour je vins m'asseoir
   Les pieds blancs de poussière ;
Un jour... puis en marche et bonsoir
   La ferme et la fermière !

Mon seul beau jour a dû finir,
   Finir dès son aurore ;
Mais pour moi ce doux souvenir
   Est du bonheur encore :

En fermant les yeux, je revois
L'enclos plein de lumière,
La haie en fleurs, le petit bois,
La ferme et la fermière !

Si Dieu, comme notre curé
Au prône le répète,
Paye un bienfait (même égaré)
Ah ! qu'il songe à ma dette !
Qu'il prodigue au vallon les fleurs,
La joie et la lumière,
Et garde des vents et des pleurs
La ferme et la fermière !

. . . . .

Ma chansonnette, prends ton vol !
Tu n'es qu'un faible hommage ;
Mais qu'en avril le rossignol
Chante et la dédommage ;
Qu'effrayé par ses chants d'amour,
L'oiseau du cimetière,
Longtemps, longtemps se taise pour
La ferme et la fermière !

5. LES BŒUFS.

PIERRE DUPONT.

J'ai deux grands bœufs dans mon étable,
Deux grands bœufs blancs, marqués de roux ;
La charrue est en bois d'érable,
L'aiguillon en branche de houx ;

LES BŒUFS.

C'est par leurs soins qu'on voit la plaine
Verte l'hiver, jaune l'été ;
Ils gagnent dans une semaine
Plus d'argent qu'il n'en ont coûté.
    S'il me fallait les vendre,
    J'aimerais mieux me pendre ;
J'aime Jeanne ma femme, eh bien ! j'aimerais mieux
La voir mourir, que voir mourir mes bœufs.

Les voyez-vous les belles bêtes,
Creuser profond et tracer droit,
Bravant la pluie et les tempêtes,
Qu'il fasse chaud, qu'il fasse froid ?
Lorsque je fais halte pour boire,
Un brouillard sort de leurs naseaux,
Et je vois sur leur corne noire
Se poser les petits oiseaux.
    S'il me fallait les vendre, etc.

Ils sont forts comme un pressoir d'huile,
Ils sont doux comme des moutons.
Tous les ans on vient de la ville
Les marchander dans nos cantons,
Pour les mener aux Tuileries,
Au mardi gras, devant le roi,
Et puis les vendre aux boucheries,
Je ne veux pas, ils sont à moi.
    S'il me fallait les vendre, etc

Quand notre fille sera grande,
Si le fils de notre régent
En mariage la demande,
Je lui promets tout mon argent ;

Mais si pour dot il veut qu'on donne
Les grands bœufs blancs marqués de roux,
Ma fille, laissons la couronne,
Et ramenons les bœufs chez nous.
     S'il fallait les vendre, etc.

6. LES MILLE-ISLES.

FRÉCHETTE.

Massifs harmonieux, édens des flots tranquilles,
D'oasis aux fleurs d'or innombrables réseaux,
Que la vague caresse et que les blonds roseaux
Encadrent du fouillis de leurs tiges mobiles !

Bosquets que l'onde berce aux doux chants des oiseaux,
Des zéphyrs et des nids pittoresques asiles,
Mystérieux et frais labyrinthe, Mille-Isles !
Chapelet d'émeraude égrené sur les eaux.

Quand, la première fois, je vis, sous vos ombrages,
Les magiques reflets de vos brillants mirages,
Un chaud soleil de juin dorait vos verts abris ;

D'enivrantes senteurs semblaient monter des grèves ;
Et je crus entrevoir ce beau pays des rêves
Où la sylphide joue avec les colibris !

7. HYMNE DE L'ENFANT.

LAMARTINE.

O Père qu'adore mon père !
Toi qu'on ne nomme qu'à genoux,
Toi dont le nom terrible et doux
Fait courber le front de ma mère,

On dit que ce brillant soleil 5
N'est qu'un jouet de ta puissance,
Que sous tes pieds il se balance
Comme une lampe de vermeil.

On dit que c'est toi qui fais naître
Les petits oiseaux dans les champs, 10
Qui donnes aux petits enfants
Une âme aussi pour te connaître !

On dit que c'est toi qui produis
Les fleurs dont le jardin se pare,
Et que sans toi, toujours avare, 15
Le verger n'aurait pas de fruits.

Aux dons que ta bonté mesure
Tout l'univers est convié ;
Nul insecte n'est oublié,
A ce festin de la nature. 20

L'agneau broute le serpolet,
La chèvre s'attache au cytise,
La mouche au bord du vase puise
Les blanches gouttes de mon lait.

L'alouette a la graine amère
Que laisse envoler le glaneur ;
Le passereau suit le vanneur,
Et l'enfant s'attache à sa mère.

Et pour obtenir chaque don
Que chaque jour tu fais éclore,
A midi, le soir, à l'aurore,
Que faut-il ? prononcer ton nom !

8. L'EXILÉ.
CHATEAUBRIAND.

Combien j'ai douce souvenance
Du joli lieu de ma naissance !
Ma sœur, qu'ils étaient beaux, les jours
    De France !
O mon pays ! sois mes amours,
    Toujours !

Te souvient-il que notre mère,
Au foyer de notre chaumière,
Nous pressait sur son cœur joyeux
    Ma chère ?
Et nous baisions ses blancs cheveux,
    Tous deux.

Te souvient-il du lac tranquille
Qu'effleurait l'hirondelle agile,
Du vent qui courbait le roseau
    Mobile,
Et du soleil couchant sur l'eau,
    Si beau ?

Ma sœur, te souvient-il encore
Du château que baignait la Dore,
Et de cette tant vieille tour
    Du Maure,
Où l'airain sonnait le retour
    Du jour ?

Te souvient-il de cette amie,
Douce compagne de ma vie ?
Dans les bois, en cueillant la fleur
    Jolie,
Hélène appuyait sur mon cœur
    Son cœur.

Oh ! qui me rendra mon Hélène,
Et la montagne, et le grand chêne ?
Leur souvenir fait tous les jours
    Ma peine.
Mon pays sera mes amours
    Toujours !

9. LA FEUILLE.

ARNAULT.

" De ta tige détachée,
Pauvre feuille desséchée,
Où vas-tu ?—Je n'en sais rien.
L'orage a brisé le chêne
Qui seul était mon soutien ;
De son inconstante haleine,
Le zéphyr ou l'aquilon

Depuis ce jour me promène
De la forêt à la plaine,
De la montagne au vallon.
Je vais où le vent me mène,
Sans me plaindre ou m'effrayer ;
Je vais où va toute chose,
Où va la feuille de rose
Et la feuille de laurier."

---

10. TRISTESSE.

ALFRED DE MUSSET.

J'ai perdu ma force et ma vie,
Et mes amis et ma gaieté :
J'ai perdu jusqu'à la fierté
Qui faisait croire à mon génie.

Quand j'ai connu la vérité,
J'ai cru que c'était une amie :
Quand je l'ai comprise et sentie
J'en étais déjà dégoûté.

Et pourtant elle est éternelle,
Et ceux qui se sont passés d'elle,
Ici-bas ont tout ignoré.

Dieu parle, il faut qu'on lui réponde.
Le seul bien qui me reste au monde
Est d'avoir quelquefois pleuré.

11. A MA FILLE.
VICTOR HUGO.

Oh ! bien loin de la voie
Où marche le pécheur,
Chemine où Dieu t'envoie !
Enfant ! garde ta joie !
Lis ! garde ta blancheur !   5

Sois humble ! que t'importe
Le riche et le puissant !
Un souffle les emporte.
La force la plus forte,
C'est un cœur innocent !   10

Bien souvent Dieu repousse
Du pied les hautes tours ;
Mais dans le nid de mousse
Où chante une voix douce
Il regarde toujours.   15

Reste à la solitude !
Reste à la pauvreté !
Vis sans inquiétude !
Et ne te fais étude
Que de l'éternité !   20

. . . . .

O ma fille ! âme heureuse !
O lac de pureté !
Dans la vallée ombreuse,
Reste où ton Dieu te creuse
Un lit plus abrité !   25

Lac que le ciel parfume !
Le monde est une mer ;
Son souffle est plein de brume,
Un peu de son écume
Rendrait ton flot amer.

12. POUR LES PAUVRES.
VICTOR HUGO.

Donnez, riches ! L'aumône est sœur de la prière.
Hélas ! quand un vieillard, sur votre seuil de pierre,
Tout raidi par l'hiver, en vain tombe à genoux ;
Quand les petits enfants, les mains de froid rougies,
Ramassent sous vos pieds les miettes des orgies,
La face du Seigneur se détourne de vous.

Donnez ! afin que Dieu, qui dote les familles,
Donne à vos fils la force et la grâce à vos filles ;
Afin que votre vigne ait toujours un doux fruit ;
Afin qu'un blé plus mûr fasse plier vos granges ;
Afin d'être meilleurs ; afin de voir les anges
Passer dans vos rêves la nuit !

Donnez ! il vient un jour où la terre nous laisse.
Vos aumônes là-haut vous font une richesse.
Donnez ! afin qu'on dise : " Il a pitié de nous ! "
Afin que l'indigent que glacent les tempêtes,
Que le pauvre qui souffre à côté de vos fêtes,
Au seuil de vos palais fixe un œil moins jaloux !

POUR LES PAUVRES.

Donnez ! pour être aimés du Dieu qui se fit homme,
Pour que le méchant même en s'inclinant vous nomme,
Pour que votre foyer soit calme et fraternel.
Donnez ! afin qu'un jour, à votre heure dernière,
Contre tous vos péchés vous ayez la prière
    D'un mendiant puissant au ciel !

VOCABULARY.

LIST OF ABBREVIATIONS.

adj.	adjective.
adv.	adverb.
cf. or conf.	compare.
colloq.	colloquial.
comp.	comparative.
condl.	conditional.
conj.	conjunction.
constr.	construction.
contr.	contraction.
def.	definite.
def. art.	definite article.
demonstr.	demonstrative.
dim.	diminutive.
dir.	direct.
disj.	disjunctive.
Eng.	English.
f.	feminine.
fam.	familiar expression.
fig.	figuratively.
foll.	followed.
Fr.	French.
fut.	future.
gen.	generally
imperat.	imperative.
impers.	impersonal.
impf.	imperfect.
indic.	indicative.
indir.	indirect.
inf.	infinitive.
interj.	interjection.
interrog. pron.	interrogative pronoun.
intr.	intransitive.
ir.	irregular.
lit.	literally.
m.	masculine.
milit.	military expression.
neg.	negative.
n.f.	noun feminine.
n.m.	noun masculine.
num.	numeral.
obj.	object.
pers.	personal.
plur. or pl.	plural.
poss.	possessive.
p. part.	past participle.
pr.	proper.
prep.	preposition.
pres.	present.
pres. p.	present participle.
pron.	pronoun.
ref. pron.	reflexive pronoun.
rel. pron.	relative pronoun.
sc.	understand. [verb.
(se) or (s').	to be read before the
sing.	singular.
subj.	subjunctive.
superl.	superlative.
v. intr.	verb intransitive.
v. tr.	verb transitive.
v. r.	verb reflective.
=	equal to.
+	followed by.

VOCABULARY.

A

à, prep., to, towards, at, for, in, into, around, with, by, from ; *à l'aide de,* with the help of ; *à+*Infin., in + verbal form in -ing.

abaisser, v. tr., to lower, humiliate ; *abaissé,* p. part., lowered, low-hanging; *s'abaisser,* to lower one's self, fall, sink, be lowered.

abandon, n.m., abandonment, desertion, surrender, despair.

abandonner, v. tr., to abandon, leave, desert ; *abandonné,* p. part., deserted, empty.

abattement, n.m., dejection, discouragement, weakness, prostration.

abbesse, n.f., abbess.

abécédaire, n.m., primer, spelling-book.

abîme, n.m., abyss.

abolir, v. tr., to abolish.

abondamment, adv., abundantly.

abondance, n.f., abundance, copiousness.

abonder, v. intr., to abound.

abord, n.m., landing, arrival ; *d'abord,* at first, first, first of all.

abreuver, v. tr., to water, fill, soak.

abri, n.m., shelter, cover, protection, sheltered place, retreat.

abriter, v. tr., to shelter, shield ; *abrité,* p. part., sheltered.

absent, adj., absent.

absolument, adv., absolutely, perfectly.

absorber, v. tr., to absorb, engross, occupy entirely.

abuser, v. intr. (foll. by *de*), to abuse, misuse, make an ill use of.

accabler, v. tr., to crush, weigh down, overwhelm.

accent, n.m., accent, tone.

accepter, v. tr., to accept.

acclamation, n.f., acclamation, shout, cheer.

accompagner, v. tr., to accompany, go with, follow (as retinue, etc.), attend ; *s'accompagner,* to accompany one's self (on an instrument in music).

accomplir (s'), v. r., to be accomplished, be performed, be done.

accord, n.m., agreement, harmony; *mettre d'accord,* to reconcile.

accorder, v. tr., to grant, accord, bestow, give.

accoter, v. tr., to prop up, support ; *accoté contre,* p.part., propped against, leaning against.

accourir, v. intr. ir. (accourant, accouru, j'accours, j'accourus, j'accourai, que j'accoure), to run (to, à), hasten (to, à), hasten on, hasten (to help), flow swiftly (of a river, etc).

accoutumer, v. tr., to accustom, use, habituate ; *accoutumé,* p. part., usual.

accueil, n.m., reception, welcome.

accumuler, v. tr., to accumulate, heap up, amass.

accusateur, n.m., accuser.

accuser, v. tr., to accuse (of, de).

achat, n.m., purchase.

acheter, v. tr. ir. (stem *e* becomes *è* when the vowel of the following syllable is *e* mute), to buy, purchase; *acheter quelque chose à quelqu'un*, to buy something for or from any one.

achever, v. tr. ir. (stem *e* becomes *è* when the vowel of the following syllable is *e* mute), to finish, complete, conclude, terminate.

acier, n.m., steel.

acrobate, n.m., acrobat.

acte, n.m., act, action, deed.

acteur, n.m., actor, player.

action, n.f., action, deed; *actions de grâces*, thanksgiving.

admirable, adj., admirable.

admiration, n.f., admiration.

adoption, n.f., adoption; *parente d'adoption*, adopted relative.

adorable, adj., adorable, charming.

adorer, v. tr., to adore, worship.

adoucir, v. tr., to soften, modify.

adresse, n. f., address.

adresser, v. tr., to address, direct; *s'adresser*, to address one's self; *s'adresser à*, to address.

adroitement, adv., adroitly, skilfully, cleverly.

affaiblir, v. tr., to enfeeble, weaken; *s'affaiblir*, to grow weak, diminish or die away (of sounds).

affaire, n.f., affair, matter, business; fight, skirmish, battle; *les affaires*, the affairs, fortunes, business; *avoir affaire à*, to have to do with, have to deal with.

affection, n.f., affection, love, attachment.

affectueux, affectueuse, adj., affectionate, loving.

affiche, n.f., placard, poster, handbill.

afficher, v. tr., to post up, publish.

affligé, p. part. of *affliger*, grieved, sorrowful, disconsolate.

affliger, v. tr. ir. (*g* becomes *ge* before *a* or *o* in conjugation), to afflict, vex, grieve; *s'affliger*, to grieve, be troubled, be sorrowful, fret.

affreux, affreuse, adj., frightful, terrible, horrible.

afin de, prep., in order to, so as to.

afin que, conj. (foll. by subj.), in order that, that.

âgé, adj., aged, old.

agile, adj., nimble, quick, swift.

agir, v. intr., to act, do.

agir(s'), v. r. impers., to be in question, etc.; *il s'agit de*, it is about, you (etc.) refer to; *il s'agissait de*, it was a question of, it was about.

agiter, v. tr., to agitate, move, disturb.

agneau, n.m., lamb.

agrandir, v. tr., to make greater, enlarge, distend; *agrandi*, p. part., distended, enlarged.

agréablement, adv., agreeably, pleasantly.

ah ! interj., ah !, oh !

aide, n.m., helper, assistant ; *n f.*, aid, help, assistance; *aide de camp*, aide-de-camp; *à l'aide de*, with the help of.

aider, v. tr., to aid, help.

aigle, n. m., eagle; *n. f.*, eagle (military standard).

aigu, aiguë, adj., sharp-pointed, sharp.

aiguille, n.f., needle; *les aiguilles des casques*, the spikes of the helmets.

aiguillon, n. m., goad.

aiguiser, v. tr., to sharpen.

aile, n.f., wing.

VOCABULARY. 109

ailleurs, adv., elsewhere, somewhere else; *d'ailleurs*, moreover, besides.

aimer, v. tr., to love, be fond of, like; *aimer mieux* (foll. by infin. without prep.), to prefer to, like better to.

aîné, adj., elder, eldest; n.m., eldest son.

ainsi, adv., thus, so, in this (or that) manner; then; as follows; *ainsi que*, as; *ainsi dit ainsi fait*, no sooner said than done; *il n'en est plus ainsi*, it is no longer so; *ainsi que moi*, as well as myself.

air, n.m., air, look, manner; air (atmosphere); *le grand air*, the open air; *air entendu*, a knowing air.

airain, n.m., brass, bronze.

aise, n.f., ease, comfort, joy; *à ton aise*, at your leisure, suit yourself.

aise, adj., glad, well pleased; *bien aise*, very glad.

ait, 3 sing. pres. subj. of *avoir*.

ajouter, v. tr. and intr., to add, join, continue, increase.

alarme, n.f., alarm, fear.

Allah, n. pr. m., Allah (the Arabic name for God).

allégresse, n.f., gladness, joy.

Allemagne (l'), n. pr. f., Germany.

allemand, adj., German; *l'allemand*, German (the language); *en allemand*, in German.

aller, v. intr. ir. (allant, allé, je vais, j'allai, j'irai, que j'aille), to go; *aller*+Inf., to be going to, be about to, be on the point of, go and; *aller trouver*, to go to, go and look up; *aller chercher*, *aller querir*, to go and get, get, go for, go in search of, go in quest of; *aller voir*, to go and see, visit; *s'en aller*, to go away, set out, depart, be off; *allons!* come!, courage!, up!, arise!, *allez:* come!, I tell you; *allez-vous-en*, go away; *aller au-devant de quelqu'un*, to go to meet any one.

alliance, n.f., alliance, marriage, match.

allonger, v. tr. ir. (*g* becomes *ge* before *a* or *o* in conjugation), to lengthen, stretch out; *s'allonger*, to stretch one's self out, lie at full length, lie down (flat).

allumer, v. tr., to light; *allumé*, p. part., lighted, kindled, on fire.

alors, adv., then, thereupon; *jusqu'alors*, up till then.

alouette, n.f., lark.

Alsace (l'), n. pr. f., Alsatia.

amadou, n.m., tinder, punk; *babines d'amadou*, red lips (of beasts).

amande, n.f., kernel (of a nut, etc.).

amandier, n.m., almond-tree.

amaranthe, n.f., amaranth.

amasser, v. tr., to amass, gather together, hoard up.

âme, n.f., soul, heart.

amener, v. tr. ir. (stem *e* becomes *è* when the vowel of the following syllable is *e* mute), to lead, bring.

amer, amère, adj., bitter.

Amérique, n. pr. f., America.

amertume, n.f., bitterness, grief; *pl.*, ditto.

ami, n.m., friend.

amical, adj., friendly, amicable.

amie, n.f., friend, loved one.

amincir, v. tr., to make thinner, emaciate, contract, shrivel; *aminci*, p. part., emaciated, shrivelled.

amitié, n.f., friendship, friendliness, kindness, affection; *de bonne amitié*, in all friendship, with perfect good-will.

amour, n.m., in sing. (n.f. in pl.), love; *un amour de petite chèvre,* a dear little goat.

amoureux, amoureuse, adj., in love, enamoured; *amoureux à la folie,* madly in love; *amoureux,* adj. as n., lover.

amphithéâtre, n.m., amphitheatre.

amuser, v. tr., to amuse, divert, entertain; *amusé* p. part., amused, delighted; *s'amuser,* to amuse one's self.

amuseur, n.m., amuser.

an, n.m., year; *l'an dernier,* last year; *avoir six ans,* to be six years old; *à six ans,* at six years of age; *tous les ans,* every year; *par an,* a year, by the year.

ancien, ancienne, adj., ancient, old, former.

Andalous, n.m., Andalusian.

âne, n.m., ass, donkey.

ange, n.m., angel.

angelus, n.m., angelus.

angoisse, n.f., anguish, distress.

animal, n.m., (pl. **animaux**) animal, beast, brute.

animer, v. tr., to animate, enliven.

année, n.f., year, twelvemonth.

annoncer, v. tr. ir. (*c* becomes *ç* before *a* or *o* in conjugation), to announce; *s'annoncer,* to announce one's self, give notice of or announce one's approach or proximity.

antique, adj., antique, ancient.

Antoine, n. pr. m., Anthony, Antonius.

anxieux, anxieuse, adj., anxious.

août, n. pr. m., August.

apaiser, v. tr., to appease, alleviate, allay, satisfy.

apercevoir, v. tr. ir. (apercevant, aperçu, j'aperçois, j'aperçus, j'apercevrai, que j'aperçoive), to perceive, see, observe, notice; *s'apercevoir de,* to perceive, remark, observe.

aperçu, p. part. of *apercevoir.*

aperçus, 1 sing. past def. of *apercevoir.*

apitoyer, v. tr. ir. (*y* becomes *i* before *e* mute), to move to pity, excite to pity.

aplatir, v. tr., to flatten, lay flat, lower.

apoplexie, n.f., apoplexy; *apoplexie foudroyante,* severe stroke of apoplexy.

appareil, n.m., preparations (elaborate and magnificent); equipage, train, pomp.

apparence, n.f., appearance.

appartement, n.m., apartments, suite of rooms; *appartement à balcon,* a suite of rooms with a balcony.

appartenir, v. intr. ir. (appartenant, appartenu, j'appartiens, j'appartiendrai, que j'appartienne), to belong (to, à).

appeler, v. tr. ir. (*l* is doubled when the vowel of the following syllable is *e* mute), to call, name; to call, call in, summon; *comment l'as-tu appelé?,* what did you call him?

appétissant, adj., appetizing, tempting, delicious.

appétit, n.m., appetite, hunger; *se trouver en appétit,* to find one's self hungry, be hungry.

applaudissement, n.m., applause; *pl.,* ditto.

appliqué, adj., diligent, industrious, sedulous.

appliquer, v. tr., to apply; *s'appliquer,* to apply one's self, work, set to work, take pains.

apporter, v. tr., to bring (to, à), bring along, carry (to, à), bring forward; *les obstacles apportés,* the difficulties raised.

apprendre, v. tr. ir. (apprenant, appris, j'apprends, j'appris, j'apprendrai, que j'apprenne), to learn, hear of; to teach, tell, inform (of).

apprenti, n.m., apprentice.

appris, p. part. of *apprendre.*

approche, s. f., approach, coming.

approcher, v. tr. and intr., to approach, draw near, come on, bring near or close (to, de).

approcher (s'), v. r., to approach, draw near (to, de), advance (towards, de).

approuver, v. tr., to approve.

appuis, n.m., support, help, protection.

appuyer, v. tr. and intr. ir. (*y* becomes *i* before an *e* mute), to prop, support, second, lean on, rest, lean, press; *appuyé à,* p. part., leaning, supported on or against; *s'appuyer,* to support one's self, lean (intr.); *appuyé contre,* pressed against, resting against or on.

après, prep., after (of order, rank or time); *d'après,* after, from, according to.

après, adv., after, afterwards.

après que, conj., after, when.

âpreté, n.f., harshness, fierceness, ferocity.

aquilon, n.m., north-wind.

arbalète, n.f., cross-bow.

arbitre, n.m., arbiter, judge.

arbre, n.m., tree.

arc, n.m., arch; *arc de triomphe,* triumphal arch.

arc-en-ciel, n.m., rainbow.

ardent, adj., ardent, vehement, violent, burning, fiery, glowing.

ardeur, n.f., ardor, heat, burning heat.

argent, n.m., silver; money; *d'argent,* silver (adj.).

arme, n.f., arm, weapon; *aux armes !,* to arms !

armée, n.f., army.

armer, v. tr., to arm.

armoire, n.f., closet, cupboard, press; *armoire à linge,* linen-closet.

arracher, v. tr., to tear or wring, snatch, force, pull out, tear off or away; *s'arracher,* to tear one's self away (from, de).

arrangement, n. m., arrangement; *pl.,* terms, measures, etc.; *prendre ses arrangements avec quelqu'un,* to make arrangements with, come to terms with any one.

arranger, v. tr. ir. (*g* becomes *ge* before *a* or *o* in conjugation), to arrange, set in order; make over (a dress).

arrêter, v. tr., to arrest, stop, delay, stay, check; *s'arrêter,* to stop, pause, draw up (of a carriage, etc.).

arrière, adv., behind, back; *en arrière,* backwards, behind.

arrivée, n.f., arrival, advent.

arriver, v. intr., to arrive, come, land, get here, get there, happen; *arriver à,* to arrive at, reach; *impers.,* to happen, *il arrive,* it happens.

arrondir, v. tr., to round, make round; *s'arrondir,* to be rounded, be round.

arroser, v. tr., to sprinkle, water (a garden, etc).

FRENCH READER.

Artémidore, n. pr. m., Artemidorus.
article, n.m., article, head, matter, subject ; *c'est assez causé sur l'article*, we have said enough on this subject.
articulé, p. part., articulated, jointed.
artillerie, n.f., artillery.
artiste, n.m., artist, player, performer.
artistique, adj., artistic.
Asie (l'), n. pr. f., Asia.
asile, n.m., asylum, refuge, retreat.
aspect, n.m., aspect, sight, appearance; *à l'aspect de*, by or from the look of.
assassiner, v. tr., to assassinate, murder.
assaut, n.m., assault, storm; *d'assaut*, by storm, by assault.
assemblée, s.f., assembly, meeting, company, assembling.
assembler, v. tr. and intr., to put together.
asseoir (s'), v. r. ir. (s'asseyant, assis, je m'assieds, je m'assis, je m'assiérai, que je m'asseye), to sit down, seat one's self, be seated; *assis*, seated, sitting.
assez, adv., enough, sufficiently, pretty, tolerably, rather, somewhat.
assiéger, v. tr. ir. (stem é becomes è when the vowel of the following syllable is e mute), to besiege.
assiette, n.f., plate.
assis, p. part. of *asseoir*, seated, sitting.
assis (je m'), 1 sing. past. def. of *s'asseoir*.
assister, v. tr., to assist, help, aid; *assister à*, to be present at, take part in.
assommer, v. tr., to beat to death, knock on the head.
assurance, n.f., assurance, certainty, confidence.
assurer, v. tr., to assure; *s'assurer*, to assure or satisfy one's self, make sure, ascertain.
atmosphère, n.f., atmosphere.
attachement, n.m., attachment, affection.
attacher, v. tr., to fasten, make fast, attach, tie, tie on; *s'attacher à*, to cling to, follow closely, have an affection for, love.
atteindre, v. tr. and intr. ir. (atteignant, atteint, j'atteins, j'atteignis, j'atteindrai, que j'atteigne), to attain, reach, arrive—is followed by *à* when intransitive.
attendre, v. tr. and intr. ir. (3 sing. pres. indic. il attend), to wait, await, wait for, expect ; *s'attendre* (+à) to expect ; *comme s'y attendait son père*, as his father expected ; *en attendant*, in the meantime.
attendrir, v. tr., to soften, touch, move, affect ; *s'attendrir*, to be moved, be affected.
attendrissement, n.m., emotion.
attentat, n.m., crime, outrage.
attentif, attentive, adj., attentive.
attention, n.f., attention ; *faire attention à*, to pay attention to.
attentivement, adv., attentively.
attirer, v. tr., to attract, entice.
attitude, n.f., attitude, position.
attraper, v. tr., to entrap, catch, get, secure, overtake, reach.
au, contr. of *à+le*.
aubade, n.f., morning serenade.

VOCABULARY. 113

aube, n.f., dawn, sunrise; *alb* (a priest's garment).
aubépine, n.f., hawthorn.
aucun, adj. and pron., any; *ne*... *aucun*, no, none, no one.
au-devant, adv., forward; *aller* (or *venir*) *au-devant de*, to go to meet.
auditeur, n.m., auditor, hearer; pl., audience.
augure, n.m., augur, soothsayer.
augurer, v. tr., to augur, apprehend, fear.
Auguste, n. pr. m., Augustus.
aujourd'hui, adv., to-day, now, nowadays, at present.
aumône, n.f., alms, alms-giving.
auparavant, adv., before.
auprès de, prep., near, near by, beside.
aura, 3 sing. fut. indic. of *avoir*.
auraient, 3 pl. condl. of *avoir*.
aurait, 3 sing. condl. of *avoir*.
auras, 2 sing. fut. indic. of *avoir*.
aurez, 2 pl. fut. indic. of *avoir*.
aurons, 1 pl. fut. indic. of *avoir*.
auront, 3 pl. fut. indic. of *avoir*.
aurore, n.f., dawn, morning; n. pr., Aurora.
ausculter, v. tr., to auscultate, examine with a stethoscope.
aussi, adv., also, too, likewise; at the same time; and so; moreover; in comparisons, as, *aussi grand que*, as large as.
aussitôt, adv., immediately, forthwith, at once; as soon, as quickly.
autant, adv., as much (or many); *autant de*, as much (or many); *d'autant plus*, the more so as (or since); *autant que*, as much as.
autel, n.m., altar.
automne, n.m., autumn.

autorité, n.f., authority, sway, power, rule.
autour de, prep., around, round, round about.
autre, adj. and pron., other; *d'autres*, others; *l'autre*, the other; *les autres*, others, the others, other people.
autrefois, adv., formerly, in former times.
autrement, adv., otherwise; *autrement encornées que toi*, with horns (very) different from yours.
aux, contr. of *à + les*.
auxquels, contr. of *à + lesquels*, see *lequel*.
avaient, 3 plur. impf. indic. of *avoir*.
avait, 3 sing. impf. indic. of *avoir*.
avaler, v. tr., to swallow, devour.
avance, n.f., advance, start; *par avance*, beforehand; *d'avance*, beforehand.
avancer, v. tr. and intr. ir. (*c* becomes *ç* before *a* or *o* in conjugation), to advance; *s'avancer*, to go or come forward, advance, jut out, draw near, approach, come up.
avant, adv., forward; *en avant*, forward, in front; *la tête en avant*, head first, head foremost; *bien* (or *très*) *avant dans la nuit*, far on in (to) the night.
avant, prep., before (of time, rank, order); *avant de*, before.
avant-garde, n.f., vanguard.
avare, adj., avaricious, stingy, sparing, niggardly.
avec, prep., with, in company with, along with; with (of the instrument with which anything is done).
avenue, n.f., avenue.
avertir, v. tr., to warn, give notice to.

avide, adj., greedy, eager, covetous.
avidement, adv., greedily, bungrily, eagerly.
avis, n.m., opinion, sentiment, mind.
aviser, v. tr., to perceive, descry, espy; *s'aviser,* to think of, take it into one's head, bethink one's self.
avoir, v. tr. ir. (ayant, eu, j'ai, j'eus, j'aurai, que j'aie), to have; *avoir soif,* to be thirsty; *avoir (bien) faim,* be (very) hungry; *avoir peur,* to be afraid; *avoir grand'peur,* to be very much afraid; *y avoir,* impers. vb., *il y a,* there is or there are, *il y avait,* there was or there were, etc.; *il y a cinquante ans,* fifty years ago; *il y avait trois semaines,* three weeks before (or ago); *avoir six ans,* to to be six years old; *avoir à,* to have to, require or need to; *avoir quelque chose,* to have something the matter with one, *cet enfant pleure, il a quelque chose,* that child is crying, there is something the matter with it; *avoir lieu,* to take place.
avouer, v. tr., to confess, declare, avow, acknowledge.
avril, n. pr. m., April.
ayant, pres. part. of *avoir.*
ayons, 1 pl. pres. subj. of *avoir.*
azur, n.m., azure, blue.

B.

babine, n.f., lip (of beasts); *babines d'amadou,* red lips.
baby, n.m., (gen. spelt *bébé*), baby.
bagage, n.m., luggage, baggage; pl., ditto.
bah! interj., pooh!, pshaw!
bahut, n.m., cupboard, chest.
baie, n f., bay (of a doorway), arch, frame.
baigner, v. tr., to bathe, lave; *se baigner,* to bathe one's self, bathe (intr.).
bain, n.m., bath; *bain de sable,* sand-bath; *bain de mer,* sea-bath.
baiser, v. tr., to kiss.
baiser; n.m., kiss.
baisser, v. tr. and intr., to let down, lower, hang down, bow down, droop; *se baisser,* to stoop, droop.
bal, n.m., ball (for dancing).
balafrer, v. tr., to slash, gash, scar.
balancer, v. tr. ir. (*c* becomes *ç* before *a* or *o* in conjugation), to balance, swing, wave; *se balancer,* to swing (intr.), rock (intr.), sway about (intr.).
balbutier, v tr. and intr., to stammer, lisp.
balcon, n.m., balcony.
ballon; n.m., balloon, football.
balloter, v. intr., to toss about.
Baltique, n. pr. f., Baltic (sea).
bambou, n.m., bamboo.
banc, n.m., bench, seat.
banlieue, n.f., outskirts (of a town), suburbs.
bannière, n.f., banner, standard, flag.
baptême, n.m., baptism, christening; *dans un baptême,* at a baptism.
barbarie, n.f., barbarity, extreme cruelty; *c'est une barbarie,* it is a piece of barbarity, it is barbarous.
barbe, n.f., beard; *à la barbe blanche,* with a white beard, white-bearded.
barbiche, n.f., tuft of beard, tufted beard.
baron, n.m., baron.
barque, n.f., bark, boat, craft.
bas, basse, adj., low.

bas, adv., low, down ; *là-bas,* over there, yonder ; *au bas de,* at the foot or bottom of ; *en bas,* below, at the bottom, down ; *tout en bas,* away down below ; *tout bas,* softly ; *dire tout bas,* to say very softly, whisper ; *ici-bas,* here below, on the earth.

bas, n.m., stocking.

Bastille, n.f., Bastile or Bastille.

bataille, n.f., battle.

bataillon, n.m., batallion, squadron.

bateau. n.m., boat.

bâtiment, n.m., building, edifice.

bâton, n.m., stick, straight strokes (in learning to write).

battre, v. tr. and intr. ir. (3 sing. pres. indic. il bat), to beat ; *se battre,* to fight ; *battu,* p. part., beaten.

Bavière, n. pr. f., Bavaria.

béant, adj., gaping, yawning.

beau, bel, belle, pl., **beaux, belles,** adj., beautiful, handsome, fine, fair, happy, glorious, noble, magnificent, admirable ; *de plus belle,* faster than ever, faster and faster ; *avoir beau* + Infin., to be in vain that ; *il a beau protester,* it is in vain that he protests.

beaucoup, adv., much, a great deal, very much, many, very many, a great many ; *beaucoup de,* ditto.

beau-frère, n.m., brother-in-law.

becqueter, v. tr. and intr. ir. (stem *e* becomes *è* when the vowel of the following syllable is *e* mute), to peck.

bégayer, v. tr., to stammer out.

bel, see *beau.*

belette, n.f., weasel ; *la Belette,* madam Weasel.

belle, f. of *beau ; de plus belle,* see *beau ; belle et bonne,* regular, unmistakable.

belle-sœur, n.f., sister-in-law.

bénir, v. tr., to bless, consecrate.

bercer, v. tr. ir. (*c* becomes *ç* before *a* or *o* in conjugation), to rock.

berger, n.m., shepherd.

bergerie, n.f., sheepfold.

besace, n.f., wallet.

besogne, n.f., work, business, labor.

besoin, n.m., need, want, necessity ; *avoir besoin de,* to have need of, need, want ; *au besoin,* in case of need or necessity.

bête, n.f., animal, brute, creature; *bêtes féroces,* wild beasts.

beurre, n.m., butter ; *pot à beurre,* butter-crock, butter-tub ; *pot de beurre,* crock or tub of butter.

bien, n.m., benefit, welfare, good, blessing, boon ; pl., property, goods wealth, estate ; *faire du bien à,* to do good to.

bien, adv., well ; very ; now ; indeed, really, truly, I am sure, etc., to be sure, I wonder ; quite ; *eh bien !,* well !, well then !, well now ! ; *avoir bien envie de,* wish very much to ; *être bien,* to be well, be well off, be comfortable, be happy ; *on peut bien les jeter,* they may be thrown away now, you may just as well throw them away ; *homme de bien,* worthy man, upright man, good man ; *si bien que,* so that ; *aussi bien que,* as well as.

bien-être, n.m., comfortableness, comfort.

bienfait, n.m., benefit, favor, act of kindness or charity.

bien que, conj. (foll. by the subj), though, although.

bientôt, adv., soon, ere long, quickly, shortly ; *à bientôt,* good-bye for the present.

bienveillance, n.f., benevolence, good-will, friendliness.
bienvenu, adj., welcome ; *être bienvenu*, to be welcome.
bille, n.f., marble (child's toy).
bique, n.f., she-goat.
biscuit, n.m., biscuit.
bise, n.f., north wind.
bizarre, adj., odd, singular, strange, extraordinary, fantastical.
blanc, blanche, adj., white ; n.m., white.
blancheur, n.f., whiteness.
Blanquette, n. pr. f., Blanquette (a dim. of *blanc*, white : Blanquette = ' Whitey ').
blasphémateur, n.m., blasphemer.
blé, n.m., wheat, corn, wheat-field.
blême, adj., pale, pallid.
blesser, v. tr., to wound ; *blessé*, p. part., wounded.
blessure, n.f., wound.
bleu, adj., blue.
blond, adj., fair (of complexion), reddish blond, golden.
bobinette, n.f., latch (wooden).
bœuf, n.m., ox.
boire, v. tr. and intr. ir. (buvant, bu, je bois, je bus, je boirai, que je boive), to drink ; *donner pour boire*, to give a gratuity, give a tip (colloq.) ; *se servir à boire*, help one's self to a drink.
boire, n.m., drink, drinking.
bois, n.m., wood, forest, park ; *être en bois d'érable*, to be (made) of maple.
bombardement, n.m., bombardment.
bomber, v. tr. and intr., to swell, bulge, arch ; *bombé*, p.part., arched, convex, bulging.

bon, bonne, adj., good, kind, kindly, good-natured.
bond, n.m., bound, skip, jump.
bondir, v. intr., to jump, start.
bonheur, n.m., happiness, success, prosperity, good fortune, good luck.
bonhomie, n.f., good nature.
bonhomme, n.m., simple, good-natured man, good-hearted (old) man (p. 63).
bonjour, n.m., good morning, good day.
bonnement, adv., plainly, frankly.
bonnet, n.m., cap ; *bonnet de nuit*, night-cap.
bonté, n.f., goodness, kindness, favor ; *bonté divine !*, goodness gracious !
bord, n.m., shore, bank, side, brink, edge, margin.
bordée, n.f., tack, stretch ; broadside, volley.
border, v. tr., to border, edge ; *bordé*, p. part., bordered.
borne, n.f., landmark, limit, bound.
borner, v. tr., to limit, restrict ; *se borner*, limit one's self, content one's self.
bosquet, n.m., grove, thicket.
bossu, adj., hump-backed, hunch-backed ; *bossu*, n.m., hunch-back, hump-back.
botte, n.f., boot.
botter, v. tr., to furnish with boots ; *botté*, p. part., furnished with boots ; *le chat botté*, " Puss in Boots."
botter (se), v. r., to put on one's boots.
bouc, n.m., goat, he-goat.
bouche, n.f., mouth.
boucher, v. tr., to stop, stop up.
boucherie, n.f., shambles, cattle-market.

VOCABULARY.   117

bouclier, n.m., buckler, shield.
bouger, v. intr. ir. (*g* becomes *ge* before *a* or *o* in conjugation), to stir, move.
bouillon, n.m., broth, soup; bubble, ripple, cascade; *à gros bouillons*, in great cascades.
bouleverser, v. tr., to overthrow, disarrange, upset, agitate.
bouquet, n.m., nosegay, bouquet, bunch (of flowers, etc.).
bourgeois, n.m., burgess, citizen, commoner.
bourreau, n.m., executioner, headsman, tormentor.
bourrer, v. tr., to stuff.
bout, n.m., end, tip, bit; *au bout d'un moment*, after a moment.
bouton, n.m., button.
branche, n.f., branch, bough.
branchette, n.f. (dim. of *branche*, a branch), little branch, twig.
brandir, v. tr., to brandish.
bras, n.m., arm.
brave, adj., brave, gallant; honest, good, kind, worthy.
bravement, adv., bravely, courageously.
braver, v. tr., to brave, defy.
bravo!, interj., well done!, bravo!
bravos, s. m. pl., applause, shouts of *bravo!*
brebis, n.f., sheep.
brèche, n.f., breach, break.
bref, brève, adj., short, brief.
Bretagne (la), n. pr.f., Britanny (a province of France).
bric-à-brac, n.m., odds and ends, bric-à-brac.
brillant, adj., brilliant, bright, effulgent.
briller, v. intr., to shine, glitter, glisten, sparkle.

brin, n.m., blade (of grass, etc.), sprig, stalk.
briser, v. tr., to break, crack, shatter; *brisé*, p. part., broken, etc.; *se briser*, to be broken, be dashed to pieces, break (intr., said of the sea).
broder, v. tr., to embroider; *brodé*, p. part., embroidered.
bronze, n.m., bronze.
brouillard, n.m., fog, mist, haze, steam.
brouiller, v. tr., to throw into confusion, set at variance, embroil; *brouillé*, p. part., at enmity.
broussailles, s. f. pl., brushwood, bushes.
brouter, v. tr. and intr., to browse, crop, pasture on.
bruissement, n.m., rustling, rattling, clicking.
bruit, n.m., noise, sound.
brûler, v. tr., to burn.
brume, n.f., fog, mist, haze.
brun, n.m., brown.
brusquement, adv., suddenly, bluntly, roughly, abruptly, quickly, superficially.
bruyère, n.f., heath.
bu, p. part. of *boire*.
bûcheron, n.m., woodcutter.
budget, n.m., budget.
buffet, n.m., sideboard, cupboard.
buissière, n.f., thicket, bush.
bulletin, n.m., bulletin (an official announcement).
buste, n.m., bust, chest.
buvait, 3 sing. impf. indic. of *boire*.

C.

ça, pron. (contr. from *cela*), that; *comme ça*, like that, in that way.
ç'a été for *ça a été*.
çà, adv., here; *çà et là*, here and there; *or çà!*, come now!

cabane, n.f., cabin, hut.
cabinet, n.m., cabinet, study, office.
cacher, v. tr., to hide, conceal; *se cacher,* to hide one's self, hide (intr.).
cadavre, n.m., corpse, dead body.
cadet, cadette, adj., younger, youngest (of a family); *le cadet,* adj. as noun, younger brother, younger son, the younger.
cage, n.f., cage.
calcul, n.m., calculation, reckoning, ciphering.
calendrier, n.m., calendar, almanac.
calice, n.m., cup, calyx or cup (of a flower).
Calpurnie, n. pr. f., Calpurnia.
calme, adj., calm, quiet · n.m. stillness, calmness, calm.
calotte, n.f., cap, skull-cap.
camarade, n.m. or f., comrade, play-mate; *camarade de classe,* classmate, school-fellow.
camp, n.m., camp; *aide de camp,* aide-de-camp.
campagne, n.f., country, fields; campaign; *en campagne,* in the field (milit.).
campanule, n.f., campanula, bell-flower.
Canadien, n. pr. m., Canadian.
canal, n.m., canal, water-course.
candeur, n.f., candor, frankness
canon, n.m., cannon.
canot, n.m., cutter (kind of boat).
cantique, n.m., hymn, sacred song.
canton, n.m., canton (said of a district of a country, *le canton de Vaud en Suisse,* the canton de Vaud in Switzerland).
capiteux, capiteuse, adj., heady, intoxicating.

car, conj., for, because.
caraco, n.m., pelisse.
caracoler, v. intr., to wheel about, prance.
caracouler, v. intr., to coo.
caractère, n.m., character, disposition, temper.
carcajou, n.m., lynx, wild-cat.
caressant, adj., kindly, gentle.
caresse, n.f., caress.
caresser, v. tr., to caress, stroke, fondle, pet.
carnage, carnage, slaughter, havoc.
carré, n.m., landing (of a stairway).
carrosse, n.m., carriage, coach.
carte, n.f., card; map, chart; *carte de visite,* visiting-card.
cartel, n.m., challenge (to a duel).
cas, n.m., case; case (med.).
casque, n.m., helmet.
casser, v. tr., to break.
cataracte, n.f., cataract.
cause, n.f., cause, reason; *à cause de,* because of, on account of; *à cause que,* because that, because.
causer, v. intr., to chat, talk, converse (familiarly); to cause, occasion.
cave, n.f., cellar.
ce, cet, cette, ces, demonstr. adj., this, that; *ce jour-là,* that day.
ce, demonstr. pron., it, that; *ce qui, ce que,* that which, which, what; *c'est que,* (it is) because, the fact is that; *c'est moi qui,* it is (was) I who, I am (was) the one who; *c'est vous,* it is you; *c'est mon serviteur,* he is my servant.
ceci, demonstr. pron., this.
céder, v. intr. ir. (stem é becomes è when the vowel of the following syllable is e mute, except in the fut. and condl.), to yield, give way.
ceinture, n.f., girdle, belt, sash.

cela, demonstr. pron., that; *sans cela*, without that, if it were not for that.
célébrer, v. tr. ir., (stem *é* becomes *è* when the vowel of the following syllable is *e* mute, except in the fut. and condl.), to celebrate, solemnize.
celle, f. of *celui*.
celui, celle, ceux, celles, demonstr. pron., this or that, this or that one; the one, he, him; *celui qui*, the one who, he or him who.
celui-ci, celle-ci, ceux-ci, celles-ci, demonstr. pron., this (emphatic), this one, the latter; he, him, etc.
celui-là, celle-là, ceux-là, celles-là, demonstr. pron., that (emphatic), that one, that man; the former; he, him, etc.
cent, num. adj., a or one hundred.
centième, num. adj., hundredth.
cependant, adv. and conj., in the meantime; however, nevertheless, yet.
cercle, n.m., circle.
cercueil, n.m., coffin.
cérémonie, n.f., ceremony, state, magnificence; *jour de cérémonie*, state occasion.
cerveau, n.m., brain, intelligence, mind.
cervelle, n.f., brains.
ces, pl. of *ce*.
César, n. pr. m., Cæsar.
cesse, n.f., ceasing; *sans cesse*, without intermission, constantly.
cesser, v. tr., to cease, leave off, give up.
cet, see *ce*.
cette, f. of *ce*.
ceux, m. pl. of *celui*.
chacun, pron., each, each one, every one.

chagrin, adj., gloomy, sad, sorrowful, peevish.
chaîne, n.f., chain.
chaînette, n.f., little chain; *chaînette de fer*, little iron chain.
chair, n.f., flesh, meat; *chair à pâté*, mince-meat.
chaire, n. f., pulpit, desk (of a teacher).
chaise, n.f., chair, seat; *chaise curule*, curule chair.
chaleur, n.f., warmth, ardor, fervency.
chambre, n.f., room, apartment.
champ, n.m., field.
chanceler, v. intr. ir. (*l* becomes *ll* before *e* mute), to stagger, totter.
changement, n.m., change, alteration.
changer, v. tr. ir. (*g* becomes *ge* before *a* or *o* in conjugation), to change, alter; *ne changea rien*, made no change; *changer de milieu*, to change one's surroundings; *se changer*, to change or transform one's self, change (intr.).
chanson, n.f., song.
chansonette, n.f. (dim. of *chanson*), little song, ditty.
chant, n.m., singing, song, strain, lay, crowing (of a cock).
chanter, v. tr. and intr., to sing; *qu'est-ce que tu me chantes là* (fam.?), what nonsense are you talking now?
chanteur, n.m., singer, minstrel.
chaos, n.m., chaos, confusion.
chapeau, n.m., hat.
chapelet, n.m., chaplet, rosary.
chaperon, n.m., hood; *le Petit Chaperon Rouge*, "Little Red-Riding-Hood."

chapitre, n.m., chapter; chapter (the canons of a cathedral).
chaque, adj., each, every, any.
char, n.m., cart, waggon.
charbon, n.m., coal; *charbon ardent,* coal of fire, burning coal.
charge, n.f., charge, care, custody; *à la charge de,* in charge of.
charger, v. tr. ir. (*g* becomes *ge* before *a* or *o* in conjugation), to load, burden, encumber; charge, commission, order; *chargé,* p.part., laden.
charitable, adj., charitable, loving.
charmer, v. tr., to charm, delight; *charmé de,* p. part., charmed with, delighted with.
charmeur, n.m., charmer.
charrue, n.f., plough.
chasse, n.f., chase, hunt, hunting; *dans une chasse,* while hunting; *chien de chasse,* a hunting-dog, hound.
chat, n.m., cat.
châtaigne, n.f., chestnut.
châtaignier, n.m., chestnut-tree.
château, n.m., castle, stronghold, palace.
châtelaine, n.f., lady or mistress of the castle.
chaud, adj., warm, hot; *faire chaud,* to be warm or hot (of the weather).
chaumière, n.f., thatched house, cottage, cot.
chaussure, n.f., shoes and stockings, foot-gear.
chef, n.m., chief, commander.
chemin, n.m., road, way; *chemin faisant,* on the way, while going along; *passer son chemin,* go one's way; *par ce chemin-ci* (by) this way or road; *en chemin,* on the way, while journeying.

cheminée, n.f., chimney, fire-place, mantel-piece.
cheminer, v. intr., to walk, go, advance.
chemise, n.f., shirt.
chêne, n.m., oak.
cher, chère, adj., dear, beloved.
chercher, v. tr. and intr., to seek, look for, search, find, meet with; *aller chercher,* to go and get, go and find, find out, get, go for, go to encounter; *chercher fortune,* seek (one's) fortunes, try (one's) luck; *chercher à* + Infin., to try to, strive to.
chère, n.f., cheer, entertainment, reception, living; *faire bonne chère,* to live sumptuously; *faire bonne chère à quelqu'un,* to entertain any one well.
chérir, v. tr., to cherish; *chéri,* p. part., beloved, cherished, desired.
cherra, obsolete irreg. fut. of *choir,* to fall.
cheval, n.m., horse; *à cheval,* on horseback; *fer à cheval,* horse-shoe.
chevalier, n.m., cavalier, horseman, knight.
chevaucher, v. intr., to ride.
chevet, n.m., head of a bed, bolster; fig., bedside.
cheveu, n.m., hair; *les cheveux,* the hair.
chevillette, n.f., small peg, latch-pin.
chèvre, n.f., goat.
chevrette, n.f. (dim. of *chèvre*), little goat.
chez, prep., to, or at, or in, or into the house of; with; among; in, the case of (p. 32, 12); *il est chez M. Ducrot,* he is at Mr. Ducrot's; *aller chez sa grand'mère,* to go to one's

VOCABULARY.

grandmother's ; *aller chez le roi*, to go to the king's (palace, court, etc.).
chien, n.m., dog.
chinois, adj., Chinese.
choir, v. intr. ir. (used only in infin.; obsolete fut. *il cherra*), to fall.
choisir, v. tr., to choose, pick out, select; *choisi*, p. part., chosen, choice, select.
choix, n.m., choice, preference.
chômer, v. intr., to be idle (for want of employment), lie idle.
chose, n.f., thing, matter, affair, fact ; *quelque chose*, something ; *quelque chose d'extraordinaire*, something extraordinary, something unusual ; *sa chèvre avait quelque chose*, something was the matter with his goat ; *bien autre chose*, something quite different.
choyer, v. tr. ir. (*y* becomes *i* before *e* mute), to pamper, fondle, make much of.
chrétien, adj., christian.
chrétien, n.m., christian.
chute, n.f., fall, falls ; *la chute du Niagara*, the Falls of Niagara.
-ci (from **ici**, adv., added to nouns and prons.), here ; *par ce chemin-ci*, (by) *this* road or way.
cidre, n.m., cider.
ciel (pl. **cieux**), n.m., heaven, heavens, sky.
cigale, n.f., grasshopper.
cimetière, n.m., churchyard, cemetery.
cinq, num. adj., five.
cinquante, num. adj., fifty.
cinquième; num. adj,, fifth ; *du cinquième (étage)*, of the fifth storey or flat.
cirer, v. tr., to wax ; to black (boots, etc.).

cirque, n.m., circus.
citer, v. tr., to cite, summon.
citoyen, n.f., citizen.
civilement, adv., civilly, courteously, politely.
civique; adj., civic.
clair, adj., clear, bright, pure, plain; *bien clair*, very clearly, very plainly.
clairon, n.m., clarion.
classe, n.f., class, recitation (of a class); class-room ; *une classe manquée*, a lesson or recitation missed ; *faire la classe*, give a lesson (to a class), hear a class (recite a lesson).
clef, n.f., key.
client, n.m., **cliente**, n.f., customer.
cligner, v. intr., to wink ; *cligner de l'œil*, to wink.
clochette, n.f., small bell, bell.
clos, n.m., enclosure, field.
clou, n.m., nail.
clouer, v. tr., to nail.
clown, n.m., clown (in a circus).
cochon, n.m., pig, hog. '
code, n.m., code.
cœur, n.m., heart, heartiness, courage, energy ; *par cœur*, by heart ; *le cœur gros*, with a heavy heart ; *de cœur*, heartily, honestly, fervently; *de bon cœur*, heartily, willingly, with spirit.
coffre, n.m., trunk, chest ; *coffre de matelot*, sailor's trunk or chest.
coin, n.m., corner ; *maison de coin* corner house.
colère, n.f., anger, passion, fury.
colibri, n.m., humming-bird.
collation, n.f., collation, repast, meal, luncheon.
collègue, n.m., colleague.
collet, n.m., collar (of a coat, etc.)
colline, n.f., hill, hillock.

colonel, n.m., colonel.
colonne, n.f., column, pillar.
combat, n.m., combat, struggle, fight, contest.
combattre, v. tr. and intr. ir. (3 sing. pres. indic. il combat), to fight, combat, fight against, keep in check.
combien, adv., how much?, how!, how much, how.
combiner, v. tr., to combine, contrive, invent.
comédien, n.m., comedian, actor.
commandant, n.m., commander; *commandant général*, general in chief.
commandature, n.f., headquarters (milit.).
commander, v. tr., to command.
comme, adv. and conj., as, like, as, while, as it were, how!
commencement, n.m., beginning, commencement.
commencer, v. intr. ir. (*c* becomes ç before *a* or *o* in conjugation), to commence, begin (to, à or de); *Commencé*, p. part. as noun (p. 48), Begun.
comment, adv., how?, how!, how.
commerce, n.m., commerce, trade, traffic.
commettre, v. tr. ir. (commettant, commis, je commets, je commis, je commettrai, que je commette), to commit.
commis, p. part. of *commettre*.
commode, n.f., chest of drawers, bureau.
communal, adj., of the parish or commune; *école communale*, public school.
commune, n.f., commune or parish; commons.

communiquer, v. tr., to communicate, impart.
compagne, n f., companion, wife, partner, consort.
compagnon, n.m., companion; *compagnon de fortune*, companion in fortune.
compère, n.m., godfather, gossip, crony, boon companion, mate.
complaisance, n.f., complacency, kindness.
compléter, v. tr. ir. (stem é becomes è when the vowel of the following syllable is e mute, except in the fut. and condl.), to complete.
complice, n.m., accomplice.
comprendre, v. tr. ir. (comprenant, compris, je comprends, je compris, je comprendrai, que je comprenne), to understand, comprehend, conceive.
comprîmes, 1 pl. past def. of *comprendre*.
compris, p. part. of *comprendre*.
compter, v. tr., to count, reckon, consider, take into account or consideration; *compter* + Infin., to intend to.
comte, n.m., count, earl; *M. le comte*, the Count.
concentrique, adj., concentric.
concert, n.m., concert.
concierge, n.m.f., porter, portress, door-keeper.
concourir, v. tr. ir. (concourant, concouru, je concours, je concourus, je concourrai, que je concoure), to contribute, help, co-operate.
condamné, n.m., convict.
condition, n.f., condition, rank, station, circumstance.
conduire, v. tr. ir. (conduisant, conduit, je conduis, je conduisis,

VOCABULARY.

je conduirai, que je conduise), to conduct, lead, guide, take, bring ; *se conduire*, to conduct one's self, behave.
conduite, n.f., conduct, behaviour.
confection, n.f., making, manufacture,preparation; pl.,ready-made clothes; *magasin de confections*, a ready-made clothes shop.
confier, v. tr., to confide, intrust.
confondre, v. tr. ir. (3 sing. pres. indic. il confond), to confound, confuse, mingle.
confus, adj., confused.
congé, n.m., holiday ; *donner congé à*, to give a holiday to.
congédier, v. tr., to dismiss, send away.
conjuration, n. f., conspiracy, plot.
conjuré, n.m., conspirator.
conjurer, v. tr., to implore, entreat, conjure.
connaître, v. tr. ir. (connaissant, connu, je connais, je connus, je connaîtrai, que je connaisse), to know, be acquainted with, become acquainted with, understand thoroughly, find out, learn.
connu, p. part. of *connaître*.
conquérant, n.m., conqueror.
conquérir, v. tr. ir. (conquérant, conquis, je conquiers, je conquis, je conquerrai, que je conquière), to conquer.
conquête, n.f., conquest.
conquis, p. part. of *conquérir*.
conscience, n.f., conscience, sincerity,'conscientiousness.
conseil, n.m., counsel, advice ; council.
conseiller, v. tr., to advise, counsel.

consentir, v. intr. ir. (consentant, consenti, je consens, je consentis, je consentirai, que je consente), to consent.
conserver, v. tr., to preserve, keep, maintain.
considération, n.f., consideration, remark, observation.
considérer, v. tr. ir. (stem é becomes è when the vowel of the following syllable is e mute, except in the fut. and condl.), to consider, view, gaze on, contemplate.
console, n.f , console, bracket, table.
consoler, v. tr., to console, solace, comfort ; *se consoler*, to console one's self (with, de), be consoled, be comforted.
conspirateur, n.m., conspirator.
constamment, adv., constantly, continually.
consternation, n.f., consternation.
consterner, v. tr., to astound, amaze, dismay, terrify ; *consterné*, p. part., dismayed, in dismay, terrified, astounded.
constituer, v. tr., to constitute, form.
constitution, n.f., constitution.
constitutionnel, constitutionnelle, adj., constitutional.
consulat, n.m., consulate, consulship.
conte, n.m., story, tale.
contemporain, n.m., contemporary.
contenir, v. tr. ir. (contenant, contenu, je contiens, je contins, je contiendrai,que je contienne),to contain, restrain, hold in check, repress.
content, adj., contented, pleased, satisfied, glad, happy.

contentement, n.m., contentment, satisfaction.
conter, v. tr., to tell, relate.
continuer, v. tr. and intr., to continue (to, à), keep on, pursue; *Continué,* p. part. as noun, Continued (p. 48).
contour, n.m., contour, outline.
contourner, v. tr., to shape, distort, twist; *contourné,* p. part., distorted, twisted, deformed.
contracter, v. tr., to contract, draw back.
contraire, adj., contrary, opposite; *au contraire,* on the contrary.
contrariété, n.f., vexation, disappointment.
contraster, v. tr. and intr., to contrast.
contre; prep., against, near, near by, close to, towards.
contrefaire, v. tr. ir. (contrefaisant, contrefait, je contrefais, je contrefis, je contreferai, que je contrefasse), to counterfeit, imitate, mimic.
contremander, v. tr., to countermand.
convalescence, n.f., convalescence.
convenir, v. intr. ir. (convenant, convenu, je conviens, je convins, je conviendrai, que je convienne), to agree; *en être convenu,* to have agreed (with regard to it).
convenu, p. part. of *convenir,* agreed on, pre-arranged.
conversation, n.f., conversation, talk.
convier, v. tr., to invite (to a banquet, etc.).
convoitise, n.f., covetousness; *œil de convoitise,* a covetous eye.

coq, n.m., cock, rooster.
coquillage, n.m., shell.
coquille, n.f., shell (of fruit, animals, etc.).
coquin, coquine, n.m. f., rogue, wretch, scamp.
corde, n.f., rope.
cordon, n.m., cord, string.
Cordoue, n. pr. f., Cordova (a city in Spain).
corne, n.f., horn; *coup de cornes,* thrust with the horns; *donner des coups de corne à,* to hook (of cows, etc.), butt.
corps, n.m., body; corporation, assembly, society.
corset, n.m., corset, bandage; *corset orthopédique,* a supporting bandage (such as is worn by deformed persons).
cortège, n.m., cortege, procession.
costume, n.m., costume, dress.
costumer, v. tr., to dress; *costumé,* p. part., dressed.
côte, n.f., coast, shore.
côté, n.m., side; *de tous côtés,* on all sides, on every side, from all sides, from every side; *à côté de,* by the side of, beside; *du côté de,* towards; *d'un côté,* on the one hand; *de l'autre côté,* on the other hand; *d'un autre côté,* on another side.
côtoyer, v. tr. ir. (*y* becomes *i* before *e* mute) to coast, coast along.
cou, n.m., neck.
coucher, v. intr., to lie, lie down; *être couché,* to be lying down, to be in bed; *le coucher du soleil,* the setting of the sun, sunset.
coucher (se), v. r., to go to bed, lie down, go to roost (of fowls), set (of the sun); *aller se coucher,* to go and lie down.

coude, n.m., elbow.
coudre, v. tr. and intr. ir. (cousant, cousu, je couds, je cousis, je coudrai, que je couse), to sew; *une machine à coudre*, a sewing-machine.
cousu, p. part. of *coudre*; *tout cousu de*, filled full of, all covered over with; *tout cousu d'or*, rolling in wealth.
couler, v. tr. and intr., to slide, slip, run, flow.
couleur, n.f., color, hue.
coup, n.m., blow, stroke, thrust; action, deed; move (in a game, etc.); drink; *boire cinq ou six coups*, to take five or six drinks or draughts; *tout à coup*, all at once, suddenly; *à petits coups*, little by little, by sips (of drinking); *un coup d'épaule*, a helping hand, a 'lift'; *tout d'un coup*, all at once; *d'un seul coup*, at a single stroke; *du coup*, at once, immediately, thereupon; *coup de cornes*, thrust with the horns, butt; *coup de dents*, bite; *coup d'œil*, glance; *coup de poignard*, dagger-thrust, blow with a dagger, stab.
coupable, adj., guilty, at fault, blameworthy.
couper, v. tr., to cut; *couper court*, to cut short, terminate.
coupeur, n.m., cutter (of clothes).
couple, n.m. and f., couple, pair.
cour, n.f., court, yard, courtyard, barnyard; court (of a king, etc.), retinue.
courage, n.m., courage; *avoir le courage de*, have the courage to; *ayez bon courage*, be of good courage.
courageux, courageuse, adj., courageous, brave.
courant, n.m., current, course; *courant d'air*, current of air, draught;

mettre or *tenir au courant de*, to inform about, keep posted on.
courber, v. tr., to bend, bow; *se courber*, to bend one's self, be bent, bend (intr.), bow (intr.), incline (intr.).
courir, v. intr. and tr. ir. (courant, couru, je cours, je courus, je courrai, que je coure), to run, hasten, run about, frequent, infest, hunt after; *courir après*, to run after, pursue; *courir les nids*, hunt after bird's nests, go bird's nesting; *s'en courir*, to hasten away.
couronne, n.f., crown (of a king, etc.).
couronner, v. tr., to crown.
course, n.f., course, way.
court, adj., short; *couper court*, to cut short, terminate; *de trop court*, too short, too tightly.
courtisan, n.m., courtier.
cousu, p. part. of *coudre*.
coûter, v. tr. and intr., to cost; *coûter gros*, to cost a great deal; *coûte que coûte*, cost what it would, come what might.
coutume, n.f., custom, habit, practice.
couturière, n.f., dress-maker, sempstress.
couvert, n.m., table-cloth and dishes; *mettre le couvert*, lay the cloth, set the table; *le couvert est mis*, the cloth is laid, the table is set.
couvert, p. part. of *couvrir*; *couvert de*, covered with; *être couvert*, to have one's hat on.
couverture, n.f., coverlet, counterpane, sheet, blanket, bed-clothes.
couvrir, v. tr. ir. (couvrant, couvert, je couvre, je couvris, je cou-

vrirai, que je couvre), to cover; couvert de, covered with; être couvert, to have one's hat on.
craie, n.f., chalk.
craindre, v. tr. ir. (craignant, craint, je crains, je craignis, je craindrai, que je craigne), to fear, be afraid of.
crainte, n.f., fear, apprehension.
cramponner (se), v. r., to cling (to, à).
crâne, n.m., skull, cranium, head.
crémaillère, n.f., pot-hanger, crane; *pendre la crémaillère à quelqu'un*, to give anybody a house-warming.
crème, n.f., cream.
créneler, v. tr. ir. (stem *e* becomes *è* when the vowel of the following syllable is *e* mute), to make or form into battlements; *crénelé*, p. part, embattled, crenelated.
creuser, v. tr., to dig, hollow out, excavate; plough.
crève-cœur, n.m., heart-break, grief.
crever, v. tr. ir. (stem *e* becomes *è* when the vowel of the following syllable is *e* mute), to burst, put out (an eye).
cri, n.m., cry, shout, scream, outcry.
crier, v. tr. and intr., to cry, shout, call out, exclaim.
crime, n.m., crime.
cristal, n.m., crystal.
critiquer, v. tr., to criticize.
croc, n.m., hook, boat-hook.
croc-en-jambe, n.m., trip; *donner un croc-en-jambe à*, to trip up.
croire, v. tr. and intr. ir. (croyant, cru, je crois, je crus, je croirai, que je croie), to believe, think; *croire à quelque chose*, to believe in anything; *je crois bien*, I should think so; *se croire*, to believe one's self (to be); *il crut voir*, he thought he saw.
croisé, n.m., crusader.
croisée, n.f., window, casement.
croiser, v. tr., to cross; *se croiser* to cross each other, be intermingled; *se croiser avec*, to meet, cross.
croix, n.f., cross.
croque-mort, n.m., undertaker's man.
croquer, v. tr., to crunch, munch.
croupe, n.f., croup (place behind the saddle), loins (of a horse).
croyez, 2 pl. pres. indic. of *croire*.
cru, p. part. of *croire*.
cruel, cruelle, adj., cruel, heartless.
cruellement, adv., cruelly.
crus, 1 sing. past def. of *croire*.
cueillette, n.f., crop, gathering, basket (of olives, p. 46).
cueillir, v. tr. ir. (cueillant, cueilli, je cueille, je cueillis, je cueillerai, que je cueille), to pick (fruit, flowers, etc.), pluck, gather.
cuiller, n.f., spoon.
cuir, n.m., leather.
cuirassier, n.m., cuirassier.
cuivre, n.m., copper, brass.
curé, n.m., parish-priest, rector.
curiosité, n.f., curiosity.
curule, adj., curule; *chaise curule*, curule chair.
cylindre, n.m., cylinder.
cytise, n.m., cytisus, laburnum.

D.

dame, n.f., lady.
danger, n.m., danger, peril.
dangereux, dangereuse, adj., dangerous.
dans, prep., in, within, to, into, on, at, from; in, at the end of (of

time) ; *dans le temps*, at the time ; *dans la rue*, in or on the street.
danse, n.f., dance.
danser, v. intr., to dance.
dauphin, n.m., dauphin (eldest son of a king of France).
de, prep., of, from, out of, for, with, in, on, by, at ; *de*+Def. art., some, any ; *de* partitively, some, any ; *de* +Infin., to, at, for, in, etc. ; *plus de*, more than ; *moins de*, less than.
débarquement, n.m., disembarkation, landing.
déborder, v. intr., to overflow, run over.
debout, adv., standing (upright), when standing, on one's feet.
début, n.m., beginning, commencement.
décembre, n. pr. m., December.
décence, n.f., decency, propriety.
déchirer, v. tr., to tear, rend, lacerate.
décidément, adv., decidedly, positively, I (etc.) declare.
décider, v. tr. and intr., to decide, determine, induce, settle ; *se décider*, to decide (intr.), make up one's mind, resolve ; *décidé*, p. part., determined, resolved, settled.
déclarer, v. tr., to declare, assert.
décor, n.m., decoration, scenery (of a theatre, etc.).
décorer, v. tr., to decorate, adorn.
découper, v. tr., to cut up.
décourager, v. tr. ir. (*g* becomes *ge* before *a* or *o* in conjugation), to discourage ; *se décourager*, to become discouraged, give up.
découverte, n.f., discovery.
découvrir, v. tr. ir. (découvrant, découvert, je découvris, je découvrirai, que je découvre), to uncover,
expose, show ; discover, be able to see ; *se découvrir*, to uncover one's self, take off one's hat.
décréter, v. tr. ir. (stem *é* becomes *è* when the vowel of the following syllable is *e* mute, except in the fut, and condl.), to decree.
décrotter, v. tr., to clean, brush (boots, etc.).
dedans, adv., within, in, inside ; in or into it ; *le dedans*, *les dedans*, n.m., the inside, the interior; *là-dedans*, in that, therein, in them.
dédommager, v.tr.ir. (*g* becomes *ge* before *a* or *o* in conjugation), to indemnify, make amends, make up for, compensate ; *se dédommager de*, indemnify one's self for, make up for, make amends for.
déesse, n.f., goddess.
défaite, n.f., defeat.
défendre, v. tr. ir. (3 sing. pres. indic. il défend), to defend, protect ; forbid ; *se défendre*, to defend one's self ; *défendu*, p. part., forbidden, prohibited.
défense, n.f., defense, protection.
défenseur, n.m., defender, guardian.
défiance, n.f., mistrust, suspicion.
défilé, n.m., defiling, march past (milit.).
définitivement, adv., finally, definitely, once for all.
défoncer, v. tr. ir. (*c* becomes *ç* before *a* or *o* in conjugation), to stave in (a barrel, etc.), break up ; *défoncé*, p. part., broken.
défroque, n.f., cast off clothes, old clothes.
dégoûter, v. tr., to disgust ; *être dégoûté de*, to be disgusted with, be tired of.

déguster, v. tr., to taste, taste beforehand or by anticipation.
dehors, adv., out, out of doors, outside; *au dehors*, outside, without, out; *le dehors*, the outside.
déjà, adv., already; *déjà !*, already!, so soon!
déjeter (se), v.r., to become warped (of wood, etc.); *déjeté*, p. part., warped, twisted.
déjeuner, n.m., breakfast.
déjeuner, v. intr., to breakfast.
delà; *par delà de*, prep., beyond, on the other side of; *au-delà de*, beyond, on or to the other side of.
délai, n.m., delay.
déléguer, v. tr. ir. (stem é becomes è when the vowel of the following syllable is e mute, except in the fut. and condl.), to delegate.
délibérer, v. intr. ir. (stem é becomes è when the vowel of the following syllable is e mute, except in the fut. and condl.), to deliberate, determine.
délicatesse, n.f., delicacy.
délicieux, **délicieuse**, adj., delicious, delightful.
délire, n.m., delirium, raving, frenzy.
délivrance, n.f., deliverance.
délivrer, v. tr., to deliver, release, set free.
déluge, n.m., deluge, flood.
demain, adv., to-morrow.
demande, n.f., demand, question, petition, request.
demander, v. tr., to ask, ask for, demand, claim; *demandé*, p. part., demanded, required; *demander à*, to ask of, ask; *demander quelque chose à une personne*, to ask a person for a thing or to ask a thing of (or from) a person or to ask a person a thing; *demander en mariage*, to ask for the hand of (in marriage).
demeurer, v. intr., to live, lodge, reside, dwell, remain, stay.
demi, adj., half; *demi-heure*, n.f., half an hour.
demi-voix, n.f., undertone; *à demi-voix*, in an undertone.
demoiselle, n.f., a young (unmarried) lady, maiden.
dent, n.f., tooth, fang; *coup de dent*, bite.
denteler, v. tr. ir. (*l* becomes *ll* before *e* mute), to indent, notch; *dentelé*, p. part., indented, denticulated.
départ, n.m., departure.
département, n.m., department.
dépêcher (se), v. r., to make haste, hurry; *ne te dépêche pas tant*, do not be in such a hurry.
dépendance, n.f., dependence, territory.
dépendre, v. intr. ir. (3 sing. pres. indic. il dépend), to depend (on, de).
dépense, n.f., expense, expenditure, outlay.
dépenser, v. tr., to spend, expend; *dépensé*, p. part., spent.
dépit, n.m., vexation.
déployer, v. tr. ir. (*y* becomes *i* before *e* mute), to unfold, unroll, unfurl, display; *se déployer*, to be unfolded, be displayed.
dépôt, n.m., deposit, trust, sum of money, etc. (entrusted to the care of any one).
dépouiller, v. tr., to deprive, strip; *des chemises dépouillées de manches*, shirts without sleeves.
depuis, adv., since, since that time.
depuis, prep., since, from; *depuis deux jours*, for two days (back), for (the last) two days, two days ago;

depuis peu, since a short time ago, for some (little) time past.

député, n.m., deputy, representative.

déranger, v. tr, ir. (*g* becomes *ge* before *a* or *o* in conjugation), to derange, disturb, interrupt ; *se déranger,* to trouble one's self, put one's self about.

dernier, dernière, adj., last, latter ; *ce dernier,* the latter, he ; *l'an dernier,* last year.

dérober, v. tr., to rob, steal, conceal ; *se dérober à,* to avoid, shun, steal away from.

dérouler, v. tr., to unroll, unfold ; *se dérouler,* to unroll (intr.) display one's self, be opened to view.

derrière, adv., behind, behind it, behind them ; *de derrière,* hind, hinder.

derrière, prep., behind.

des, contr. of *de + les.*

dès, prep., from (dating from), at, not later than, on ; *dès le point du jour,* at daybreak ; *dès que;* as soon as, when ; *dès le retour de la belle saison,* as soon as the fine weather returned.

désappointement, n.m., disappointment.

désastre, n.m., disaster.

descendre, v. intr. ir. (3 sing. pres. indic. il descend), to descend, come down, go down.

déserter, v. tr. and intr., to desert.

déserteur, n.m., deserter.

désespéré, p. part., desperate, hopeless, in despair.

désespérer, v. intr. ir. (stem *é* becomes *è* when the vowel of the following syllable is *e* mute, except in the fut. and condl.), to despair.

désespoir, n.m., despair.

déshabillé, n.m., dishabille, nightclothes, night-dress.

déshabiller (se), v.tr., to undress (intr.), undress one's self.

déshériter, v. tr., to disinherit ; *les déshérités,* p. part. as noun, the destitute, the forlorn.

désir, n.m., desire, wish.

désirer, v. tr., to desire, wish for.

désoler, v. tr., to lay waste, grieve, afflict ; *désolé,* p. part., grieved, disconsolate.

dessécher, v. tr. ir. (stem *é* becomes *è* when the vowel of the following syllable is *e* mute, except in the fut. and condl.), to dry up, parch, wither ; *desséché,* p. part., dried, withered.

dessein, n.m., design, plan, scheme.

dessiner, v. tr., to draw, sketch.

dessous, adv., underneath, underneath (them, etc.) ; *en dessous,* below, underneath.

dessus, adv, above, over, uppermost ; upon (them, etc.); *là-dessus,* thereon, upon it, upon that, upon them, on that head ; *avoir le dessus,* to carry the day, have the best of it ; *de dessus,* from off, from ; *au-dessus,* above ; *au-dessus de,* above.

destination, n.f., destination, use, purpose.

destinée, n.f., fate, destiny, career.

destiner, v. tr., to destine, intend, allot ; *destiné,* p.part., intended ; *destiner à,* to set apart for, intend to give to, allot to.

détacher, v. tr., to detach, separate ; *détaché,* p. part., detached, separate.

détail, n.m., detail, particular.

détendre, v. tr. ir. (3 sing. pres. indic. il détend), to unbend, relax; *se détendre,* to relax (intr.).

détour, n.m., winding, turning, byway, detour.

détourner, v. tr., to turn away, turn aside, divert; *se détourner,* to turn away (intr.), be turned aside.

détresse, n.f., distress, grief, trouble.

détruire, v. tr. ir. (détruisant, détruit, je détruisis, je détruirai, que je détruise), to destroy, dispel (of hope).

dette, n.f., debt, obligation.

deux, num. adj., two; *tous* (or *toutes*) *deux,* both (of them).

devant, adv., before (of place), in front of, ahead, in advance; *devant,* n.m., front, fore-part; *prendre les devants,* to go on ahead; *aller* (or *venir*) *au-devant de,* to go to meet; *pattes de devant,* front paws, forepaws.

devant, prep., before (of place), in front of, in or into the presence of, ahead of.

développer, v. tr., to develop, unfold; *développé,* p. part., developed.

devenir, v. intr. ir. (devenant, devenu, je deviens, je devins, je deviendrai, que je devienne), to become, grow, turn, turn into.

devin, n.m., augur, soothsayer.

deviner, v. tr., to guess, divine.

devint, 3 sing. past def. of *devenir.*

dévier, v. tr., to deviate, swerve, crook; *dévié,* p. part., crooked, bent.

devoir, n.m., duty; *rendre leurs devoirs à,* to pay their respects to.

devoir, v. tr. ir. (devant, dû, je dois, je dus, je devrai, que je doive), to owe; *devoir* + Infin., to be one's duty

to, ought, be to, have to, be obliged to, must.

dévorer, v. tr., to devour, eat up.

diamant, n.m., diamond.

dictateur, n.m., dictator.

dicter, v. tr., to dictate.

dieu, n. pr. m., God; *mon Dieu!,* dear me!

différent, adj., different, various.

difficile, adj., difficult.

digitale, n.f., fox-glove, digitalis.

digne, adj., worthy, dignified.

dilater, v. tr., to dilate, expand, distend; *dilaté,* p. part., dilated, distended.

dimanche, n.m., Sunday; *le dimanche,* on Sunday(s).

dindon, n.m., turkey, turkey-cock.

dîner, n.m., dinner.

dîner, v. intr., to dine.

dire, v. tr. ir. (disant, dit, je dis, je dis, je dirai, que je dise), to say, tell, recite.

dirent, 3 pl. past def. of *dire.*

diriger, v. tr. ir. (*g* becomes *ge* before *a* or *o* in conjugation), to direct, send.

dis, imperat. 2 sing. of *dire.*

disait, 3 sing. impf. indic. of *dire.*

disant, pres. p. of *dire.*

discipline, n.f., discipline.

discours, n.m., discourse, sermon, speech, language.

disent, 3 pl. pres. indic. of *dire.*

disparaître, v. intr. ir. (disparaissant, disparu, je disparais, je disparus, je disparaîtrai, que je disparaisse), to disappear, vanish.

disparu, p. part. of *disparaître.*

disperser, v. r., to disperse (intr.), separate (intr.).

disposer, v. tr., to dispose, prepare, arrange; *se disposer à,* to get

ready to, prepare (intr.) to, be about to.
disposition, n.f., humour, feeling.
dissiper, v. tr., to dissipate, dispel; *se dissiper,* to dissipate (intr.), disappear.
distinguer, v. tr., to distinguish, discern, make out; *se distinguer,* to distinguish one's self, be distinguished, be visible.
distraction, n.f., abstraction, heedlessness, inattention.
distraire, v. tr. ir. (distrayant, distrait, je distrais,—, je distrairai, que je distraie), to distract, divert, entertain, amuse.
distribuer, v. tr., to distribute, divide.
distribution, n.f., distribution.
district, n.m., district.
dit, 3 sing. pres. indic., 3 sing. past. def. indic., and p. part. of *dire.*
dites, 2 pl. imperat. and 2 pl. pres. indic. of *dire.*
divers, adj. pl., diverse, various, different.
diversement, adv., diversely, variously, in various ways.
divertir, v. tr., to divert, amuse; *se divertir,* to divert one's self, amuse one's self, make merry.
divin, adj., divine, sacred.
divinement, adv., divinely.
diviser, v. tr., to divide; *se diviser,* to be divided, divide (intr.).
dix, num. adj., ten.
dix-huit, num. adj., eighteen.
docile, adj., docile, tractable, quiet.
docteur, n.m., doctor, physician; learned man.
doigt, n.m., finger.
dois, 1 sing. pres. indic. of *devoir.*

domestique, n.m.f., servant, domestic.
dommage, n.m., damage, injury, loss, harm; *quel dommage !,* what a pity !
don, n.m., gift, blessing; knack.
don, n.m., don (Spanish title).
donc, adv. and conj., then, therefore, consequently.
donjon, n.m., donjon, keep (of a castle).
donner, v. tr., to give, ascribe.
dont, rel. pron., of whom, of (from, etc.) which, whose, with which, etc.; whence.
dorénavant, adv., henceforth, for the future.
dorer, v.tr., to gild; *doré,* p.part., gilt.
dormir, v. intr. ir. (dormant, dormi, je dors, je dormis, je dormirai, que je dorme), to sleep, be asleep; *dormant,* peaceful, slumbering.
dormir, n.m., sleep.
dorsal, adj., dorsal, pertaining to the back, of the back.
dos, n.m., back.
dot, n.f., marriage portion, dowry.
doter, v. tr., to endow.
double, adj., double, forked (of a serpent's tongue).
douce, fem. of *doux.*
doucement, adv., gently, softly, quietly, kindly.
douceur, n.f., sweetness, gentleness, softness, kindness.
douleur, n.f., pain, grief, sorrow, pl., ditto.
douleureusement, adv., painfully.
doute, n.m., doubt; *sans doute,* without doubt, doubtless, no doubt.
douter, v. tr., to doubt; *se douter de,* to suspect.

doux, douce, adj., sweet, soft, gentle, kindly, mild, calm, pleasant, charming.
doyen, n.m., dean.
drap, n.m., cloth; *draps de lit,* sheets, bed-clothes.
drapeau, n.f., flag.
dresser, v. tr., to erect, set up; *dressé,* p. part., erected, erect; *se dresser,* to stand erect, rise, stand; *se dresser sur ses ergots,* to rise on one's spurs, assume a proud or defiant attitude, bristle up.
droit, adj., straight, right, upright, erect; *la main droite,* the right hand; *à droite* (sc. *main*), to or on the right (hand).
droit, n.m., right, title, authority; *être en droit de,* to have a right to.
droit, adj. as adv., straight.
drôle, adj., droll, comical, amusing; *le drôle,* n.m., the rogue, rascal.
du, contr. from *de+le.*
dû, p. part. of *devoir; je n'aurais dû,* I ought not to have ; *j'ai dû faire cela,* I was obliged to (I had to) do that.
duc, n.m., duke.
ducat, n.m., ducat (a coin).
duel, n.m., duel.
dupe, n.m. or f., dupe, victim.
dur, adj., hard ; *piocher dur* (fam.), to work hard.
durer, v. intr., to last, continue.
eau, n.f., water.
ébranler, v. tr., to shake, move, disturb ; *ébranlé,* p. part., shaken, trembling.
ébrécher, v. tr. ir. (stem *é* becomes *è* when the vowel of the following syllable is *e* mute, except in the fut. and condl.), to notch, chip (a dish, etc.) ; *ébréché,* p. part., chipped, notched.

écailleux, écailleuse, adj., scaly.
écarter, v. tr., to set aside, part, disperse, scatter ; *s'écarter,* to wander aside, ramble away.
échappée, n.f., opening, prospect, insight, glimpse.
échapper(s'), v.r., to escape, make one's escape.
échecs, n.m. pl., chess ; *le jeu d'échecs,* chess-playing, chess ; *jouer aux échecs,* to play chess.
écho, n.m., echo.
éclabousser, v. tr., to splash, bespatter.
éclair, n.m., flash.
éclairer, v. tr., to light, illuminate; *éclairé,* p. part., lighted, illuminated ; *s'éclairer,* to grow bright, brighten (intr.).
éclat, n.m., outburst, shout ; brightness, splendor.
éclater, v. intr., to burst out, burst forth, sound out (suddenly and loudly) ; *éclater de rire,* to burst out laughing ; *éclatant,* près. p., bright, dazzling, brilliant.
éclore, v. intr. ir. and defective (—, (éclos, j'éclos, —, j'éclôrai, que j'éclose), to blow, bloom (of flowers, etc.).
école, n.f., school ; *aller à l'école,* to go to school ; *à l'école,* at school ; *maison d'école,* school-house.
écorce, n.f., bark, rind, outside ; pl., ditto.
écorcher, v. tr., to skin, flay, gall, rub off the skin.
écouter, v. tr. and intr., to listen to, hear, pay attention, listen.
écraser, v. tr., to crush, overwhelm ; *écrasé,* p. part., crushed, overwhelmed, (grief) stricken.

écrier (s'), v. r., to cry out, exclaim, cry.
écrire, v. tr. and intr. ir. (écrivant, écrit, j'écris, j'écrivis, j'écrirai, que j'écrive), to write.
écrit, p. part. of *écrire*.
écrit, n.m., writing, document.
écriture, n.f., writing.
écrivit, 3 sing. past. def. of *écrire*.
écu, n.m., crown (an obsolete French coin).
écuelle, n.f., bowl, porringer, milk-pail.
écume, n.f., scum, froth, foam.
écumeux, écumeuse, adj., frothy, foaming.
écurie, n.f., stable (for horses).
écuyer, n.m., rider, horseman, squire.
éden, n.m., Eden.
effacer, v. tr. ir. (*c* becomes *ç* before *a* or *o* in conjugation), to efface, wear away, obliterate.
effaré, adj., frightened, terrified, wild.
effet, n.m., effect, deed; *en effet,* in reality, in fact, indeed.
effleurer, v. tr., to skim (over).
efforcer(s'), v. r. ir. (*c* becomes *ç* before *a* or *o* in conjugation), to exert one's self, strive, endeavour, try.
effort, n.m., effort exertion, endeavour; *tenter un dernier effort,* to make a final effort.
effrayant, adj., frightful, terrible, fearful.
effrayer, v. tr., to frighten, alarm, terrify, dismay; *effrayé,* p. part., frightened, etc.; *s'effrayer,* to become frightened, be terrified.
également, adv., equally.
égarer, v. tr.,to mislead, lead astray, bewilder; *égaré,* p.part., bewildered,

wandering, erring, misguided, unintentional, random.
égayer, v. tr., to enliven, brighten up, cheer up.
église, n.f., church.
égoïste, adj., egotistic, selfish.
égorger, v. tr. ir (*g* becomes *ge* before *a* or *o* in conjugation), to cut the throat of, butcher, slaughter.
égrener, v. tr. ir. (stem *e* becomes *è* when the vowel of the following syllable is *e* mute), to shell (grain, etc.); *égrener un chapelet,* to tel' one's beads; fig., to disperse, strew.
eh !, interj., ah !, well !; *eh bien !,* well !, well then !, well now !
élan, n.m., elk, moose.
élancer(s'), v.r. ir. (*c* becomes *ç* before *a* or *o* in conjugation), to hurl one's self, rush, spring, bound, fly.
élargir, v. tr., to enlarge, extend; *s'élargir,* to enlarge (intr.), distend (intr.).
électeur, n.m., elector.
élégance, n.f., elegance; *élégance d'art,* artistic elegance.
éléphant, n.m., elephant.
élever, v. tr. ir. (stem *e* becomes *è* when the vowel of the following syllable is *e* mute), to raise, lift up, exalt, rear, bring up; *élevé,* p. part., high, loud; *s'élever,* to arise rise, ascend, be erected, be pitched (of tents).
elle, pers. pron., she, it ; pl , they ; *elle-même,* she herself, herself, itself.
éloge, n.m., praise, commendation; pl., praise.
éloigner, v. tr., to remove, send away; *éloigné,* p. part , removed, distant, far away ; *s'éloigner,* to go away, withdraw.
émailler, v. tr., to enamel.

FRENCH READER.

embarquer, v. tr., to embark, put on board ship, send to sea.

embarrasser, v. tr., to embarrass, trouble, puzzle, perplex; *embarrassé*, p. p., embarrassed, perplexed, puzzled.

embrasement, n.m., conflagration.

embrasser, v. tr., to embrace, kiss; *s'embrasser*, to embrace (intr.), embrace one another, kiss one another.

embrouiller, v. tr., to embroil, confuse; *s'embrouiller*, to become confused, get puzzled.

émeraude, n.f., emerald.

émerveiller, v. tr., to astonish, amaze; *émerveillé*, p. part., astonished.

émotion, n.f., emotion, feeling.

émouvoir, v. tr. ir. (émouvant, ému, j'émeus, j'émus, j'émouvrai, que j'émeuve), to move, agitate, affect, touch.

emparer(s'), v. r., to take possession (of, de).

empêcher, v. tr., to hinder, oppose, prevent.

empereur, n.m., emperor.

empire, n.m., empire, dominion.

emplacement, n.m., site.

emplette, n.f., purchase; *faire une emplette*, to make a purchase, buy something.

emplir, v. tr., to fill.

emploi, n.m., employment, situation, place, post.

employé, n.m., person employed, clerk.

employer, v. tr. ir. (*y* becomes *i* before *e* mute), to employ, use, spend.

empoisonner, v. tr., to poison, envenom; p. part., poisoned, envenomed.

emporter, v. tr., to carry away, carry off, sweep away.

empreinte, n.f., stamp, die.

emprunter, v. tr., to borrow.

ému, p. part. of *émouvoir*, moved, affected.

en, prep., in, into; in the likeness of, like a; of, made of; *en* + pres. part., in, at, while, whilst, on, as, when (or untranslated); *en tête de*, at the head of; *en redingote*, dressed in a frock-coat.

en, pron. and adv., of (from, out of, for, by, etc.) it or them; of him or her, some of it or them; some, any (sometimes untranslated in this sense).

encadrer, v. tr., to frame, encircle; *encadré de*, p. part., encircled by (as in a frame).

enceinte, n.f., enclosure, place.

enchantement, n.m., enchantment.

enchanter, v. tr., to charm, delight; *enchanté*, p. part., delighted, charmed, enchanted.

enclos, n.m., enclosure, yard.

encore, adv., yet, still, again, more, moreover, besides, also, however; as yet; but only; even; *encore un*, another, one more; *tout à l'heure encore*, but a little ago.

encouragement, n.m., encouragement, incentive.

encorné, adj., horned; *autrement encornées que toi*, with horns (very) different from yours.

encre, n.f., ink.

encrier, n.m., inkstand.

endormir, v. tr., to lull to sleep; *endormi*, p. part., asleep, sleeping.

endroit, n.m., place, spot, locality,

VOCABULARY. 135

énerver, v. tr., to enervate, wear out; *s'énerver*, to become enervated, wear one's self out.

enfance, n.f., infancy, childhood.

enfant, n.m. or f., child, son, daughter.

enfançon, n.m. (obsol. dim., of *enfant*), little child.

enfariné, p. part., covered or sprinkled with flour, powdered.

enfer, n m , hell.

enfermer, v. tr., to shut up, lock up, lock in.

enfin, adv., in fine, in short, in fact, finally, last of all, at last, at any rate.

enfler, v. tr., to swell, puff out, distend.

enfoncer, v. tr. ir. (*c* becomes *ç* before *a* or *o* in conjugation), to sink, drive in, plunge, thrust ; *enfoncé*, p. part., sunken.

enfuir (s'), v. r. ir. (s'enfuyant, enfui, je m'enfuis, je m'enfuirai, que je m'enfuie), to run away, run off, make one's escape.

engager, v. tr. ir. (*g* becomes *ge* before *a* or *o* in conjugation), to engage, induce, invite ; *s'engager*, to advance, march forward.

engoncer, v. tr. ir. (*c* becomes *ç* before *a* or *o* in conjugation), to cramp, stiffen ; *engoncé*, p. part., cramped, stiff.

engourdir, v. tr., to benumb ; *engourdi*, p. part., benumbed, torpid.

engourdissement, n.m., numbness, torpor.

enguirlander, v. tr., to wreathe, encircle (as with a wreath).

enharnacher, v. tr., to harness, deck out ; *enharnaché*, p. part., caparisoned.

enivrer, v. tr., to intoxicate ; *enivrant*, pres. part., intoxicating, exhilirating.

enjamber, v. tr., to stride over, put one's leg over, bestride.

enlever, v. tr. ir. (stem *e* becomes *è* when the vowel of the following syllable is *e* mute), to carry off, take away (from à), take out.

ennemi, n.m., enemy, foe.

ennui, n.m., weariness, ennui, tedium, tiresomeness.

ennuyer, v. tr. ir. (*y* becomes *i* before *e* mute), to weary, annoy, etc.; *s'ennuyer*, to be wearied, feel the time pass slowly, grow weary, find it tiresome.

ennuyeux, ennuyeuse, adj., tiresome, annoying.

énorme, adj., enormous, huge.

enrhumer, v. tr., to give a cold to; *êtreenrhumé*,to have (or have caught) a cold.

enrichir, v.tr., to enrich, make rich; *s'enrichir*,to grow rich, become rich, get rich ; *enrichi de*, p. part., enriched by.

enroué, adj., hoarse.

enseignement, n.m., teaching, precept, lesson.

enseigner, v. tr., to teach.

ensemble, adv., together, with one another, united ; *tous ensemble*, all together.

enserrer, v. tr., to shut up, lock up.

ensevelir, v. tr., to bury ; *enseveli*, p. part., buried.

ensoleiller, v. tr., to illuminate (of the sun) ; *ensoleillé*, p. part., gilded by the sun.

ensuite, adv., then, thereupon, afterwards, after that.

entasser, v. tr., to heap up, hoard, hoard up.

entendre, v. tr. ir. (3 sing. pres. indic. il entend), to hear; understand, comprehend; *faire entendre*, to cause to be heard, pronounce; give forth, give out; *bien entendu*, of course; *air entendu*, knowing air.

enterrer, v. tr., to bury.

entêté, adj., obstinate; n., obstinate person.

entêtement, n.m., obstinacy, stubbornness.

enthousiasme, n.m., enthusiasm.

entier, entière, adj., entire, whole, all; *être tout entier à*, to be entirely devoted to, be quite given up to; *tout entier*, entirely, quite, wholly.

entourer, v. tr., to surround, enclose.

entraîner, v. tr., to carry or drag away, sweep off, hurry along, induce, entice, fill with enthusiasm.

entre, prep., between, in; among (distributively); *d'entre*, among, from among; *entre les mains de*, in the hands of; *entre les bras de*, in the arms of.

entrée, n.f., entrance, entry.

entrefaites, n.f. pl., interval, etc.; *sur ces entrefaites*, in the meanwhile.

entremêler, v. tr., to intermingle, intermix; *s'entremêler*, to be intermingled, mingle (intr.).

entreprendre, v. tr. ir. (entreprenant, entrepris, j'entreprends, j'entrepris, j'entreprendrai, que j'entreprenne), to undertake.

entrepris, p. part. of *entreprendre*.

entrer, v. intr., to enter, go, come (into, en, dans); *entrer en, entrer dans*, enter, go into, come into;

entrer dedans, enter into it, go into it.

entre-regarder (s'), v. r., to look at one another, stare at one another.

entresol, n.m., entresol, intermediate story (the story between the lower story—usually devoted to shops in Parisian houses—and the story above).

entr'ouvrir, v. tr. ir. (entr'ouvrant, entr'ouvert, j'entr'ouvre, j'entr'ouvris, j'entr'ouvrirai, que j'entr'ouvre), to open slightly, push aside, part.

entretenir, v. tr. ir. (entretenant, entretenu, j'entretiens, j'entretins, j'entretiendrai, que j'entretienne), to entertain, keep up.

entrevoir, v. tr. ir. (entrevoyant, entrevu, j'entrevois, j'entrevis, j'entreverrai, que j'entrevoie), to get a glimpse of, catch sight of, see.

envelopper, v. tr., to wrap up, muffle up, envelop; *enveloppé de*, p. part., enveloped, wrapped up in, etc.

envi; *à l'envi*, vying with one another, emulously.

envie, n.f., envy, desire, wish, inclination; *avoir envie de*, to desire to, wish to, want to, feel like; *avoir bien envie*, to have a great desire to, want very much to.

envier, v. tr., to envy, be envious of.

environner, v. tr., to surround, environ, beset.

envoler(s'), v.r., to fly away, escape, fall.

envoyer, v. tr. ir. (*y* becomes *i* before *e* mute, fut., enverrai, condl. enverrais', to send (to, à).

épanouir, v. tr., to expand, brighten up, cheer; *épanoui*, p. part., brightened up, cheered, cheerful.

éparpiller, to scatter ; *s'éparpiller,* to be scattered, be dispersed.
épaule, n.f., shoulder ; *un coup d'épaule,* a helping hand, a lift.
épaulette, n.f., shoulder-piece, epaulet.
épée, n.f., sword.
épeler, v. tr. ir. (*l* becomes *ll* before *e* mute or else stem *e* becomes *è* when the vowel of the following syllable is *e* mute), to spell.
épidémie, n.f., epidemic.
épier, v. tr., to watch, observe, spy.
épieu, n.m., boar-spear, pike, spear.
épine, n.f., spine, thorn, etc.; *épine dorsale,* spine, back bone.
éponger, v. tr. ir. (*g* becomes *ge* before *a* or *o* in conjugation), to sponge, sponge off.
époque, n.f., epoch, period, time.
épouse, n.f., wife, spouse.
épouser, v. tr., to marry, take in marriage, wed.
épouvanter, v. tr., to terrify, frighten ; *épouvanté,* p. part., terrified, frightened.
époux, n.m., husband, spouse.
épreuve, n.f., proof, trial, affliction.
éprouver, v. tr., to try, test, prove, feel, experience.
épuiser, v. tr., to exhaust.
équilibrer, v. tr., to balance ; *équilibré,* p. part., balanced.
équipage, n.m., equipment, outfit ; *équipage de pêche et de chasse,* fishing-tackle and hunting-gear.
érable, n.m., maple ; *en bois d'érable,* (made) of maple.
ergot, n.m., spur (of certain birds) ; *se dresser sur ses ergots,* to rise on one's spurs, assume a proud or defiant air, bristle up.

Érié, n. pr .m., Erie (name of lake).
errer, v. intr., to wander, stray, ramble.
erreur, n.f., error, mistake.
es, 2 sing. pres. indic. of *être.*
escabeau, n.m., stool.
escarper, v. tr., to cut steep ; *escarpé,* p. part., steep, precipitous.
esclave, n.m. or f., slave ; *tomber esclave,* to fall into slavery, become a slave.
espace, n.m., space.
espèce, n.f., species, kind, sort.
espérance, n.f., hope.
espérer, v. tr. and intr. ir. (stem *é* becomes *è* when the vowel of the following syllable is *e* mute), to hope, hope for, expect.
espoir, n.m., hope, expectation.
esprit, n.m., spirit, mind, soul.
essaimer, v. intr., to swarm (of bees, etc.).
essayer, v. intr., to try (to, de).
essouffler, v. tr., to put out of breath ; *essoufflé,* p. part., out of breath, breathless.
essuyer, v. tr. ir. (*y* becomes *i* before *e* mute), to wipe away.
est, 3 sing. pres. indic. of *être ; est-ce que ?* (a formula of interrogation), is it (the case) that ?—a statement prefixed by *est-ce que* becomes interrogative.
estomac, n.m., stomach.
et, conj., and.
étable, n.f., stable (for oxen, sheep, etc.).
établir (s'), v. r., to establish one's self, settle down, take up one's residence.
étaient, 3 pl. impf. indic. of *être.*
était, 3 sing. impf. indic. of *être.*

étaler, v. tr., to spread out, display, set forth.
étang, n.m., pond, fish-pond, pool
étant, pres. part. of *être*.
état, n.m., state, condition; trade, profession; state, commonwealth; *l'état-major,* the staff (military).
etc., et cætera, and so forth.
été, n.m., summer; *l'été,* summer; absol., in summer.
été, p. part. of *être*.
éteindre, v. tr. ir. (éteignant, éteint, j'éteins, j'éteignis, j'éteindrai, que j'éteigne), to extinguish; *s'éteindre,* to be extinguished, be put out, die away, go out or disappear (of a light, etc.).
étendard, n.m., standard, banner.
étendre, v. tr. ir. (3 sing. pres. indic. il étend), to stretch, extend, stretch out; *étendre,* p. part., stretched, stretched out, lying flat; *s'étendre,* to stretch one's self out, lie down.
étendue, n.f., extent.
éternel, éternelle, adj., eternal, constant, everlasting.
éterniser, v. tr., to perpetuate.
éternité, n.f., eternity.
étinceler, v. intr. ir. (*l* becomes *ll* before an *e* mute), to sparkle, flash, glitter.
étoffe, n.s., stuff, cloth, material.
étoile, n.f., star.
étonner, v. tr., to astonish, surprise; *étonnant,* pres. part., astonishing, wonderful, extraordinary; *étonné,* p. part., astonished, surprised; *étonné de,* astonished at; *s'étonner,* to be astonished, be surprised.
étouffer, v. tr., to smother, stifle, suppress, choke.

étourdir, v. tr., to stun, make giddy or dizzy; *étourdi,* p. part., giddy; *étourdi,* n., mad-cap.
étrange, adj., strange, odd, peculiar, extraordinary.
étranger, n.m., foreigner, stranger.
être, n.m., being, creature.
être, v. intr. ir. (étant, été, je suis, je fus, je serai, que je sois), to be; as aux. verb, to be, have; *être à,* to belong to, be mine, etc.; *être à,* to be occupied in, be busy; *en être de même,* to be the same (with regard to it); *être = y avoir,* which see, *il était,* there was, there were; *il n'en est plus ainsi,* it is no longer so; *y être,* to be about or at it; *j'en étais là de mes réflexions,* I had gone thus far in my reflexions; *être bien,* to be well, be well off, be comfortable, be happy; *il est,* impers. = *il y a,* it is.
étroit, adj., narrow, small.
étude, n.f., study.
eu, p. part. of *avoir*.
Europe (l'), n. pr. f., Europe
européen, européenne, adj., European.
eus, 1 sing. past def. of *avoir*.
eut, 3 sing. past def. of *avoir*.
eût, 3 sing. impf. subj. of *avoir*.
eux, pron. disj., they, them; themselves, they themselves.
Évangile, n.m., gospel.
éveiller, v. tr., to awake, awaken, wake, rouse, call forth; *éveillé,* p. part., wide-awake, bright, lively, intelligent.
événement, n.m., event, occurrence.
évêque, n.m., bishop.
évidemment, adv., evidently, clearly, obviously.

VOCABULARY. 139

évident, adj., evident, plain, clear, obvious.
éviter, v. tr., to avoid, evade, escape.
évoquer, v. tr., to evoke, call up.
excellent, adj., excellent.
excepté, prep., except.
exceptionnellement, adv., exceptionally, particularly.
exciter, v. tr., to excite, provoke, cause.
excuse, n.f., excuse, apology; *faites excuse*, excuse me, I beg your pardon.
excuser (s'), v. r., to excuse one's self, apologize.
exemple, n.m., example, instance; copy, copy-slip, head-line; *par exemple*, for example; *par exemple!*, just think of it!
exercer, v. tr. ir. (*c* becomes *ç* before *a* or *o* in conjugation), to exercise, train, drill (soldiers).
exercice, n m., exercise, drill (milit.); *faire l'exercice*, to drill (intr.).
exigeant, pres. part. of *exiger*, exacting, hard to please.
exiger, v. tr. ir. (*g* becomes *ge* before *a* or *o* in conjugation), to exact, require, demand.
exil, n.m., exile, banishment.
exiler, v. tr., to exile, banish; *exilé*, p. part., exiled; n.m., exile.
expédient, adj., expedient, [feasible; *le plus expédient*, the most feasible course.
expédition, n.f., expedition.
expérience, n.f., experience.
expier, v. tr., to expiate, atone for.
expirer, v. intr., to expire, die; *expirant*, pres. part., expiring.
explication, n.f., explanation.
expliquer, v. tr., to explain.

exploit, n.m., exploit, achievement.
exposer, v. tr., to expose.
expressément, adv., expressly.
expression, n.f., expression.
exprimer, v. tr., to express; *s'exprimer*, to express one's self, be expressed.
exquis, adj., exquisite.
exterminer, v. tr., to exterminate.
extraordinaire, adj., extraordinary, unusual.
extraordinairement, adv., extraordinarily, unusually.
extrémité, n.f., extremity, extreme.

F.

fable, n.f., fable, story.
fabuleux, fabuleuse, adj., fabulous.
face, n.f., face, countenance; *en face*, in the face; *en face de*, in front of, opposite to.
facile, adj., easy.
façon, n.f., fashion, way, manner, ceremony; *sans façons*, without ceremony; *sans plus de façons*, without more ado; *de toutes les façons*, of all kinds.
facteur, n.m., postman, letter-carrier.
fade, adj., insipid, tasteless.
faible, adj., feeble, weak, slight.
faiblement, adv., feebly, not violently.
faiblesse, n.f., weakness, feebleness.
faim, n.f., hunger; *avoir (bien) faim*, to be (very) hungry.
fainéantise, n.f., idleness, slothfulness.
faire, v. tr. ir. (faisant, fait, je fais, je fis, je ferai, que je fasse), to do, act, make, cause, constitute; to say,

reply, exclaim, remark, observe;
faire+Infin., to make, cause to,
have; *faire avancer*, to send forward,
bring forward; *faire venir*, to cause
to come, send for; *faire faire*, to
cause to be made, have made; *faire
semblant de*, to pretend to, feign to;
faire le mort, to pretend to be dead;
faire trois mille lieues, to travel three
thousand leagues; *cela ne fait rien*,
that makes no difference; *faire fête
à*, to welcome, hail with joy; *faire la
loi à*, to give laws to, govern; *faire
naufrage*, to be ship wrecked; *de
lui faire avoir le singe*, to procure
the monkey for him; *faire mal à*,
to hurt, be painful to, give pain to;
faire un cri, to give a shout, utter a
cry; *faire l'exercice*, to drill (intr.,
of soldiers); *faire la classe*, to give
a lesson, teach a class; as a causative verb *faire* takes the direct object of the person when the following infinitive is intr., and the indir. obj. of the person when the following infin. is transitive.

faire(se), v. r., to make one's self,
render one's self, make to or for
one's self; to be done; to become;
to take place; to be; *ça ne se faisait
pas*, that was unheard of; *il se faisait un grand tapage*, there was a
great uproar; *son lait se fit rare*,
her milk decreased or became scanty;
se faire à, to get used to, grow accustomed to, adapt one's self to; *se
faire entendre*, make one's self heard.

fais, 2 sing. pres. indic. of *faire*.
faisant, pres. part. of *faire*.
faisiez, 2 pl. impf. indic. of *faire*.
fait, p. part. of *faire*; *tout-à-fait*,
altogether, entirely; *fait*, n. m.,
fact; feat, deed.

falaise, n.f., cliff.
fallait (il), impf. indic. of *falloir*.
falloir, v. impers. ir. (—, fallu, il faut,
il fallait, il fallut, il faudra, qu'il
faille), to be necessary, have to; *il
aut*+Infin., one (etc.) must; *comme il faut*, properly, thoroughly,
effectually, (lit., as it should be); *il
n'y fallait pas songer*, it was not to
be thought of; *il faut un livre à
Jean*, John wants or needs a book;
s'il me fallait les vendre, if I had to
(were obliged to) sell them.
fallut (il), past def. of *falloir*.
fameux, fameuse, adj., famous,
celebrated.
familièrement, adv., familiarly.
famille, n.f., family, relatives (collectively).
famine, n.f., famine, hunger, want.
fanfare, n.f., flourish of trumpets;
pl., ditto.
fantôme, n.m., phantom, spectre.
farce, n.f., farce, nonsense.
farine, n.f., flour, meal.
farouche, adj., fierce, wild, shy,
timid.
fat, adj., foppish, empty-headed,
simple; n.m., coxcomb, simpleton.
fatiguer, v. tr., to fatigue, weary,
tire; *se fatiguer*, to fatigue one's
self, weary one's self, tire one's
self.
faucher, v. tr., to mow, reap, cut
down.
faucheur, n.m., mower, reaper.
faucon, n.m., falcon.
faudra(il), fut. of *falloir*.
faut (il), sing. pres. indic. of *falloir;
comme il faut*, properly, thoroughly, effectually.
faute, n f., fault, mistake, offence;
sans faute, without fail.

faux, fausse, adj., false, faithless, deceitful.
faveur, n.f., favour; *en faveur de*, in favour of, on account of.
fédération, n.m., federation.
fédéré, n.m., federationist, confederate, leaguer.
félicité, n.f., bliss, felicity, happiness.
femme, n.f., woman; wife.
fenêtre, n.f., window.
féodal, adj., feudal.
fer, n.m., iron; *de fer, en fer*, iron (adj.), of iron; pl., irons, fetters; *fer à cheval*, horse-shoe.
feras, 2 sing. fut. of *faire*.
ferme, n.f., farm, farm-house.
ferme, adj., firm, steady.
fermer, v. tr., to close, shut, fasten; *fermé*, p. part., closed, shut.
fermier, n.m., farmer.
fermière, n.f., farmer's wife.
féroce, adj., ferocious, fierce, savage; *bêtes féroces*, wild beasts.
ferrer, v. tr., to shoe (animals) with iron; *ferré* p. part., shod with iron.
festin, n.m., feast, banquet.
feston, n.m., festoon.
fête, n.f., holiday, festival, festivity, celebration; saint's day, birthday; *faire fête à*, to welcome, hail with joy.
feuille, n.f., leaf; *feuille tombée*, fallen leaf, dead leaf.
feuilleter, v. tr. ir. (*t* becomes *tt* before *e* mute), turn over the leaves of (a book, etc.).
feutre, n.m., felt.
fève, n.f., bean; *rendre fèves pour pois*, to pay one back, give as good as one gets, be revenged.
ficelle, n.f., pack-thread, twine, string.

fidèle, adj., faithful, loyal, true.
fidèlement, adv., faithfully.
fier, fière, adj., proud, vain.
fier, v. tr., to trust, entrust; *se fier à*, to trust (intr.) to; depend on, rely on.
fierté, n.f., pride, haughtiness, boldness.
fièvre, n.f., fever.
figuier, n.m., fig-tree.
figure, n.f., face, countenance; shape, appearance.
figurer, v. tr., to figure, represent; *se figurer*, to imagine, fancy.
filature, n.f., spinning-factory.
filin, n.m., rope, hawser; *bout de filin goudronné*, bit of tarred rope.
fille, n.f., daughter; girl, maiden; *fille de village*, village girl; *petite-fille*, granddaughter.
fillette, n.f. (dim. of *fille*), lass, young girl.
filleul, n.m., godson.
filleule, n.f., goddaughter.
fils, n.m., son.
fin, n.f., end; object, aim; *à la fin*, finally, at last, at length, at the end.
fin, adj., fine, delicate, sweet; acute, shrewd, cunning.
finance, n.f., finance.
financier, n.m., financier.
finement, adv., cunningly, slyly.
finir, v. tr. and intr., to finish, conclude, end; *c'est fini*, it is all over; *c'était fini*, it was all over.
fistot, n.m. (a dialect dim. from *fils*), son, sonny.
fît, 3 pl. impf. subj. of *faire*.
fixe, adj., fixed, staring or gazing steadily (of eyes).
fixer, v. tr., to fix, fasten; gaze at; *fixé*, p. part., fixed, fastened.
fixité, n.f., fixity, fixedness.

flamme, n.f., flame.
flanc, n.m., side, breast.
flanquer, v. tr., to flank ; *flanqué de*, p. part., flanked by, on either side of which were, etc.
fleur, n.f., flower, blossom ; *en fleur* in flower, in bloom.
fleurir, v. tr. and intr , to flower, ornament with flowers ; *fleuri*, p. part., flowery, blooming.
fleuve, n.m., river.
flexible, adj., flexible.
flot, n.m., wave, billow, flood, tide.
flotter, v. intr., to float ; *flottant*, pres. part., floating, waving.
flûte, n.f., flute ; *jouer de la flûte*, to play (on) the flute.
foi, n.f., faith ; *ma foi* or *par ma foi!*, upon my word !, really!, faith !.
fois, n.f., time (repeated occasion) ; *une fois*, once upon a time, once, when ; *à la fois*, at (one and) the same time, at once ; *encore une fois*, once more, once again ; *par fois*, sometimes, occasionally ; *tant de fois*, so many times, so often.
folie, n.f., folly, madness, nonsense, piece of folly, joke ; *à la folie*, madly, distractedly, to distraction.
folle, n.f., madwoman, madcap, giddy person.
folle, f. of *fou ; être folle de*, to be passionately fond of, dote on.
follement, adv., madly, wildly.
fond, n.m., bottom, foundation ; *au fond de*, at or in the bottom of, at the back of ; *faire fond sur*, to set store by, depend upon ; *au fond*, at bottom, in one's heart.
fondre, v. intr. and ir. (3 sing. pres. indic. il fond), to melt.
font, 3 pl. pres. indic. of *faire*.

fontaine, n.f., fountain.
force, n.f., force, strength, might power ; pl., ditto ; *à force de*, by dint of.
force, adv., much, many, a great many.
forcer, v. tr. ir. (*c* becomes *ç* before *a* or *o* in conjugation), to force, compel, oblige.
forêt, n.f., forest.
forge, n.f., forge, smithy.
forgeron, n.m., smith, blacksmith.
formalité, n.f., formality, form.
forme, n.f., form, shape, figure ; *en forme de*, in the shape or form of, like, in the likeness of.
former, v. tr., to form, array, muster ; *se former*, be formed, take shape ; *se former en spirale*, to assume or take a spiral form.
formuler, v.tr., to formulate, draw up in due form.
fort, n m., fort (milit.).
fort, adj., strong, stout, powerful, vigorous, loud, violent ; n. m., strength, height, violence ; pl., the strong, the vigorous.
fort, adv., much, very, very much, violently, hard.
forteresse, n.f., fortress, stronghold.
fortune, n.f., fortune, wealth ; *chercher fortune*, to seek (one's) fortunes, try (one's) luck.
fou, n.m., madman.
fou, folle, adj., mad, foolish, extremely or excessively fond (of, de).
fouasse, n.f. (generally spelt *fouace*), roll, buttered roll.
foudroyer, v. tr. ir. (*y* becomes *i* before *e* mute), to strike (as with lightning), crush, overwhelm ; *foudroyant*, pres. part., lightning, sud-

VOCABULARY.

den ; *apoplexie foudroyante*, severe stroke of apoplexy.
fouillis, n.m., confusion, medley.
foule, n.f., crowd, throng, multitude, host.
four, n.m., oven.
fourmi, n.f., ant.
fourrer (se), v. r., to thrust one's self (into, dans), creep (into, dans).
fourrure, n.f., fur.
foyer, n.m., hearth.
fraîche, fem. of *frais*.
fraîcheur, n.f., coolness.
fraîchir, v. intr., to freshen, blow fresh.
frais, fraîche, adj., fresh, new, cool.
frais, n. m. pl., expenses, costs, charges.
franc, n.m., franc (a French coin—value about twenty cents).
français, adj., French ; *un Français*, a Frenchman ; *le français*, French (the language); *leçon de français*, French lesson.
France (la), n. pr. f., France.
franchir, v. tr., to leap over, jump over.
François, n. pr. m., Francis.
Frantz, n. pr. m., Frank (for Francis).
frapper, v. tr. and intr., to strike, smite, impress ; *frappé*, p. part. struck, impressed ; *frapper une médaille*, to strike a medal ; *frapper des mains*, to clap one's hands.
fraternel, fraternelle, adj., fraternal, brotherly.
fraternité, n.f., fraternity, brotherhood.
frayeur, n.f., fear, fright.
Frédéric, n. pr. m., Frederick.
frein, n.m., rein, curb, restraint.

frémir, v. intr., to tremble, shudder ; *frémissant*, pres. part. of *frémir*, trembling, quivering.
frère, n.m., brother.
friandise, n.f., dainty.
fripon, n.m., rogue, rascal, knave.
friser, v. tr., to curl (the hair) ; *frisé*, p. part., curly.
frisotter, v. tr., to curl (the hair) frizz; *frisotté*, p. part., curly, frizzled, with curly or frizzled hair.
froc, n.m., frock, monk's garment ; fig., cowl.
froid, adj., cold ; *faire froid*, to be cold (of the weather) ; n.m., cold, coldness.
froidement, adv., coldly, coolly.
froideur, n.f., coldness, indifference, coolness.
frôler, v. tr., to graze, touch lightly in passing.
froment, n.m., wheat.
front, n.m., forehead, brow.
frontière, n.f., frontier.
frotter, v. tr., to rub.
fruit, n.m., fruit.
fugitif, fugitive, adj., fugitive.
fuite, n.f., flight.
fumée, n. f., smoke, fume ; incense.
fumer, v. tr., to smoke ; *fumé*, p. part., smoked.
funeste, adj., fatal, ill-omened.
furent, 3 pl. past def. of *être*.
furieux, furieuse, adj., furious mad, enraged.
fus, 1 sing. past def. of *être*.
fusée, n.f., rocket, fusee.
fusse, 1 sing. impf. subj. of *être*.
fussent, 3 pl. impf. subj. of *être*.
fut, 3 sing. past def. of *être*.
fût, 3 sing. impf. subj. of *être*.
futur, n.m., intended husband.

G.

gagner, v. tr., to gain, win, earn, obtain ; to arrive at, reach ; to take refuge in, flee to ; *gagné de cœur*, won over.

gai, adj., gay, merry, cheerful, bright, lively.

gaiement, adv., gaily, merrily, jovially.

gaîté, n.f., gaiety, merriment, mirth, glee, cheerfulness.

gaillard, adj., jovial, jolly.

gain, n.m., gain, earnings, profit.

galette, n.f., cake (broad and thin).

gambade, n.f., skip, gambol, caper.

gamin, n.m., boy, lad, urchin, little rogue.

garantir, v. tr., to guarantee, warrant.

garçon, n.m., boy, lad.

garde, n.f., defence, guard ; *garde nationale*, militia, volunteers, citizen soldiers; *tomber en garde*, to assume a defensive attitude.

garde, n.m., guard ; *gardes nationaux*, soldiers of the *garde nationale*, volunteers.

garder, v. tr., to keep, preserve, take care of, cherish, defend, protect, retain ; *se garder bien de*, to take good care not to.

garde-robe, n.f., ward-robe.

garenne, n.f., warren ; *lapin de garenne*, wild rabbit.

garnir, v. tr., to furnish, garnish, stock, supply ; *garni*, p. part., furnished, etc.

gâteau, n.m., cake.

gauche, adj., left ; *à gauche* to (or on) the left (hand).

gauler, v. tr., to gather (nuts, etc., by beating the trees with a pole, '*gaule*').

gazon, n.m., turf, green-sward, grass.

geler, v. tr. and intr. ir. (stem *e* becomes *è* when the vowel of the following syllable is *e* mute), to freeze ; *gelé*, p. part., frozen.

gémir, v. tr., to groan, moan.

gêne, n.f., difficulty, discomfort, narrow circumstances.

gendre, n.m., son-in-law.

gêner, v. tr., to impede, restrain, incommode ; *se gêner*, to put one's self to inconvenience, put one's self about, hesitate.

général, n.m., general (milit.).

général, adj., general.

généreux, généreuse, adj., generous, noble, magnanimous.

Génésie, n.pr.f., Genessee (a river in New York State).

genêt, n.m., broom (kind of plant).

génie, n.m., genius.

genou, (pl. **genoux**), n.m., knee ; *à genoux*, on one's knees, kneeling.

genre, n.m., genus, species, race ; *le genre humain*, the human race, mankind.

gens, n.m. and f. pl., people.

gentil, gentille, adj., pretty, nice, graceful, kind, amiable ; well-behaved (of children).

gentiment, adv., prettily, gracefully, gently, softly, in a winning manner.

Georges, n. pr. m., George.

gerfaut, n.m., gyrfalcon.

geste, n.m., gesture, movement.

gibier, n.m., game (the product of the chase).

gigot, n.m., leg of mutton ; *des manches à gigot*, leg of mutton sleeves (sleeves very wide at the shoulder and narrow at the wrist).

giron, n.m., lap.

glace, n.f., mirror, looking-glass.

VOCABULARY.

glacer, v. tr. ir. (*c* becomes *ç* before *a* or *o* in conjugation), to freeze, chill.
glaive, n. m., sword, brand, blade.
glaneur, n. m., gleaner.
glissade, n. f., slide ; *faire des glissades*, to slide, go sliding (on the ice, etc., for amusement).
glisser, v. intr., to slip, slide.
globe, n. m., globe.
gloire, n. f., glory, fame, good name, honour.
glorieux, glorieuse, adj., glorious ; proud, elated, vainglorious ; *glorieux de*, proud of, elated over.
glorifier, v. tr., to glorify ; *se glorifier*, to glory (in, de), boast.
gonfler, v. tr., to swell, inflate ; *gonflé*, p. part., swollen, filled (of sails, etc.).
gorge, n. f., throat, gullet ; *manger à pleine gorge*, to eat one's fill, feast.
gosier, n. m., throat, gullet.
goudronner, v. tr., to tar, smear with tar ; *goudronné*, p. part., tarred.
gouffre, n. m., gulf, chasm, abyss.
gourde, n. f., gourd, calabash.
gourmand, n. m., **gourmande**, n f., glutton, gourmand.
gousset, n. m., gusset.
goûter, v. tr. and intr., to taste, lunch, eat a luncheon.
goutte, n. f., drop.
gouttière, n. f., gutter (of a roof), "eave-trough."
grâce, n. f., grace, favor ; gracefulness, elegance, beauty; *grâce à*, thanks to; *actions de grâces*, thanksgiving.
gradin, n. m., step, tier.

grain, n. m., seed, grain ; squall, storm ; *grain blanc*, an ugly squall.
graine, n. f., grain, seed.
grammaire, n. f., grammar.
grand, adj., great, large, big, tall, grown up ; *grand ouvert*, wide open.
grandeur, n. f., greatness, grandeur, magnitude, nobleness.
grandir, v. intr., to grow, grow large, grow up.
grand'mère, n. f., grandmother.
grand-père, n. m., grandfather.
grange, n. f., barn.
grappe, n. f., bunch (of grapes, currants, etc.).
gras, grasse, adj., fat; *mardi gras*, Shrove Tuesday.
gratter, v. tr., to scratch.
grave, adj., grave, serious, sober.
gravement, adv., gravely, solemnly, soberly.
gravure, n. f., engraving, print.
gré, n. m., will, wish, liking, pleasure ; *prendre en gré de*, to take a fancy to; *à son gré*, to one's taste ; *bon gré mal gré*, willing or unwilling, willy nilly, whether one will or no.
grec, grecque, adj., Grecian, Greek.
Grégoire, n. pr. m., Gregory.
grêle, adj., slender, slim, thin ; shrill (of the voice).
grelot, n. m., little bell (spherical) ; *attacher le grelot*, "to bell the cat."
grenadier, n. m., grenadier ; pomegranate-tree.
grève, n. f., strand, shore.
grignoter, v. tr., to nibble.
grillage, n. m., grating, wire-work ; *grillage aux affiches*, bulletin-board (covered with a wire net-work as a protection).

grille, n f., grate, grating.
grimace, n.f., grimace, wry face.
grincement, n.m., scratching (sound of pens on paper).
gris, adj., grey.
grommeler, v. tr. ir. (*l* becomes *ll* before *e* mute), to grumble, mutter.
gronder, v. tr., to scold, chide.
gros, grosse, adj., big, large, bulky, great, coarse, rough ; *coûter gros,* to cost a great deal ; *le cœur gros,* with a heavy heart.
grossier, grossière, adj., rude, coarse, uncouth.
grossir, v. intr., to increase, grow large.
grotte, n.f., grotto.
grouper, v. tr., to group.
guère, adv., *ne* . . . *guère,* hardly, hardly ever, but rarely, but little.
guérir, v.tr., to cure, heal ; *se guérir,* to recover (intr.), get well.
guerre, n.f., war ; *cri de guerre,* battle cry ; *à la guerre comme à la guerre,* one must suit one's self to the times, what can't be cured must be endured.
guerrier, n.m., warrior.
guet, n.m., watch, watching, sentinel ; *faire le guet,* to be on the watch, be on the look out ; *au guet,* on the watch.
guette, n.f. (obsolete), watch, sentinels (collectively).
gueule, n.f., mouth (of carnivorous animal), maw, jaws.
gueux, gueuse, adj., poor, beggarly ; *des gueux de Lascars,* some beggarly Lascars.
guider, v. tr., to guide, direct.
Guignol, n. pr. m., Punch and Judy.

guise, n.f., way, manner, fancy ; *à sa guise,* at will, as one likes.

H.

[All words in which the *h* is aspirated, are marked thus †.]

habit, n.m., garment, dress, apparel, garb ; coat, dress coat ; pl., clothes.
habiter, v. tr., to inhabit, dwell in, live in, reside in.
habitude, n.f., habit, custom, use ; *d'habitude,* usually.
habituer, v. tr., to use, accustom, habituate ; *s'habituer,* to accustom one's self, get used to.
†**hacher,** v. tr., to chop, cut to pieces, hash, mince ; *hacher menu,* to chop small.
†**hagard,** adj., haggard, wild.
†**haie,** n.f., hedge, hedge-row.
†**haillon,** n.m., rag.
haleine, n.f., breath ; *perdre l'haleine,* to get out of breath ; *reprendre haleine,* to recover one's breath.
hallucination, n.f., hallucination, dream, fancy.
†**halte,** n.f., halt ; *faire halte,* to halt.
†**hanneton,** n.m., may-bug, cockchafer.
†**hardi,** adj., bold, daring.
†**hardiesse,** n.f., boldness, fearlessness.
harmonieux, harmonieuse, adj., harmonious, musical.
†**harnacher,** v. tr., to harness.
†**harpe,** n.f., harp.
†**hasard,** n.m., chance, accident, hazard, risk ; *par hasard,* by chance, accidentally.
†**hasarder,** v. tr., to hazard, risk, venture ; *se hasarder,* to venture.

†hâte, n.f., hurry; haste, *en hâte*, in haste; *à la hâte*, in a hurry, in haste; *avoir hâte*, to be in haste.
†hâter, v. tr., to hasten, expedite, hurry; *se hâter*, to hasten.
†haut, adj., high, tall, lofty, upper, elevated, loud (of sound); *le Haut-Canada*, Upper Canada; *le haut bout de la table*, the upper end of the table.
†haut, n.m., height, top, upper part.
†haut, adv., high, loud, loudly; *parler tout haut*, to speak out loud.
†hauteur, n.f., height, altitude, eminence, haughtiness.
†hein !, interj., hey !, say !
hélas !, interj., alas !, ah !
Hélène, n.f., Helen, Helena.
hémiplégie, n.f., paralysis of half the body, hemiplegy, hemiplegia.
†Henri, n.m., Henry.
herbe, n.f., herb, grass; *brin d'herbe*, blade of grass.
Hercule, n.m., Hercules.
héritage, n.m., heritage, inheritance.
héroïque, adj., heroic.
hésiter, v. intr., to hesitate, falter, be at a stand, stick.
heure, n.f., hour; o'clock, time, time of day; *dans deux heures d'ici*, in two hours (from now); *une demi-heure*, a half hour; *à la bonne heure !*, that's right !; *tout à l'heure*, by-and-by, presently; not long ago, just now.
heureusement, adv., happily, luckily, fortunately, by good luck.
heureux, heureuse, adj., happy, blessed, lucky, fortunate, successful.
†heurt, n.m., collision, blow, knock.
†heurter, v. tr. and intr., to run against, knock, knock against, strike against.
hier, adv., yesterday.
hirondelle, n.f., swallow.
histoire, n.f., history, tale, story, narration.
historiette, n.f., little story.
hiver, n.m., winter.
†hocher, v.tr., to jog, shake; *hocher la tête*, to shake one's head.
hommage, n.m., homage, service, testimony; pl., respect, homage.
homme, n.m., man, husband.
honnête, adj., honest, upright, virtuous, becoming, seemly, decent, respectable, kind, courteous, polite.
honnêtement, adv., honestly, honourably, becomingly, decently.
honneur, n.m., honour; *en honneur* or *en l'honneur*, in honour.
†honteux, honteuse, adj., ashamed, bashful, shy; shameful, disgraceful.
hop !, an interj. representing a sudden movement.
horizon, n.m., horizon.
horloge, n.f., clock.
horrible, adj., horrible, frightful, dreadful, fearful.
†hors, prep., out, beyond, except, out of, outside.
hospice, n.m., hospital, alms-house, asylum.
hôte, n.m., host; guest, lodger.
hôtel, n.m., mansion, large house.
hôtellerie, n.f., inn, hotel, hostelry.
†houblon, n.m., hop, hop-vine.
†houp, interj., halloo !
†houpette, n.f., little tuft, tassel.
†houppelande, n.f., big coat, great coat.
†houx, n.m., holly.

†huche, n.f., kneading-trough.
huile, n.f., oil.
†huit, num. adj., eight; *dans huit jours*, in a week.
humain, humaine, adj., human; *le genre humain*, mankind.
humble, adj., humble, lowly, meek.
humeur, n.f., humour, temper, disposition.
humide, adj., damp, wet, moist.
humilier, v. tr., to humble, humiliate.
†hurlement, n.m., howl, yell.
hymne, n.f. and m., hymn.

I.

ici, adv., here, hither, in this place; now; *d'ici*, hence; *par ici*, through here, this way; *ici bas*, here below.
idée, n.f., idea, notion, fancy, thought.
ides, n.f. pl., ides (in the Roman calendar).
Ignace, n.m., Ignatius.
ignorance, n.f., ignorance.
ignorer, v. tr., to be ignorant of, not to know.
il, pron. m., he, it, there; pl., ils, they.
île, n.f., island.
illumination, n.f., illumination.
illusion, n.f., illusion, delusion.
image, n.f., image, likeness, resemblance, picture; *un livre d'images*, a picture-book.
imaginaire, adj., imaginary.
imagination, n.f., imagination, fancy.
imaginer, v. tr., to imagine, conceive; *s'imaginer*, to imagine, fancy, believe.
imbécile, n.m. and f., idiot, fool.
immense, adj., immense, very large.

immobile, adj., immovable, motionless.
immobilité, n.f., immobility, immovability.
immortel, immortelle, adj., immortal, everlasting.
impatience, n.f., impatience, eagerness.
impatienter, v. tr., to make impatient; *s'impatienter*, to lose one's patience, become impatient.
impératif, impérative, adj., imperative.
impérial, adj., imperial.
impertinent, adj., impertinent, silly, stupid.
importance, n. f., importance, consequence, moment.
important, adj., important, momentous.
importer, v. impers., to import, be of moment, concern, matter; *n'importe*, no matter, never mind; *qu'importe ?*, what does it matter ?; *que m'importe ?*, what matters it to me ?; *que vous importe ?*, of what consequence is it to you ?.
imposant, adj., imposing, striking, stately.
imposer, v. tr., to lay on, impose, enjoin, prescribe, lay.
impossible, adj., impossible.
impuissant, adj., impotent, powerless.
impur, adj., impure.
inaccoutumé, adj., unaccustomed, unwonted, unusual.
inattendu, adj., unexpected, unforeseen.
incertain, adj., uncertain, unsettled, unsteady.
incident, n.m., incident, occurrence.

incliner, v. tr., to incline, bow;
s'incliner, to incline, bow.
inconnu, adj., unknown.
inconstant, adj., inconstant, fickle, changeable, variable.
Inde, n.f., India.
indemnité, n.f., indemnity.
indépendance, n.f., independence.
indépendant, adj., independent.
indigent, adj. and n., indigent, needy, poor person.
indignement, adv., infamously, scandalously.
indiquer, v. tr. to indicate, show, tell, point out.
indissoluble, adj., indissoluble, eternally binding.
induction, n.f., induction, inference.
ineffaçable, adj., indelible, ineffaceable.
inégal, adj., unequal, uneven, irregular.
inerte, adj., inert, sluggish, dull.
inexpérience, n.f., inexperience.
infatigable, adj., indefatigable, unwearied.
infini, adj., infinite, boundless.
informer, v. tr., to inform, acquaint; *s'informer,* to inquire, make inquiries; ask.
infortuné, adj. and n., unfortunate, unhappy, ill-fated, wretched person.
injure, n.f., insult, wrong.
innocemment, adv., innocently.
innocence, n.f., innocence.
innocent, adj., innocent.
innombrable, adj., innumerable, numberless.
inouï, adj., unheard of.
inquiet, inquiète, adj., unquiet, anxious, uneasy, restless.

inquiéter, v. tr. ir. (stem *é* becomes *è* when the vowel of the following syllable is *e* mute, except in the fut. and condl.), to make uneasy, disquiet; *s'inquiéter,* to be anxious, be uneasy, alarm one's self.
inquiétude, n.f., anxiety, uneasiness, disquietude, solicitude.
insatiable, n.f., insatiable.
inscription, n.f., inscription.
insecte, n.m., insect.
insister, v. tr., to insist, urge.
insondable, adj., unfathomable.
insouciant, adj., careless, thoughtless, heedless.
inspection, n.f., inspection.
instance, n.f., entreaty, solicitation.
instant, n.m., instant, moment; *à chaque instant,* at any moment; *à l'instant,* immediately.
instinctivement, adv., instinctively.
instruction, n.f., instruction, education.
instruire, v. tr. ir. (instruisant, instruit, j'instruis, j'instruisis, j'instruirai, que j'instruise), to instruct, educate; *s'instruire,* to get knowledge.
instruit, p. part. of *instruire,* instructed, informed; *peu instruit de,* ill informed regarding, knowing but little about.
insulte, n.f., insult, affront.
intelligence, n.f., intelligence, understanding, knowledge.
intelligent, adj., intelligent.
intention, n.f., intention, purpose.
intéressant, adj., interesting.
intéressé, p. part., interested, selfish.
intérêt, n.m., interest, concern, self-interest.

intérieur, adj., interior, internal, inner, inward.
intérieur, n.m., interior, inside; home.
interminable, adj., interminable.
interroger, v. tr. ir. (*g* becomes *ge* before *a* or *o* in conjugation), to interrogate, question.
interrompre, v. tr., to interrupt, break off.
intervalle, n.m., interval, interstice; *par intervalles*, at intervals.
inutile, adj., useless.
invalide, adj., invalid, infirm, disabled.
invalide, n.m. and f., invalid, pensioner.
invasion, n.f., invasion.
inventer, v. tr. to invent, contrive.
investissement, n.m., investment, siege.
invincible, adj., invincible, insuperable, unconquerable.
invisible, adj., invisible.
inviter, v. tr., to invite, beg.
involontairement, adv., involuntarily.
invraisemblable, adj., unlikely, improbable.
irai, 1 sing. fut. of *aller*.
irriter, v. tr., to irritate, incense, anger, exasperate, provoke; *une mer irritée*, an angry sea.
issue, n.f., issue, egress, outlet.
Italie (l'), n.f., Italy.

J.

jabot, n.m., frill (of a shirt).
Jacques, n.m., James.
jaloux, jalouse, n. and adj., jealous person, jealous.
jamais, adv., ever; *ne . . . . jamais*, never; *à jamais*, for ever.
jambe, n.f., leg; *courir à toutes jambes*, to run at full speed.
jaquette, n.f., jacket.
jardin, n.m., garden; *jardin des plantes*, botanical garden.
jaune, adj., yellow.
jaunir, v. tr., to make yellow.
javelot, n.m., javelin.
je, pers. pron., I.
Jean, n. pr. m., John.
Jeanne, n.pr. f., Jane.
Jérusalem, n. pr. m., Jerusalem.
Jésus, n.m., Jesus.
jeter, v. tr. (*t* becomes *tt* before *e* mute), to throw, cast, throw away; *se jeter*, to throw one's self, cast one's self, fall on, leap.
jeu, n.m., play, game.
jeudi, n.m., Thursday.
jeune, adj., young; *le plus jeune*, the younger or the youngest.
joie, n.f., joy, gladness.
joli, adj., pretty.
jongleur, n.m., juggler; (in older French, minstrel).
joue, n.f., cheek.
jouer, v. tr. and intr., to play; *jouer à*, to play at (games); *jouer de*, to play on (an instrument); *jouer un tour*, to play a trick; *jouer de malheur*, to be unfortunate; *se jouer*, play, sport.
jouet, n.m., plaything, toy.
joufflu, adj., chub-cheeked, round-faced, chubby.
jouissance, n.f., enjoyment, possession.
joujou, n.m., plaything, toy.
jour, n.m., day, daytime, daylight; *tous les jours*, every day; *de jour en jour*, from day to day; *tout le jour*, all day long.
journalier, n.m., day-labourer.

VOCABULARY.

journée, n.f., day, day's work, day's wages; *toute la journée*, all day long.
joute, n.f., joust, tilt.
jovial, adj., jovial, joyous.
joyeusement, adv., cheerfully, joyfully.
joyeux, joyeuse, adj., joyful, merry, cheerful.
jubilant, adj., jubilant, joyous.
juché, p. part., perched, gone to roost.
jugement, n.m., judgment, trial, sentence.
juger, v. tr. and intr. ir. (*g* becomes *ge* before *a* or *o* in conjugation), to judge, conjecture, think; to pass sentence, give judgment, condemn.
juillet, n.m., July.
juin, n.m., June.
jument, n.f., mare.
jupe, skirt (of a gown).
jurer, v. tr. and intr., to swear, vow.
jusque, jusques, prep., to, even to, as far as, till, until; down to, up to; *jusque-là*, up till that time; *jusqu'à terre*, to the ground; *jusqu'à ce que* (with subjunctive), until.
juste, adj., just, right.
juste, n.m., upright man, virtuous man.
justement, adv., just, precisely.
justice, n.f., justice; law; *demander justice*, to demand the law, to go to law.

L.

l', art. (contraction of *le* and *la*), the.
l', pers. pron. (contraction of *le* and *la*), him, her, it.
la, art. f., the.
la, pers. pron., her, it.
là, adv., there, thither, then; *çà et là*, here and there, up and down, all about; *là-dessus*, on that, thereupon; *là-bas*, yonder; *là-haut*, up yonder (often 'in Heaven'); *là-dedans*, in it, therein; *-là*, after nouns for emphasis, *ce même jour-là*, that very day; *de là*, out of that.
labeur, n.m., labour, work, toil.
laborieux, laborieuse, adj., laborious, industrious, hard-working.
labourer, v. tr., to plough.
labyrinthe, n.m., labyrinth, maze.
lac, n.m., lake.
laceron, n.m., sow-thistle, hare's-lettuce.
lâcher, v. tr., to slacken, relax, let go.
laisser, v. tr., to leave, quit, abandon, bequeath, permit, let, allow; *me laisser faire*, to leave it to me; *se laisser tomber*, to fall; *se laisser manger*, to get eaten.
lait, n.m., milk.
lampe, n.f., lamp.
lance, n.f., lance, spear.
lancer, v. tr. (*c* becomes *ç* before *a* or *o* in conjugation), to dart, fling, hurl, throw, cast.
langue, n.f., tongue, language.
languir, v. intr., to languish, pine away; *se languir*, ditto.
lapin, n.m., rabbit.
laquelle, pron. f., who, which, that.
lard, n.m., bacon.
large, adj., broad, wide, large, great; *au large*, out to sea; *il leur faut du large*, they need room.
larme, n.f., tear; *fondre en larmes*, to melt into tears.
las, lasse, adj., tired, weary, fatigued.
Lascar, n. pr. m., Lascar (East Indian sailor).
latte, n.f., lath, broadsword.

laurier, n.m., laurel.
laver, v. tr., to wash, wash off, lave, bathe.
lazaret, n. m., lazaretto, lazar-house, hospital.
lazzi, n.m., piece of buffoonery, jest, joke.
le, art. m. ; **la,** f. ; **les,** pl. m. f., the.
le, pron. m. ; **la,** f. ; **les,** pl. m. f., him, her, it, them, so.
lécher, v. tr. (*é* becomes *è* when the vowel of the following syllable is *e* mute), to lick.
leçon, n.f., lesson, reading ; *il a de la lecture,* he has read, he can read.
léger, légère, adj., light, nimble, fickle, light-headed, inconsiderate, thoughtless.
légèrement, adv., lightly, slightly.
lendemain, n.m., morrow, next day, day after.
lentement, adv., slowly, tardily.
lequel, pron. m., **laquelle,** f., **lesquels,** pl. m., **lesquelles,** pl. f., who, whom, that, which ; (interrogatively) which one?, which?
lettre, n.f., letter.
leur, pers. pron., to them, them.
leur, possessive adj., their ; *le leur, la leur, les leurs,* possess. pron., theirs.
levant, n.m. and adj., East.
lever, v. tr. (stem *e* becomes *è* when the vowel of the following syllable is *e* mute), to lift, lift up, raise up ; *le jour levant,* the rising day ; *se lever,* to rise, get up.
lever, n.m., rising.
lèvre, n.f., lip.
libérateur, n.m., deliverer, rescuer.
liberté, n.f., liberty, freedom.

libre, adj., free, unguarded, easy.
licence, n.f., license.
lien, n.m., band, bond, tie.
lier, v. tr., to bind, unite, tie, join, link.
lieu, n.m., place, spot ; *il y a tout lieu,* there is every reason ; *avoir lieu,* to take place ; *au lieu de,* instead of.
lieue, n.f., league.
ligne, n.f., line.
limbes, n.m.pl., limbo.
linge, n.m., linen.
lion, n.m., lion.
liqueur, n.f., liquid, liquor.
liquide, adj., liquid, watery.
lire, v. tr. ir. (lisant, lu, je lis, je lus, je lirai, que je lise), to read.
lis, n.m., lily.
lisière, n.f., list (of cloth), border ; *lisière d'un bois,* outskirts.
lit, n.m., bed.
livre, n.m., book.
livrer, v. tr., to deliver, deliver up, give up.
locataire, n.m.f., tenant, lodger.
loge, n.f., lodge.
loger, v.tr., to lodge, house ; *se loger,* to take up one's lodgings.
logis, n.m., house, dwelling, lodging, home.
loi, n.f., law, authority ; *faire la loi à,* to rule over.
loin, adv., far, far off, at a distance, distant ; *de loin,* from a distance, in the distance.
lointain, adj., remote, far distant.
long, longue, adj., long ; *au long de,* along ; *tout au long,* in full ; *de tout son long,* at full length.
longe, n.f., tether.
longtemps, adv., long, a long while.

VOCABULARY.

longuement, adv., long, a long time, at length.
lorsque, conj., when.
loup, n.m., wolf.
lourd, adj., heavy, dull, sultry, close, oppressive.
lucide, adj., lucid, penetrating.
lueur, n.f., glimmer, glimmering, light, gleam.
lui, pers. pron., he, him, to him, her, to her; it, to it; *c'est lui*, it is he; *parlez-lui*, speak to him, to her; *lui-même*, himself.
luisant, adj., glistening, shining, glossy.
lumière, n.f., light.
lundi, n.m., Monday.
lunette, n.f., spy-glass; pl., spectacles.
lustre, n.m., lustre, chandelier.
luxe, n.m., luxury.

M.

m, (abbreviation of Monsieur) Mr., Mister.
m', (contraction of *me*), me.
ma, poss. adj.f., my (*mon* is used for the feminine before a vowel or *h* mute).
machine, n.f., machine; *machine à coudre*, sewing machine.
Madeleine, n.f., Magdalen.
mademoiselle, n.f., miss; contracted sometimes into *mam'selle*.
madré, adj., cunning, sly.
madrigal, n.m., madrigal.
magasin, n.m., warehouse, shop, store.
magique, adj., magic, magical.
magistrat, n.m., magistrate.
magnétique, adj., magnetic.
magnifique, adj., magnificent, gorgeous, splendid, grand.
mai, n.m., May.

maigre, adj., meagre, lean, thin, slender, poor.
maigrir, v. intr., to grow lean, grow thin.
maillot, n.m., swaddling-clothes, tights.
main, n.f., hand; *donner la main à quelqu'un*, to give one's hand to any one, to assist any one; *à la main*, in his hand; *à deux mains*, in both hands.
maintenant, adv., now, at present.
maintenir, v. tr., to sustain, maintain, keep up.
maintien, n.m., maintenance; carriage, deportment, bearing.
maire, n.m., mayor.
mairie, n.f., town-hall, mayor's office.
mais, conj., but, why.
maison, n.f., house, home; *maison d'école*, school-house.
maisonnette, n.f., small house, cottage.
maître, n.m., master, owner; instructor, teacher; as adj., clever, able.
maîtresse, n.f., mistress, as adj., clever, able.
majesté, n.f., majesty.
mal, pl., **maux**, n.m., difficulty, evil, ill, harm, pain, ache, sickness, mischief; *faire mal à*, to do harm to, hurt; *faire mal, faire le mal*, to do wrong; *les os lui faisaient mal*, his bones ached; *mal de tête*, headache.
mal, adv., ill, badly; *pas mal*, not a little, not a few; *se trouver mal*, to faint, be ill (in Le petit Chaperon Rouge); *être au plus mal*, to be very bad, be at the worst.

malade, adj., sick, ill ; *le malade*, the patient.
maladie, n.f , illness, sickness, malady, disease.
maladif, f., **maladive**, adj., sickly, unhealthy, unnatural.
mâle, adj., male, manly, manful, strong, noble.
malencontreusement, adv., unluckily.
malgré, prep., in spite of ; *malgré lui*, in spite of himself.
malheur, n.m., misfortune, unfortunate thing.
malheureusement, adv., unfortunately, unluckily, unhappily.
malheureux, malheureuse, adj., unfortunate, unlucky, unhappy, miserable, wretched, poor.
malin, maligne, adj., mischievous, waggish, roguish, shrewd, clever, 'sharp.'
malle, n.f., trunk.
maman, n.f., mamma.
manant, n.m., peasant, clodhopper.
manche, n.f., sleeve.
manchon, n.m., muff.
manger, v. tr. (*g* becomes *ge* before *a* or *o*), to eat, wear away; *se manger*, to be eaten.
manger, n.m., eating, victuals, food.
manière, n.f., manner, way ; sort, kind, style ; *de la même manière*, in the same way ; *de manière que*, so that.
manoir, n.m., manor, mansion.
manque, n.m., want, lack.
manquer, v. tr. and intr., to miss, fail ; be wanting, be lacking; *manquer la classe*, to miss lessons, run away from school.
manteau, n.m., cloak, mantle.

maquis, n.m., thicket.
marbre, n.m., marble.
marchander, v. tr., to bargain for, ask the price of.
marche, n.f., walk, gait, march, step ; *se mettre en marche*, to start, begin the journey.
marché, n.m., market, bargain ; *à bon marché*, cheap.
marcher, v. intr., to walk, step, go, travel, march, go on ; *ça marche*, things are going ahead.
mardi, n.m., Tuesday ; *mardi gras*, Shrove Tuesday.
maréchal, n.m., marshal, field-marshal.
mari, n.m., husband.
mariage, n.m., marriage, match, wedding.
marin, n.m., mariner, seaman, sailor.
maritime, adj., maritime, naval.
marmot, n.m., brat.
marque, n.f., mark.
marquer, v. tr., to mark.
marquis, n.m., marquis ; *monsieur le marquis*, marquis.
marraine, n.f., godmother.
mars, n.m., March.
marseillais, adj., belonging to Marseille ; in fem. the 'Marseillaise' (national hymn).
martyr, n. and adj., martyr.
masse, n.f, mass.
masser, v. tr., to mass troops ; *se masser*, to mass, gather.
massif, n.m., group (of trees).
massue, n.f., club ; *coup de massue*, dreadful blow, heavy blow.
mât, n.m., mast, pole.
matelot, n.m., seaman, sailor.
matin, n.m., morning.
mâtin, n.m., mastiff.

matinée, n.f., morning, matinée (afternoon performance in theatres, etc.)
maudit, p. part., cursed.
maussade, adj., sulky, sullen.
mauvais, adj., bad, ill, evil.
Mayence, n. pr. f., Mainz (a town in Germany.)
me, m', pers. pron., me, to me.
mécanicien, n.m., machinist, mechanic.
méchamment, adv., wickedly, maliciously.
méchant, adj , bad, cross, wicked, naughty, unkind.
méconnaître, v. tr. ir. (méconnaissant, méconnu, je méconnais, je méconnus, je méconnaîtrai, que je méconnaisse), not to recognize, disown, ignore, slight.
médaille, n.f., medal, medallion.
médecin, n.m., physician, doctor.
méditatif, méditative, adj., meditative.
méditer, v. tr. and intr., to meditate, think over, contemplate, plan.
mégarde, n.f., inadvertence ; *par mégarde,* inadvertently, heedlessly.
meilleur, adj., better, best ; *le meilleur,* the best.
mélange, n.m., mixture, medley.
mêler, v. tr., to mingle ; *se mêler,* to be mingled ; *se mêler de,* to be busy with, take part in, be occu-. pied in ; *se mêler à,* to mingle with.
mélodie, n.f., melody.
membre, n.m., member, limb.
même, adj., same, self, very ; used for compounds as : *moi-même,* myself ; *elle-même,* herself, itself.
même, adv., even, also, likewise ; *il en est de même,* it is the same thing ; *tout de même,* all the same,

still ; *de même que,* in the same manner as, as well as.
mémoire, n.f., memory, recollection, remembrance.
mémoire, n.m., memorandum.
menaçant, adj., menacing, threatening.
menace, n.f., menace, threat.
menacer, v. tr. ir. (*c* becomes *ç* before *a* or *o*), to threaten, menace.
ménage, n.m., housekeeping, household, home ; *querelle de ménage,* family quarrel.
ménagerie, n.f., menagerie.
mendiant, n. and adj., beggar, mendicant.
mendicité, n.f., beggary.
mener, v. tr. and intr. ir. (stem *e* becomes *è* when the vowel of the following syllable is *e* mute), to conduct, lead, bring, drive, guide.
mentir, v. intr. ir. (mentant, menti, je mens, je mentis, je mentirai, que je mente), to lie, tell a falsehood.
menton, n.m., chin.
menu, adj., small ; *le menu peuple,* the common people.
menu, n.m., minute detail, bill of fare.
menu, adv., small, fine.
mer, n.f., sea ; *voyage sur mer,* sea voyage.
merci, n.m., thanks ; thank you.
mère, n.f., mother ; *grand mère,* grandmother ; *mère-grand,* n. f., grandmother (antique for *grand'-mère*).
mériter, v. tr. and intr., to deserve, merit.
merle, n.m., blackbird.
merveille, n.f., wonder, marvel.
merveilleux, merveilleuse, adj., wonderful, marvellous.

messe, n.f., mass.
mesure, n.f., measure; *à mesure que*, in proportion as.
mesurer, v. tr., to measure.
métairie, n.f., small farm.
mètre, n.m., metre (1·093633 yards).
mets, 2 sing. imperat. of *mettre*.
mettre, v. tr. ir. (mettant, mis, je mets, je mis, je mettrai, que je mette, *que je misse*), to put, place, put on (of clothing); *mettre d'accord*, to make agree, reconcile; *mettre le couvert*, to lay the cloth; *mettre à la porte*, to turn out of doors; *mettre au courant*, to inform; *mettre de la patience*, to have patience, take pains; *se mettre*, to place one's self, put one's self, begin; *se mettre à table*, to sit down at table; *se mettre à courir*, to begin to run; *se mettre ensemble*, to join, unite; *se mettre en ménage*, to start housekeeping.
meuble, n.m., piece of furniture; pl., furniture.
meunier, n.m., miller.
meure, 1 sing. pres. subj. of *mourir*.
meute, n.f., pack (of hounds).
midi, n.m., noon, mid-day, twelve o'clock (in the day); south, southern aspect.
mien, poss. pron., *le mien, la mienne, les miens, les miennes*, mine.
miette, n.f., crumb, little bit.
mieux, adv., better, best, more; *de mon mieux*, as well as I could.
mignon, mignonne, adj., delicate, neat, dear, darling.
milieu, n.m., middle, midst, surroundings, environment.
militaire, adj., military; n.m., soldier.
mille, n.m. and adj., thousand, a thousand, one thousand.

million, n.m., million.
millionnaire, n.m. and f., millionaire.
mi-mars, n.f., the middle of March (*Mars* is masc., but *mi-mars* is fem.).
mine, n.f., look, aspect, appearance; *sa bonne mine*, his good looks.
minet, n.m., **minette**, n.f., puss.
miniature, n.f., miniature, portrait.
minute, n.f., minute, moment, instant.
miracle, n.m., miracle, wonder.
miraculeusement, adv., miraculously.
mirage, n.m., mirage.
misérable, adj., miserable, wretched, wicked.
misérable, n.m. and f., wretch, miserable wretch.
misère, n.f., misery, distress, poverty, want, trouble; *ah misère!*, plague on it!
miséricorde, n.f., mercy, quarter, grace.
mit, 3 sing. past def. of *mettre*.
mitraille, n.f., grape-shot.
mitre, n.f., mitre.
mobile, adj., movable, changeable, unsteady, variable.
mode, n.f., mode, fashion; *à la mode du moment*, in the fashion of the day.
moi, pers. pron., I, me, to me; *c'est à moi*, it is mine; *c'est moi*, it is I; *pour moi*, as for me; *moi-même*, myself.
moine, n.m., monk, friar.
moins, adv., less; *n'en être moins*, to be none the less; *au moins*, at least.
mois, n.m., month.
moissonner, v. tr., to reap.

VOCABULARY. 157

moissonneur, n.m., **moissonneuse**, n.f., reaper, harvester.
moitié, n.f., half; *à moitié*, half.
moment, n.m., moment; *au moment où*, the instant that.
mon, poss. adj.m., **ma**, f., **mes**, pl.m.f., my. (*Mon* is used instead of *ma* before a vowel or silent *h*).
monarque, n.m., monarch.
monde, n.m., world, men, people, company; *toutes les peines du monde*, the very greatest difficulty; *tout le monde*, everybody; *tout ce monde*, all these people.
monologue, n.m., monologue.
monotone, adj., monotonous.
monotonie, n.f., monotony.
monsieur,(pl.**messieurs**),n.m., sir, gentleman; the gentleman.
monstre, n.m., monster.
mont, n.m., mount, mountain.
montagne, n.f., mountain.
montant, adj., ascending, rising; high-necked (of dresses).
monter, v. intr., to go up, get up, ascend, mount, ride, rise, get into; *faire monter*, to show upstairs; *monter à cheval*, to mount one's horse, ride on horseback.
Montmartre, n.m., a quarter in Paris.
montre, n.f., watch.
montrer, v. tr., to show, point out; teach.
moquer (se), v. r., to mock, make game of, make fun of, ridicule, laugh at, scoff at; *on s'est moqué de lui*, they laughed at him; *je m'en moque*, what do I care for it.
morale, n.f., ethics, morals, morality, moral.
morceau, n.m., bit, piece, morsel.
mordiller, v. tr., to nibble.

mordoré, adj., reddish brown.
mordre, v. tr. ir. (3 sing. pres. indic. il mord), to bite.
moresque, adj., Moorish, Moresque; *une belle Moresque*, a beautiful Moorish lady.
morne, adj., dull, gloomy, mournful.
mort, n.f., death.
mort, past part. of *mourir*, dead; *faire le mort*, to pretend to be dead.
mot, n.m., word; *bon mot*, clever saying, joke.
mou, mol, adj.m., **molle**, f., soft, weak, feeble.
mouche, n.f., fly.
moulin, n.m., mill.
mourir, v. intr. ir. (mourant, mort, je meurs, je mourus, je mourrai, que je meure, que je mourusse), conjugated with *être*, to die, perish; *mourir de faim*, to starve, be starving; *il est mort*, he died or he is dead; *se mourir*, to be dying, waste away.
mousse, n.f., moss.
mousseline, n.f., muslin.
mouton, n.m., sheep, mutton.
mouvement, n.m., movement, motion, manœuvre; fit (of fever, etc.), agitation, impulse, feeling.
mouvoir, v. tr. ir. (mouvant, mu, je meus, je mus, je mouvrai, que je meuve), to move.
moyen, n.m., means, way; *il n'y a pas moyen*, it is impossible.
moyen, moyenne, adj., mean, middle, middle-sized, middling.
muet, muette, adj., dumb, mute, speechless, silent.
mugir, v. intr., to bellow, roar.
mugissement, n.m., bellowing, roaring.

mule, n.f., mule, she-mule.
multicolore, adj., of many colours.
multiplier, v. tr., to multiply; *se multiplier*, to multiply, be repeated, exert one's self to the utmost.
multitude, n.f., multitude.
municipalité, n.f., municipality.
mur, n.m., wall.
mûr, adj., ripe.
muraille, n.f., wall.
mûrement, adv., maturely, thoroughly.
murmure, n.m., murmur, murmuring.
murmurer, v. tr. and intr., to murmur, mutter, whisper.
museau, n.m., muzzle, snout, nose.
musicien, n.m., **musicienne**, n.f., musician.
musique, n.f., music.
mystérieux, mystérieuse, adj., mysterious.

N.

nacré, adj., pearly.
nager, v. intr. ir. (*g* becomes *ge* before *a* or *o*), to swim.
naissance, n.f., birth.
naissant, adj., new-born, budding, rising.
naître, v. intr. ir. (naissant, né, je nais, je naquis, je naîtrai, que je naisse), to be born; *faire naître*, to give rise to.
naïvement, adv., ingenuously, naïvely, artlessly.
naïveté, n.f., native simplicity, artlessness, naïveté, simplicity.
nappe, n.f., cloth, table-cloth, sheet (of water).
narguer, v. tr., to defy, worry, mock.

narine, n.f., nostril.
naseau, n.m., nostril (of animals).
natif, adj. and n.m., native.
nation, n.f., nation.
national, adj., national; *assemb'ée nationale*, national assembly.
nature, n.f., nature.
naturel, naturelle, adj., natural, native.
naufrage, n.m., shipwreck; *faire naufrage*, to be shipwrecked.
navire, n.m., vessel, ship.
navrant, adj., heart-rending.
navré, p. part., broken-hearted, sad.
ne, n', adv., no, not.
né, past part. of *naître*.
néant, n.m., nothingness, insignificance.
nécessaire, adj., necessary, requisite.
nécessité, n.f., necessity, need, want.
négociant, n.m., merchant.
neige, n.f., snow; *de neige*, snowy.
nerveusement, adv., nervously.
net, nette, adj., clean, neat, clear, plain, distinct, sharp, well defined.
nettoyer, v. tr. (*y* becomes *i* before *e* mute), to clean, cleanse.
neuf, neuve, adj., new.
neveu, n.m., nephew.
ni, conj. (used with *ne* before the verb), neither, nor.
nid, n.m., nest; *courir les nids*, to go bird's nesting.
nièce, n.f., niece.
nippe, n.f. (mostly used in the plural), clothes.
niveau, n.m., level; *au niveau de*, on a level with.
noble, adj., noble, great.
noce, n.f., wedding, wedding-party; *robe de noce*, wedding-dress.

VOCABULARY. 159

noir, adj., black, dark, gloomy.
noisette, n.f., hazel-nut.
noix, n.f., walnut, nut.
nom, n.m., name.
nombre, n.m., number.
nommé, past part., named.
nommer, v.tr., to name, call, appoint.
non, adv., no, not ; *je crois que non*, I think not ; *je dis que non*, I say no.
nord, n.m., north, north-wind ; *nord-est*, north-east.
notaire, n.m., notary.
notre, nos, poss. adj., m.f., our.
nôtre, poss. pron. m. or f., ours ; *le nôtre*, our own.
noué, p. part., tied, rickety.
nourrir, v. tr., to nourish, nurture, feed, maintain, sustain.
nourriture, n.f., nourishment, food.
nous, pers. pron., we, us, to us.
nouveau, nouvel, adj. m., **nouvelle**, f., new, recent, another ; *de nouveau*, anew, again.
Nouveau-Monde, n.m., New World, i.e. America.
nouvelle, n.f., news, tidings.
noyau, n.m., stone (of fruit).
noyer, n.m., walnut-tree.
noyer, v. tr. ir. (*y* becomes *i* before *e* mute), to drown, deluge ; *noyé de brume*, hid in mist ; *se noyer*, to be drowned, drown.
nu, adj., naked, bare, uncovered.
nuage, n.m., cloud, mist.
nuance, n.f., shade, hue, tint.
nuancer, v. tr., to shade, tint.
nue, n.f., cloud ; pl., skies.
nuit, n.f., night, darkness ; *bonnet de nuit*, night-cap ; *à la nuit tombante*, at night-fall ; *la nuit*, at night.
nul, nulle, adj., no, not any.

O.

ô ! interj., O !
oasis, n.f., oasis.
obéir, v. intr., to obey, be obedient.
obéissant, adj., obedient.
objecter, v. tr., to object.
objet, n.m., object, subject, matter, end.
obliger, v. tr. ir. (*g* becomes *ge* before *a* or *o*), to oblige, bind, force.
obscur, adj., obscure, dark.
obséder, v. tr. ir. (stem *é* becomes *è* when the vowel of the following syllable is *e* mute, except in the fut. and condl.), to beset.
observateur, adj., observant, observing.
observation, n.f., observation ; *être en observation*, to be on the look-out.
observer, v. tr., to observe, notice, watch ; *faire observer*, to observe.
obstacle, n.m., obstacle, impediment, obstruction.
obstination, n.f., obstinacy, stubbornness.
obtenir, v. tr. ir. (obtenant, obtenu, j'obtiens, j'obtins, j'obtiendrai, que j'obtienne), to obtain, get.
obus, n.m., shell.
occasion, n.f., opportunity, occasion ; *avoir occasion, avoir l'occasion*, to have the opportunity.
occuper, v. tr., to occupy, employ, busy ; *s'occuper*, to busy one's self, attend to.
océan, n.m., ocean.
œil, n.m. (pl. **yeux**), eye.
œuvre, n.f., work, piece of work.
offert, past part. of *offrir*.
office, n.m., office ; worship.
officier, n.m., officer.

offrir, v. tr. ir. (offrant, offert, j'offre, j'offris, j'offrirai, que j'offre), to offer.
ogre, n.m., ogre.
oie, n.f., goose.
oiseau, n.m., bird.
olive, n.f., olive.
olivier, n.m., olive-tree.
ombrage, n.m., shade.
ombre, n.f., shade, shadow, darkness; *ombres chinoises*, Chinese shadows, dissolving views.
ombreux, ombreuse, adj., shady.
on, indef. pron., one, they, we, you, people, men, somebody; *on dit*, it is said, they say, people say; *on sait*, people know, it is well known; *on les voit*, they are seen.
oncle, n.m., uncle.
onde, n.f., wave.
ont, 3 pl. pres. indic. of *avoir*.
opération, n.f., operation.
opiner, v. intr., to speak, give one's opinion.
oppresseur, n.m., oppressor.
opulence, n.f., opulence, wealth.
or, n.m., gold; *d'or*, golden.
or, conj., now, but; *or çà*, now, well now.
orage, n.m., storm, tempest.
orbe, n.m., orbit, circle.
orchestre, n.m., orchestra.
ordinaire, adj., ordinary, common, customary, usual; *d'ordinaire*, commonly.
ordonnance, n.f., order, ordinance, prescription.
ordonner, v. tr., to ordain, order, direct, command, decree; *ordonner à quelqu'un de faire quelque chose*, to order some one to do something.

ordre, n.m., order; *avec ordre*, in order.
oreille, n.f., ear; *parler à l'oreille à quelqu'un*, to whisper in somebody's ear.
oreiller, n.m., pillow.
orgie, n.f., orgy.
orgueil, n.m., pride, arrogance.
Orient, n.m., East, Orient.
oriflamme, n.f., oriflamme (the ancient royal standard of France).
orner, v. tr., to adorn, ornament, decorate.
orthopédique, adj., orthopædic.
os, n.m., bone.
osciller, v. intr., to oscillate, vibrate.
oser, v. tr. and intr., to dare.
ôter, v. tr., to take away, remove, deprive, take off, pull out, pull off.
ou, conj., or, either, or else.
où, adv., where, whither, at which, in which, to which; when, that; *par où*, by which, by which way.
oublier, v. tr., to forget.
oui, adv., yes; *oui-da*, oh yes!, oh indeed!, yes certainly!, yes indeed!.
ouïr, v. tr. (obsolete except in p. part. ouï, pret. def. j'ouïs, and impf. subj. que j'ouïsse), to hear.
ourlet, n.m., hem.
ours, n.m., bear.
outrage, n.m., outrage, reverse.
outrageusement, adv., outrageously, shamefully, 'awfully.'
ouvert, p. part. of *ouvrir*.
ouvrage, n.m., work, piece of work.
ouvrant, pres. part. of *ouvrir*.
ouvrier, n.m., workman, artisan, mechanic, journeyman.
ouvrier, ouvrière, adj. and n., operative, working, workman.
ouvrière, n.f., workwoman.

VOCABULARY. 161

ouvrir, v. tr. ir. (ouvrant, ouvert, j'ouvre, j'ouvris, j'ouvrirai, que j'ouvre), to open ; *s'ouvrir*, to open.

P.

page, n.f., page (of a book).
paille, n.f., straw.
pailleté, adj., spangled, covered with spangles.
paillon, n.m., spangle.
pain, n.m., bread.
paire, n.f., pair.
paisible, adj., peaceable, peaceful, quiet.
paix, n.f., peace.
palais, n.m., palace.
pâle, adj., pale, wan.
paletot, n.m., great-coat.
pampre, n.m., vine branch.
pan, n.m., large piece (of a wall), side.
panier, n.m., basket, hamper.
pantin, n.m., dancing Jack, puppet.
pantomine, n.f., pantomine, dumb-show.
papier, n.m., paper.
papillon, n.m., butterfly.
pâque or **pâques**, n.m., Easter.
par, prep., by, through, out of, for the sake of, at, with, during ; *par delà*, beyond, on the other side of ; *par-dessus*, over ; *par an*, a year ; *par la fenêtre*, out of the window.
paraître, v. intr. ir. (paraissant, paru, je parais, je parus, je paraîtrai, que je paraisse), to appear, seem, be seen, look ; *il paraît*, it appears ; *faire paraître*, to show.
paralysie, n.f., paralysis.
parbleu !, interj., zounds !, forsooth !, of course !, bless me !.
parce que, conj., because.

parcourir, v. tr. ir. (parcourant, parcouru, je parcours, je parcourus, je parcourrai, que je parcoure), to travel over, go over, run over.
pardon, n.m., pardon, forgiveness.
pardieu, interj., my goodness !
pardonner, v. tr. and intr. (takes à with name of person pardoned), to pardon, forgive, excuse.
pareil, pareille, adj., like, equal, similar, such.
parent, n.m., relation, relative ; pl. parents, relatives.
parer, v.tr., to adorn, embellish ; *se parer*, to adorn one's self, be adorned.
parfait, adj., perfect, splendid.
parfaitement, adv., perfectly, completely.
parfois, adv., sometimes, occasionally, now and then.
parfum, n.m., perfume, odour.
parfumer, v. tr., to perfume, sweeten.
parisien, parisienne, adj. and n., Parisian.
parler, v. intr., to speak, talk, converse.
parmi, prep., among, amongst, in the midst of.
parole, n.f., word, speech.
parrain, n.m., godfather.
part, n.f., share, part, portion, side ; *de ma part*, from me ; *de sa part*, from him ; *faire part*, to give, give part, communicate, tell about ; *mettre à part*, to lay aside ; *de part et d'autre, de toutes parts*, on all sides ; *à part*, aside, apart, for one's self.
partage, n.m., share, sharing, distribution.
partager, v. tr. (*g* becomes *ge* before *a* and *o* in conjugation), to

share, give a share, parcel, distribute, partake of.
parti, n.m., party, resolution, course, method; *prendre le parti,* to resolve, decide.
participe, n.m., participle.
particulier, n.m., private individual.
particulièrement, adv., particularly, especially.
partie, n.f., part, party.
partir, v. intr. ir. (partant, parti, je pars, je partis, je partirai, que je parte), to depart, go away, start, go off (of a gun), burst out (of laughing, etc.); *à partir de,* from.
partout, adv., everywhere; *partout où,* wherever.
parvenir, v. intr. ir. (parvenant, parvenu, je parviens, je parvins, je parviendrai, que je parvienne), to attain, arrive, reach, succeed.
parvient, 3 sing. pres. indic. of *parvenir.*
pas, n.m., step, pace; *à deux pas d'ici,* a short distance from here.
pas, adv., no, not, not any; *non pas,* not at all; *pas même,* not even.
passage, n.m., passage, arcade, passing.
passer, v. tr. and intr., to pass, pass on, pass along, pass away; to go by, visit, run over, to spend (of time); *passer devant,* to go past; *il passa sa langue sur,* <u>he ran his tongue over</u>; *passe ton chemin,* be off with you; *le temps se passe,* time slips away; *se passer de,* to do without.
passereau, n.m., sparrow.
pâté, n.m., pie, pastry; *chair à pâté,* mince-meat.
paternel, paternelle, adj., paternal, fatherly.

patience, n.f., patience.
patois, n.m., patois, dialect.
patrie, n.f., native country, native land, country, home.
patrimoine, n.m., patrimony, inheritance.
patriotique, adj., patriotic.
patriotisme, n.m., patriotism.
patte. n.f., paw, foot (of animals), leg (of an insect); *pattes de devant,* forepaws.
paupière, n.f., eyelid, eyelash.
pauvre, adj., poor, wretched, paltry, small.
pauvret, n.m., **pauvrette,** n.f., poor creature, poor thing.
pauvreté, n.f., poverty, need.
paver, v. tr., to pave.
pavillon, n.m., pavilion, flag, standard.
paye, n.f., pay, salary, wages.
payer, v. tr. (*y* may become *i* before *e* mute), to pay, pay for.
pays, n.m., country, birth-place, home.
paysage, n.m., landscape, view; *paysage de mer,* seascape, sea-view.
paysan, n.m., **paysanne,** n.f., countryman, peasant.
peau, n.f., skin, hide.
pécaïre!, interj., dear, dear!
pêche, n.f., fishing.
péché, n.m., sin.
pêcher, v. tr. and intr., to fish, angle, fish for.
pécheur, n.m., sinner.
pêcheur, n.m., fisher, fisherman.
peine, n.f., punishment, pain, trouble, anxiety, pains, difficulty, sorrow; *valoir la peine, être la peine,* to be worth while, be worth the trouble; *faire de la peine,* to pain, make sad; *cela fait peine à voir,*

VOCABULARY. 163

that is a sad sight; à *peine*, hardly, scarce, scarcely; à *peine* . . . *que*, hardly . . . when.
pêle-mêle, adv., pell-mell, confusedly.
pèlerin, n.m., pilgrim, traveller.
pèlerinage, n.m., pilgrimage.
pénates, n.m.pl., penates, household gods, home.
penchant, n.m., slope, declivity, inclination.
pencher, v. intr., to lean, slope, incline, stoop, bend over.
pendable, adj., that deserves hanging, abominable.
pendant, prep., during.
pendant que, conj., whilst, while.
pendre, v. tr. ir. (3 sing. pres. indic. il pend), to hang, hang up, suspend; *se pendre*, to hang one's self.
pénétrant, adj., penetrating, piercing, keen.
pénétrer, v. tr. ir. (stem é becomes è when the vowel of the following syllable is e mute, except in the fut. and condl.), to penetrate, pierce, fathom.
pensée, n.f., thought, idea, meaning.
penser, v. tr. and intr., to think, reflect, meditate, imagine; *on pense bien*, you may well imagine; *il pense à cela*, he thinks of that; *que pense-t-il de cela?*, what does he think of that?
pensif, pensive, adj., pensive, thoughtful.
pensionnaire, n. m. and f., boarder.
pensivement, adv., pensively, thoughtfully.
pente, n.f., declivity, inclination, slope, descent.

percer, v. tr. ir. (c becomes ç before a or o in conjugation), to bore, pierce, penetrate.
percher, v. intr., to perch.
perdre, v. tr. ir. (3 sing. pres. ind. il perd), to lose, be deprived of, waste; *se perdre*, to be lost, disappear, run away.
perdrix, n.f., partridge.
père, n.m., father.
péril, n.m., peril, danger, risk.
périr, v. intr., to perish, die, be lost.
perle, n.f., pearl.
permettre, v. tr. ir. (permettant, permis, je permets, je permis, je permettrai, que je permette), to permit, allow, suffer, give leave, let; *se permettre*, to permit one's self, take the liberty.
permission, n.f., permission.
perpendiculaire, adj., perpendicular.
perroquet, n.m., parrot.
persévérer, v. intr. ir. (stem é becomes è when the vowel of the following syllable is e mute, except in the fut. and condl.), to persevere, persist.
persienne, n.f., Venetian shutter.
personne, n.f., person.
personne, pron. m., anybody; *ne . . . personne*, nobody.
perspicacité, n.f., perspicacity.
perte, n.f., loss, ruin, waste.
petit, adj., little, small; *le petit*, the little fellow.
petite-fille, n.f., granddaughter.
petit-fils, n.m., grandson.
petiot, adj., diminutive of affection from *petit*.
peu, adv. (followed by *de* before nouns), little, few, ill; *peu à peu*, little by little; *depuis peu*, for a little while, since a short time.

peuple, n.m., people, nation, the common people, populace.
peuplier, n.m., poplar.
peur, n.f., fear, fright; *avoir peur,* to be afraid; *faire peur à quelqu'un,* to frighten any one; *de peur que,* (takes the sub. with *ne*), for fear, lest.
peut, 3 sing. pres. indic. of *pouvoir.*
peut-être, adv., perhaps, may be, perchance; *peut-être qu'il viendra,* perhaps he will come; *peut-être que oui,* perhaps so.
philosophe, n.m., philosopher.
phrase, n.f., phrase, sentence.
physionomie, n.f., physiognomy, countenance, look.
pic, n.m., peak (of a mountain).
pièce, n.f., piece.
pied, n.m., foot; *aller à pied,* to go on foot; *sur pied,* on foot, up.
piège, n.m., snare, trap; *tendre un piège,* to set a snare.
pierre, n.f., stone.
pieu, n.m., stake, pile.
pigeon, n.m., pigeon.
pillage, n.m., pillage, plunder.
piller, v. tr., to pillage, plunder.
pin, n.m., pine-tree, pine.
piocher, v. tr. and intr., to dig, work hard.
piot, n.m. (popular for) wine.
pipe, n.f., pipe.
piquer, v. tr., to prick, prick off, mark off, stick in.
pis, adv., worse, worst; *tant pis,* so much the worse.
piste, n.f., track, foot-prints, ring (in a circus).
pistolet, n.m., pistol.
piteux, piteuse, adj., piteous, pitiable, woful; *faire piteuse mine,* to look rueful.

pitié, pity, compassion; *c'est pitié, il y a pitié,* it is a pity, it's a sad sight; *avoir pitié de,* to have pity on.
pittoresque, adj., picturesque.
place, n.f., place, room, post, employment, office, square, position; *à sa place,* in his place, for him.
placer, v. tr. ir. (*c* becomes *ç* before *a* or *o* in conjugation), to place, put, seat, dispose; *se placer,* to place one's self.
placet, n.m., petition.
plaignant, adj. and n., complainant, prosecutor.
plaindre, v. tr. ir. (plaignant, plaint, je plains, je plaignis, je plaindrai, que je plaigne), to pity; *se plaindre,* to complain.
plaine, n.f., plain.
plaire, v. intr. ir. (plaisant, plu, je plais, je plus, je plairai, que je plaise), to please; *s'il vous plaît,* if you please; *se plaire,* to delight in, be glad, be delighted.
plaisir, n.m., pleasure, delight, joy; *faire plaisir,* to give pleasure.
planche, n.f., board, plank.
plancher, n.m., floor.
plante, n.f., plant.
planter, v. tr., to plant, set, fix, to drive in.
plat, adj., flat, dull.
plateau, n.m., upland, table-land.
plein, adj., full, filled; *en plein jour,* in broad daylight.
pleurer, v. intr., to cry, weep, shed tears.
pleurs, n.m.pl., tears.
plier, v. tr. and intr., to fold, bend.
plisser, v. tr., to plait.
plonger, v. tr. and intr. ir. (*g* becomes *ge* before *a* or *o* in conjugation), to plunge, dive, sink.

VOCABULARY. 165

pluie, n.f., rain.
plume, n.f., feather, pen.
plupart, n.f., most, most part, the greatest part, most people, majority.
plus, adv., more; *plus de* (before numerals), more than; *plus que*, (generally), more than; *pour avoir quelques sous de plus*, to have a few sous more; *d'autant plus*, the more so; *de plus en plus*, more and more; *ne . . plus*, no more, no longer, never again; *il n'y en a presque plus*, there are hardly any of them left; *ni moi non plus*, nor I either; *le plus*, the more, the most.
plusieurs, adj. and pron., m. and f. pl., several, many.
plutôt, adv., rather, sooner.
pluvieux,pluvieuse, adj., rainy.
poche, n.f., pocket, sack.
poème, n.m., poem.
poids, n.m., weight.
poignant, adj., poignant, acute, keen.
poignard, n.m., dagger.
poignarder, v. tr., to stab, pierce.
poignée, n.f., handful; *une poignée de main*, a good shake of the hand.
poignet, n.m., wrist, wrist-band.
poil, n.m., hair (of animals), hair (of persons, other than that of the head).
poinçon, punch, bodkin, dagger.
poing, n.m., fist.
point, adv., no, not, not at all, none; *point d'argent*, no money.
point, n.m., point; *le point du jour*, daybreak.
pointu, adj., sharp-pointed, pointed, sharp.
pois, n.m., pea.
poitrine, chest, breast.
polir, v. tr., to polish, make smooth, brighten; *se polir*, to polish (intr.).

politesse, n.f., politeness, good breeding, polite action.
politique, n.f., policy, politics.
pomme, n.f., apple.
pompe, n.f., pomp, splendour.
Pompée, n. pr. m., Pompeius, Pompey.
pompeusement, adv., pompously, with great pomp.
pont, n.m., bridge; deck (of a ship); *un vaisseau à trois ponts*, a three-decker.
pontife, n.m., pontiff.
pontifical (pl. **pontificaux**), adj., pontifical.
pont-levis, n.m., draw-bridge.
populaire, adj., popular.
porche, n.m., porch.
port, n.m., port, haven, harbour.
porte, n.f., gate, gateway, door-way, door.
porte-feuille, n.m., portfolio, pocket-book, bill-case.
porter, v. tr., to carry, bear, bring, wear, take, thrust (blows); *se porter*, to be, to do (of health); *comment vous portez-vous?*, how do you do?
portière, n.f., coach-door.
portrait, n.m., portrait, likeness.
posé, adj., sedate, staid, sober, calm.
poser, v.tr., to place, set, lay down; *se poser*, to lay one's self, lie, rest, alight (of birds); *posé*, p. part., lying.
position, n.f., position, posture, place, circumstances.
posséder, v. tr. ir. (*é* becomes *è* when the vowel of the following syllable is *e* mute, except in the fut. and condl.), to possess, enjoy, own, hold, have.
possibilité, n.f., possibility.
possible, adj., possible.

poster, v. tr., to station, place, post; *se poster,* to place one's self, be placed.
postérité, n.f., posterity.
pot, n.m., pot, jug.
poteau, n.m., post.
pouah!, interj. expressing disgust.
poudre, n.f., dust, powder, gunpowder.
poule, n.f., hen.
pour, prep., for, on account of, in order to, though; *pour que,* (conj. with subjunctive), in order that, so that.
pourboire, n.m., drink-money, 'tip.'
pourpre, n.f., purple.
pourquoi, adv., why, wherefore.
pourrai, 1 sing. fut. of *pouvoir.*
poursuivre, v. tr. ir. (poursuivant, poursuivi, je poursuis, je poursuivis, je poursuivrai, que je poursuive), to pursue, chase, run after, follow.
pourtant, adv., however, yet, notwithstanding, though.
pourvu que, conj., provided that, I hope that.
pousser, v. tr., to push, thrust, shove, utter (a groan).
poussière, n.f., dust.
pouvez, 2 pl. pres. indic. of *pouvoir.*
pouvoir, v. intr. ir. (pouvant, pu, je puis or peux, je pus, je pourrai, que je puisse) to be able, can, may; *cela pourrait être,* that might be; *se pouvoir,* to be possible; *cela se peut,* that may be; *il ne se peut rien,* there can be nothing.
pouvoir, n.m., power.
prairie, n.f., meadow, prairie.
pré, n.m., meadow.
précaution, n.f., precaution.

précéder, v. tr. ir. (stem é becomes è when the vowel of the following syllable is e mute, except in the fut, and condl.), to precede, go before, go first.
prêchi-prêcha, n.m., preaching, homily.
précieux, précieuse, adj., precious, costly, valuable.
précipice, n.m., precipice.
précipitation, n.f., precipitation, haste, speed.
précipité, p. part., precipitated, precipitate, sudden, fast.
précipiter, v. tr., to precipitate, throw, hurl, hurry; *se précipiter,* to precipitate one's self, rush, run.
précis, adj., precise, exact.
précoce, adj., precocious.
précocement, adv., precociously.
prédicateur, n.m., preacher.
prélat, n.m., prelate.
premier, première, adj., first, former; *qui montait le premier,* who went up first, who was the first to go up.
prendre, v. tr. ir. (prenant, pris, je prends, je pris, je prendrai, que je prenne), to take, seize, catch; *prendre quelque chose à quelqu'un,* to take something from somebody; *prendre les devants,* to run ahead; *se prendre,* to be taken, be caught, catch; *se prendre de querelle,* to get into a quarrel.
prénom, n.m., christian name.
préoccupation, n.f., preoccupation, first thought, anxiety.
préoccuper, v. tr., to engross, absorb.
préparatif, n.m., preparation.
préparer, v.tr., to prepare, fit, make ready.

VOCABULARY. 167

près (*de*), prep., by, near, nigh, close to; adv., *à cela près*, with that exception; *à peu près*, almost.
présage, n.m., presage, omen.
présence, n.f., presence; *en ma présence*, before me.
présent, n.m., present, gift; *à présent*, at present, now.
présenter, v. tr., to present, offer; *se présenter*, to present one's self, appear.
président, n.m., president, chairman.
presque, adv., almost, nearly, all but.
pressé, p. part., in haste, in a hurry.
presser, v.tr., to press, squeeze, crowd; hasten; *rien ne presse*, there is no hurry; *se presser*, to be in a hurry.
pressoir, n.m., press.
prêt, adj., ready.
prétendant, n.m., claimant, suitor.
prétendre, v. tr. and intr. ir. (3 sing. pres. indic. il prétend), to claim, assert, maintain, pretend to.
prêter, v. tr., to lend, give, take (oath).
prétexter, v. tr., to pretend, feign, offer as a pretext.
prêtre, n.m., priest, clergyman.
preuve, n.f., proof, evidence, testimony.
prévenance, n.f., kindness, kind attention.
prévision, n.f., prevision.
prévoir, v. tr. ir. (prévoyant, prévu, je prévois, je prévis, je prévoirai, que je prévoie), to foresee.
prévoyance, n.f., foresight, forethought.
prévoyant, adj., provident, foreseeing.

prier, v. tr. and intr., to pray, entreat, beseech, beg, implore, supplicate, invite.
prière, n.f., prayer, request, entreaty.
prince, n.m., prince.
princesse, n.f., princess.
principal, adj., principal, chief.
printemps, spring, spring-time; *au printemps*, in spring.
pris, past part of *prendre*.
prit, 3 sing. past. def. of *prendre*.
prise, n.f., taking, capture, prize.
prison, n.f., prison, gaol.
prisonnier, n.m., prisoner.
privation, n.f., privation.
priver, v. tr., to deprive, bereave.
prix, n.m., price, cost, value, prize; *sans prix*, priceless; *à tout prix*, at any cost.
probable, adj., probable, likely.
probablement, adv., probably, likely.
probité, n.f., probity, honesty, integrity.
prochain, adj., near, nearest, next, approaching, near at hand, nigh, coming.
prochain, n.m., neighbour, fellow-creature.
proche, adj., near, next, near at hand, neighbouring, nigh.
procurer, v. tr., to procure, obtain, get.
procureur, n.m., procurator, attorney.
prodigalité, n.f., prodigality, extravagance.
prodige, n.m., prodigy.
prodiguer, v. tr., to lavish, be prodigal of.
produire, v. tr. ir. (produisant, produit, je produis, je produisis, je produirai, que je produise), to produce.

profiter, v. intr., to profit, benefit, avail one's self.
profond, adj., deep, profound.
profondément, adv., deeply, profoundly ; *profondément endormi,* sound asleep.
progrès, n.m., progress ; pl., ditto.
proie, n.f., prey.
projet, n.m., project, scheme, plan.
projeter, v. tr. ir. (*t* becomes *tt* when the vowel of the following syllable is *e* mute), to project, plan, contemplate.
prolonger, v. tr. ir. (*g* becomes *ge* before *a* or *o* in conjugation), to prolong, protract, lengthen out ; *se prolonger,* to be prolonged, extend (intr.).
promenade, n.f., walking, walk, promenade ; *aller à la promenade,* to go out for pleasure.
promener, v. tr. ir. (stem *e* becomes *è* when the following syllable is *e* mute), to lead about, drive about, take out for a walk or drive ; *se promener,* to walk, drive, ride, sail, etc., for pleasure ; *se promener à cheval,* to ride, go out riding.
promesse, n.f., promise.
promettre, v. tr. ir. (promettant, promis, je promets, je promis, je promettrai, que je promette), to promise.
promptement, adv., promptly, quickly.
promptitude, n.f., promptitude, quickness, suddenness, swiftness.
prône, n.m., sermon.
prononcer, v. tr. ir. (*c* becomes *ç* before *a* or *o* in conjugation), to pronounce, utter, give utterance to.

propre, adj., own, very same, fit, fitted, suitable, clean, proper.
propriété, n.f., property, ownership.
prospérité, n.f., prosperity.
protecteur, n.m., protector, patron.
prouver, v. tr., to prove, show.
Providence, n.f., Providence.
province, n.f., province, country ; *en province,* in or into the country.
provision, n.f., provision, stock, store, supply.
prunelle, n.f., pupil, apple of the eye.
prussien, n. and adj., Prussian.
Prusse (la), n.f., Prussia.
psaume, n.m., psalm.
pu, p. part. of *pouvoir.*
puis, 1 sing. pres. indic. of *pouvoir.*
puis, adv., then, afterwards, after that.
puiser, v. tr., to draw, fetch up, imbibe, drink.
puisque, conj., since, seeing, seeing that, inasmuch as.
puissance, n.f., power, dominion, force.
puissant, adj., powerful, potent, mighty.
puissiez, 2 pl. pres. subj. of *pouvoir.*
puits, n.m., well.
punir, v. tr., to punish, chastise.
punition, n.f., punishment.
pupitre, n.m., desk.
pur, adj., pure, genuine, unadulterated, clear, unalloyed, downright.
pureté, n.f., pureness, purity, gentleness, innocence.
pyramide, n.f., pyramid.
Pyrénées, n. pr. f. pl., Pyrenees.

Q.

quai, n.m., quay, wharf.
qualité, n.f., quality ; *en qualité de*, as, in the character of.
quand, adv. and conj., when.
quant à, prep. as to, as for, concerning.
quarante, num. adj., forty.
quart, n.m., quarter, fourth.
quartier, n.m., quarter, part.
quatre, num. adj., four.
quatre-vingts, num. adj., eighty.
que, rel. pron., whom, that, which, what.
que, interrog. pron., what ; *qu'est-ce qu'il y a ?*, what is there ?, what is the matter.
que, conj., that, till, in order that, since, than, let, because, why, only, whether, nothing but ; *je ne serai point content que je ne le sache*, I shall never be contented until I know it; *attendez qu'il vienne*, wait till he comes ; *approchez, que je vous embrasse*, draw near, in order that I may kiss you ; *à peine eut-il achevé de parler qu'il expira*, he had hardly done speaking, when he expired ; *le mari est plus raisonnable que la femme*, the husband is more reasonable than the wife ; *qu'il parle*, let him speak ; *je doute que cela soit ainsi*, I doubt whether it is so ; *c'est une passion dangereuse que le jeu*, gaming is a dangerous passion ; *c'est que je ne savais pas que vous y étiez*, it was because I did not know that you were there ; *il y a dix ans que je l'aime*, I have loved her for these ten years ; *je dis que oui*, I say yes ; *il croit que non*, he believes not, he thinks not.

que, adv., *ne . . . que*, only, but, except ; *que . . . de grands bras !*, what great arms ! ; *que c'est petit !*, how little it is ! ; *qu'elle était jolie !*, how pretty she was !.
quel, quelle, adj., what, who ; *quelle heure est-il ?*, what o'clock is it ?.
quelque, adj., some, any, a few, whatever, whatsoever.
quelque, adv., however, some, about.
quelquefois, adv., sometimes.
quelqu'un, pron. m., **quelqu'une**, pron. f., somebody, some one, any body, any one.
quelques-uns, pron. m. pl., **quelques-unes**, pron. f. pl., some, some people, any, a few.
querelle, n.f., quarrel, quarrelling.
quérir, v. tr., to fetch. (Only employed in the infinitive with *aller, envoyer, venir*) ; *aller quérir*, to go and fetch, go for.
questionner, v. tr., to question, interrogate.
queue, n.f., tail.
qui, rel. pron., who, whoever, whom, whomsoever, which, that, what ; *c'est à qui l'aura*, it is (a strife, etc., as to) who shall have her.
qui ?, interrog. pron., who ?, whom ? ; *à qui est ce livre ?*, whose book is this ?.
quinze, num. adj., fifteen ; *quinze jours*, a fortnight.
quitter, v. tr., to quit, leave, leave off, take off, lay aside, give up, give over ; *se quitter*, to leave one another.
quoi, pron., what ; *quoi que vous disiez*, whatever you may say ; *à quoi passez-vous le temps ?*, how do

you spend your time? ; *pourquoi faire?*, what to do?, for what purpose?, why? ; *de quoi*, the wherewithal, the money ; *à quoi bon ?*, what good ?, what use? ; *on ne sait quoi*, one knows not what (used in speaking of what is very strange or indefinite).

quoique, conj. (always with subjunctive), although, though.

R.

rabougri, past part., stunted, crooked.

racheter, v. tr. ir. (stem *e* becomes *è* when the vowel of the following syllable is *e* mute), to buy back again, redeem.

raconter, v. tr., to relate, tell, narrate.

rage, n.f., rage, fury.

raide, adj., stiff, rigid.

raideur, n.f., stiffness.

raidir, v. tr., to stiffen.

railleur, railleuse, n. and adj, banterer, jeerer, joker, jester.

raisin, n.m., grape, grapes ; *une grappe de raisin*, a bunch of grapes.

raison, n. f., reason, judgment, ground, motive; *avoir raison*, to be in the right.

raisonner, v. intr., to reason, argue, discourse.

ralentir, v. tr., to abate, slacken, moderate ; *se ralentir*, to slacken, diminish.

ramasser, v. tr., to collect, gather, pick up, gather up.

ramener, v. tr. ir. (stem *e* becomes *è* when the vowel of the succeeding syllable is *e* mute), to bring again, bring back, bring home.

rampe, n.f., handrail, baluster, declivity.

ramper, v. intr., to creep, crawl.

rang, n.m., rank, order, class.

ranger, v. tr. ir. (*g* becomes *ge* before *a* or *o* in conjugation), to range, put in ranks, arrange, put, set in order.

ranimer, to restore, revive, stir up ; *ranimer ses forces*, to gather up one's strength.

rapide, n.m., rapid, steep.

rapidité, n.f., rapidity, swiftness.

rappel, n.m., recall.

rappeler, v. tr. ir. (*l* becomes *ll* before *e* mute), to call again, call back, recall, call home, recall to mind ; *se rappeler*, to remember.

rapporter, v. tr., to bring again, bring back, carry back, bring home, bring home again, yield, bear.

rare, adj., rare, scarce, scanty ; *se faire rare*, to become scarce, diminish in quantity.

rarement, adv., rarely, seldom.

rassembler, v. tr., to collect, assemble, gather together ; *se rassembler*, to assemble.

rassortir, v. tr. ir. (rassortant, rassorti, je rassors, je rassortis, je rassortirai, que je rassorte), to match.

rassurer, v. tr., to strengthen, remove one's fears, tranquillize, reassure ; *se rassurer*, to tranquillize one's self, become calm, regain confidence.

rat, n.m., rat.

rattraper, v. tr., to catch, overtake, come up with.

ravi, p.part., carried away, transported, enraptured ; *être ravi de joie*, to be overjoyed.

ravin, n.m., ravine.

ravir, v. tr., to carry off, charm, delight, enrapture.
raviser (se), v. r., to change one's mind, bethink one's self, think better of it.
ravissement, n.m., rapture, delight.
rayon, n.m., ray, beam.
rayonnant, adj., radiant, shining, beaming.
rayonner, v. intr., to radiate, shine, shine forth.
réaliser, v. tr., to realize; *se réaliser*, to be realized.
réalité, n.f., reality.
rébellion, n.f., rebellion.
rebondi, adj., plump, round, chubby, full.
recette, n.f., receipt, position of collector.
receveur, n.m., receiver, collector.
recevoir, v. tr. ir. (recevant, reçu, je reçois, je reçus, je recevrai, que je reçoive), to receive, welcome, admit.
réchauffer, v. tr., to heat again, make warm again, reanimate.
récit, n.m., recital, relation, account, narration.
réciter, v. tr., to recite, rehearse.
réclamer, v. tr., to claim back, redemand, claim, demand.
recommendation, n.f., recommendation.
recommencer, v. tr. and intr. ir. (*c* becomes *ç* before *a* or *o* in conjugation), to recommence, begin again.
reconnaissance, n.f., gratitude, thankfulness.
reconnaître, v. tr. ir. (reconnaissant, reconnu, je reconnais, je reconnus, je reconnaîtrai, que je reconnaisse), to recognize, know again, acknowledge, admit, be grateful for.
reçu, past part., of *recevoir*.
recueillir, v. tr. ir. (recueillant, recueilli, je recueille, je recueillis, je recueillerai, que je recueille), to gather, pick up, collect, receive.
reculer, v. intr., to go back, fall back, draw back, retreat, recede, give ground.
redemander, v. tr., to redemand, ask again, ask back again.
redevenir, v. intr. ir. (redevenant, redevenu, je redeviens, je redevins, je redeviendrai, que je redevienne), to become again.
rédiger, v. tr. ir. (*g* becomes *ge* before *a* or *o* in conjugation), to draw up, write out.
redingote, n.f., frock-coat.
redire, v. tr. ir. (redisant, redit, je redis, je redis, je redirai, que je redise), to repeat, say again.
redoubler, v. tr. and intr., to redouble, increase, come on with redoubled force.
redoutable, adj., formidable, terrible.
redresser, v. tr., to make straight, straighten, re-erect, set up again ; *se redresser*, to sit up, stand upright, rise.
réduire, v. tr. ir. (réduisant, réduit, je réduis, je réduisis, je réduirai, que je réduise), to reduce.
refermer, v. tr., to shut again.
réfléchi, adj., reflecting, reflective.
réfléchir, v. intr., to reflect, think, consider, ponder.
reflet, n.m., reflection.
réflexion, n.f., reflection, thought.
refrain, n.m., refrain.

refuser, v. tr. and intr., to refuse, decline.
regagner, v. tr., to regain, win back, recover, retrieve, reach.
regard, n.m., look, gaze, glance, eye; pl., eyes, attention; *jeter un regard à* or *sur*, to cast a glance at.
regarder, v. tr. and intr., to look at, look on, behold, look; *se regarder*, to look at one's self, look at each other, look at one another.
regarnir, v. tr., to retrim.
régent, n.m., regent, ruler.
règle, n.f., rule, ruler.
régner, v. intr. (*é* becomes *è* when the vowel of the following syllable is *e* mute, except in the fut. and condl.), to reign, govern, rule.
regret, n.m., regret.
regretter, v. tr., to regret.
reine, n.f., queen.
rejaillir, v. intr., to gush, gush out, pour.
rejoindre, v. tr. ir. (rejoignant, rejoint, je rejoins, je rejoignis, je rejoindrai, que je rejoigne), to rejoin, meet again, overtake.
réjoui, p.part., jovial, joyous, merry, glad.
réjouir, v. tr., to rejoice, gladden, delight, make merry; *se réjouir de*, to rejoice at.
reléguer, v. tr. ir. (stem *é* becomes *è* when the vowel of the following syllable is *e* mute, except in the fut. and condl.), to banish, shut up, consign.
relever v. tr. and intr. ir. (stem *e* becomes *è* when the vowel of the following syllable is *e* mute), to raise again, lift up again, raise, heighten, set off, depend; *relevé*, raised, high, exalted, lofty; *le collet relevé*, with one's collar turned up; *se relever*, to rise again, get up again, rise, rise up.
religieusement, adv., religiously.
religion, n.f., religion.
relique, n.f., relic.
reluire, v. intr. ir. (reluisant, relui, je reluis, no past def., je reluirai, que je reluise), to shine, glitter.
remarquer, v. tr., to note, observe, remark.
remerciement, n.m., thanks.
remercier, v. tr., to thank; *remercier de*, to thank for.
remettre, v. tr. ir. (remettant, remis, je remets, je remis, je remettrai, que je remette), to return, give back, put off, hand; *se remettre le cœur*, to pluck up courage; *se remettre à manger*, to commence eating again; *se remettre en route*, to start off again.
remis, p. part. of *remettre*; *remis de frayeur*, recovered from fright.
remonter, v. tr. and intr., to re-ascend, go up again, rise, raise again; *faire remonter*, to raise.
remplir, v. tr., to fill again, fill, fill up, occupy.
remporter, v. tr., to carry back, take back, carry away, carry off; *remporter une victoire*, to win a victory.
remuer, v. tr., to move, stir, rouse.
renard, n.m., fox.
rencontre, n.f., encounter, accident, chance meeting, opportunity.
rencontrer, v. tr., to meet, meet with, fall in with, encounter.
rendre, v. tr. ir. (3 sing. pres. indic. il rend), to render, return, restore, make, give back, give again; *rendre des points à*, 'to show a thing or two to,' teach; *se rendre*, to go, betake one's self.

VOCABULARY. 173

renfermer, v. tr., to shut up, enclose, contain, include.
renfoncer, v. tr. ir. (*c* becomes *ç* before *a* or *o* in conjugation), to push or pull further on, force back; *renfoncé*, sunken.
renfrogner (se), v. r., to scowl, frown.
renom, n.m., renown, fame, note.
renommé, p. part., renowned, famous, noted, celebrated, famed.
renoncer, v. intr. ir. (*c* becomes *ç* before *a* or *o* in conjugation), to renounce, give up; *j'y renonce*, I give it up.
renouveler, v. tr. ir. (*l* becomes *ll* before *e* mute), to renew, renovate, revive; *se renouveler*, to be renewed.
rentrée, n.f., re-entrance, return.
rentrer, v. intr., to enter again, return, come in again, go home.
renverser, v. tr., to reverse, throw down, overthrow, overturn, destroy.
renvoyer, v. tr. ir. (*y* becomes *i* before *e* mute; fut. je renverrai), to send again, send back again, return, send away, dismiss, throw back.
répandre, v. tr. ir. (3 sing. pres. ind. il répand,) to shed, diffuse, scatter, spread, pour out, exhale.
repartir, v. tr. and intr. ir. (repartant, reparti, je repars, je repartis, je repartirai, que je reparte), to set out again, to reply, answer.
repas, n.m., meal, repast.
repasser, v. tr. and intr., to pass again, repass.
repentir (se), v. r. ir. (repentant, repenti, je me repens, je me repentirai, que je me repente), to repent.
répéter v. tr. ir. (stem *é* becomes *è* when the vowel of the following syllable is *e* mute, except in the fut. and condl.), to repeat, say again, repeat, recite.
répliquer, v. tr. and intr., to reply, answer, rejoin, retort.
répondre, v. intr. ir. (3 sing. pres. indic. il répond), to answer, reply, correspond, agree.
réponse, n.f., answer, reply, response.
reposer, v. tr., to place again, rest, lay, repose; *se reposer*, to rest one's self, rest, repose (intr.).
repousser, v. tr., to repel, drive back, beat back, thrust back, thrust away, repulse.
reprendre, v. tr. and intr. ir. (reprenant, repris, je reprends, je repris, je reprendrai, que je reprenne), to take again, take back, take up again, return, recover, resume; *reprendre haleine*, to take breath.
représentant, n.m., representative.
représenter, v. tr., to represent, exhibit, show.
reprise, n.f., resumption, renewal; *à plusieurs reprises*, again and again, repeatedly.
reprit, 3 sing. past def. of *reprendre*.
reproche, n.m., reproach.
reprocher, v. tr., to reproach; *il me l'a reproché*, he reproached me with it.
reptile, n.m., reptile.
réquisition, n.f., requisition.
réseau, n.m., net, net-work.
réserve, n.f., reserve, store.
réserver, v. tr., to reserve, lay by.
résigner, v. tr., to resign.
résistance, n.f., resistance, opposition.
résister, v. intr., to resist, withstand, endure, stand.

résolution, n.f., resolution, determination.

résoudre, v. tr. and intr. ir. (résolvant, résolu, je résous, je résolus, je résoudrai, que je résolve), to resolve, decide.

respect, n.m., respect, regard.

respectueux, respectueuse, adj., respectful.

resplendissant, adj., resplendent, bright, glittering.

ressembler, v. intr., to resemble.

ressentir, v. tr. ir. (ressentant, ressenti, je ressens, je ressentis, je ressentirai, que je ressente), to feel, experience; *se ressentir*, to feel the effects of, perceive.

resservir, v. intr. ir. (resservant, resservi, je ressers, je resservis, je resservirai, que je resserve), to serve again, do again.

ressource, n.f., resource, expedient.

reste, n.m., rest, remainder, remnant, remains, residue; *au reste*, *du reste*, but then, however, besides, moreover.

rester, v. intr., to remain, be left, continue; *il reste à savoir*, it remains to be known; *en rester là*, to stop there.

restreindre, v. tr.ir. (restreignant, restreint, je restreins, je restreignis, je restreindrai, que je restreigne), to restrain, restrict, limit.

rétablir, v. tr., to re-establish, restore, set up again.

retard, n.m., delay; *être en retard*, to be late.

retenir, v. tr. ir. (retenant, retenu, je retiens, je retins, je retiendrai, que je retienne), to get again, keep back, hold back, hinder, restrain, remember.

retentir, v. intr., to resound, ring, re-echo.

retirer, v. tr., to draw again, pull out again, draw back, withdraw, draw out, take away; *se retirer*, to retire, withdraw, to pull one's self out again.

retomber, v. intr., to fall again, relapse, fall down again.

retour, n.m., return, coming back, reverse; *être de retour*, to have returned, be back.

retourner, v. intr., to return, go back, go back again.

retourner, v. tr., to turn, turn again; *se retourner*, to turn around.

retraite, n.f., retreat, refuge, hiding-place.

retrouver, v. tr., to find again, recover, recognize.

réunir, v. tr., to reunite, bring together, collect, assemble; *se réunir*, to assemble, join with, agree with.

réussir, v. intr., to succeed, be successful; *j'y réussis*, I succeed in it.

rêve, n.m., dream, fancy, desire, ideal.

réveiller, v. tr., to awake, wake, rouse.

revenir, v.intr.ir. (revenant, revenu, je reviens, je reviendrai, que je revienne), to come again, come back, come back again, return, recover; *revenir sur ses pas*, to retrace one's steps.

révérence, n.f., reverence, bow, courtesy; *faire une grande révérence*, to make a low bow; *lui faire la révérence*, to pay him one's respects.

revêtir, v. tr. ir. (revêtant, revêtu, je revêts, je revêtis, je revêtirai, que je revête), to clothe, invest.

VOCABULARY. 175

rêveur, rêveuse, n. and adj., dreamer, thoughtful, pensive.
revivre, v. intr. ir. (revivant, revécu, je revis, je revécus, je revivrai, que je revive), to come to life again, live again, revive.
revoir, v. tr. ir. (revoyant, revu, je revois, je revis, je reverrai, que je revoie), to see again.
révolution, n.f., revolution.
rhin, n. pr. m., Rhine.
rhythmé, p. part., cadenced, measured.
riant, adj., laughing, smiling, cheerful, pleasant.
riche, adj. and n.m., rich, wealthy, rich man.
richesse, n.f., riches, wealth.
rideau, n.m., curtain.
ridicule, adj., ridiculous.
rien, pron. m., anything; *ne . . . rien*, nothing; *ne . . . plus rien*, nothing more; *en moins de rien*, in less than no time; *ça ne fait rien*, that makes no difference.
rieur, n.m., laugher, mocker.
rire, v. intr. ir. (riant, ri, je ris, je ris, je rirai, que je rie), to laugh; *rire de*, to laugh at; *cela la fit rire aux larmes*, that made her laugh till the tears came; *éclater de rire*, to burst out laughing.
rire, n.m., laugh, laughter, laughing.
rivière, n.f., river.
robe, n.f., gown, dress.
roc, n.m., rock.
rocaille, n.f., rock-work, grotto-work
roche, n.f., rock.
rocher, n.m., rock.
roi, n.m., king.
roman, n.m., novel, romance, tale.
rompre, v. tr., to break, break off.

ronde, n.f., round-hand.
rond-point, n.m., place where several roads or walks meet, circus (in London).
rose, n.f., rose.
rose, adj., rosy, rose-coloured.
roseau, n.m., reed.
rosée, n.f., dew.
rossignol, n.m., nightingale.
roucouler, v. intr., to coo.
rouet, n.m., spinning-wheel.
rouge, adj., red; *devenir rouge*, to become red, blush.
rougir, v. tr., to redden.
roulement, n.m., roll (of a drum, etc.).
rouler, v. tr. and intr., to roll, turn over.
route, n.f., road, way, route, course; *en route*, on the way, started.
rouvrir, v. tr. ir. (rouvrant, rouvert, je rouvre, je rouvris, je rouvrirai, que je rouvre), to open again; *se rouvrir,* to open again.
roux, rousse, adj., reddish, red (in speaking of hair).
royal, adj., royal.
royaume, n.m., kingdom.
rude, adj., rude, rough, rugged, sharp, hard, fierce, severe, bitter, sad, awful.
rue, n.f., street.
ruine, n.f., ruin, decay, overthrow.
ruiner, v. tr., to ruin.
ruisseau, n.m., brook, stream.
ruisselant, adj., streaming, running.
ruisseler, v. intr. ir (*l* becomes *ll* before *e* mute), to gush, stream, overflow, run down.
ruminer, v.intr., to ruminate, muse on, think over.
ruse, n. f., artifice, wile, deceit, trick,

rusé, adj., artful, deceitful, cunning, crafty, sly.
Russie (la), n. pr. f., Russia.
rustique, adj., rural, rustic.

S.

sable, n.m., sand, gravel.
sabot, n.m., sabot, wooden shoe, hoof (of animals).
sabre, n.m., sabre, broadsword.
sac, n.m , sack, bag.
saccadé, p. part., by jerks, abrupt, jerky.
saccager, v. tr. ir. (*g* becomes *ge* before *a* or *o* in conjugation), to sack, ransack, pillage, plunder.
sachant, pres. p. of *savoir*.
sacré, adj., sacred, holy.
sage, adj. and n., sage, wise, wise man.
saillant, adj., jutting out, projecting, prominent.
saint, adj., holy, sacred; *histoire sainte*, sacred history
saint, n.m., saint.
Saint-Patrice, n. pr. m., Saint Patrick (the name of the deanery over which Swift was placed in 1713).
sais, 1 and 2 sing. pres. indic. of *savoir*.
saisir, v. tr., to seize, lay hold of, catch hold of.
saison, n.f., season; *la belle saison*, fine weather, summer.
sait, 3 sing. pres. indic. of *savoir*.
salir, v. tr., to dirty, soil.
salle, n.f., hall, room.
salon, n.m., drawing-room, saloon, parlour.
Salomon, n. pr. m., Solomon.
saluer, v. tr.,to salute, bow to, greet.
salut, n.m., safety, salvation.
salve, n.f., salute, volley.
sang, n.m., blood.

sanglant, adj., bloody, covered with blood, red.
sangloter, v. n., to sob.
sans, prep., without, but for, had it not been for, were it not for; *sans faute*, without fail.
santé, n.f., health.
sapin, n.m., fir.
satin, n. m., satin.
satisfaction, n.f., satisfaction.
satisfait, adj., satisfied, contented.
saut, n.m., leap, jump, skip.
sauterelle, n.f., grasshopper.
sauterie, n.f., hop (colloq.), dance.
sauvage, adj. and n., savage, wild, uncivilized.
sauver, v. tr., to save, rescue; *sauver la vie à quelqu'un*, to save one's life; *se sauver*, to escape, run away, make off.
savent, 3 plur. pres. ind. of *savoir*.
savetier, n.m., cobbler.
savoir, v. tr. ir. (sachant, su, je sais, je savais, je sus, je saurai, que je sache), to know, know how, be able; *je n'en sais rien*, I do not know, I know nothing about it; *je ne saurais le croire*, I can't believe it; *j'ai su*, I learned.
savoir, n.m., knowledge.
savoureux, savoureuse, adj., savoury, sweet.
saxon, saxonne, adj. and n., Saxon.
scène, n.f., scene.
scierie, n.f., saw-mill.
scintillant, adj., scintillant, sparkling.
se, ref. pron., one's self, himself, herself, itself, themselves, one another, each other, for or to one's self.
sec, sèche, adj., dry, barren, cold, sharp.

sécher, v. tr. and intr. ir. (é becomes è when the vowel of the following syllable is e mute, except in the fut. and condl.), to dry, wither.
second, adj., second.
secouer, v. tr., to shake.
secourir, v. tr. ir. (secourant, secouru, je secours, je secourus, je secourrai, que je secoure), to succour, to assist.
secours, n.m., help, relief, succour; *au secours!*, help!; *crier au secours*, to cry for help.
secousse, n. f., shake, shock, blow.
secret, n.m., secret.
section, n.f., section.
sécurité, n.f., security.
séditieux, séditieuse, adj., seditious.
séditieux, n.m., rebel.
seigneur, n.m., lord.
sein, n.m., breast, bosom.
séjour, n.m., stay, sojourn, dwelling, habitation.
selon, prep., according to, agreeably to.
semaine, n.f., week.
semblable, adj. and n., like, similar, fellow, fellow-creature.
semblant, n.m., appearance, semblance; *faire semblant de*, to pretend to.
sembler, v. tr., to seem, appear.
semer, v. tr. ir. (stem e becomes è when the vowel of the following syllable is e mute), to sow, scatter, spread, strew, sprinkle.
sénat, n.m., senate.
sénateur, n.m., senator.
sens, n.m., sense, understanding; *reprendre ses sens*, to come to one's senses.

sentence, n.f., sentence, maxim, judgment, decree.
senteur, n.f., scent, fragrance, perfume.
sentiment, n.m., feeling, sentiment, opinion.
sentinelle, n.f., sentinel, sentry; *faire sentinelle*, to keep sentry, be on the watch.
sentir, v. tr. and intr. ir. (sentant, senti, je sens, je sentis, je sentirai, que je sente), to feel, smell; *se sentir*, to feel one's self, feel (intr.).
seoir, v. intr. ir., impers. defective (il sied, ils siéent, il seyait, il siéra), to suit, become.
séparer, v. tr., to separate; *se séparer*, to separate (intr.), part. (intr.).
sept, num. adj., seven.
septième, adj., seventh.
serait, 3 sing. condl. of *être*.
sérénité, n.f., serenity.
serez, 2 pl. fut. of *être*.
serf, n.m., serf.
sérieusement, adv., seriously, in earnest.
sérieux, sérieuse, adj., serious, grave, earnest.
serment, n.m., oath; *prêter serment*, to take (an) oath.
serpent, n.m., serpent; *serpent à sonnettes*, rattle-snake.
serpolet, n.m., wild thyme.
serrer, v. tr., to press, tighten, squeeze, grasp.
servante, n.f., maid-servant.
service, n.m., service.
serviette, n.f., napkin, towel.
servir, v. tr. ir. (servant, servi, je sers, je servis, je servirai, que je serve), to serve, wait on, be useful to; *se servir*, to serve one's self, help one's self, make use.

serviteur, n.m., servant.
seuil, n.m., threshold.
seul, adj. and n., alone, by one's self, single, mere, only, sole.
seulement, adv., only, solely, merely.
sévère, adj., severe, stern, strict.
seyait, 3 sing. impf. indic. of *seoir*.
si, conj., if, whether (the *i* is elided before *il* and *ils*) thus: *s'il, s'ils*.
si, adv., so, so much.
siècle, n.m., century, age.
siège, n.m., seat, siege.
sien, sienne, poss. pron., his, hers, its, one's own; *les siens*, his family, his friends.
siffler, v. tr., to whistle, to sing (of birds).
siffloter, v. intr., to whistle lightly.
signal, n.m., signal.
signe, n.m., sign, mark, beck; *faire signe de la main*, to beckon with the hand.
signifier, v. tr., to signify, mean.
silence, n.m., silence, stillness.
silencieusement, adv., silently.
silencieux, silencieuse, adj, silent, still.
silhouette, n.f., silhouette, outline.
sillon, n.m., furrow, ridge.
simple, adj., simple, single, mere.
simplicité, n.f., simplicity.
simplifier, v. tr., to simplify.
sincérité, n.f., sincerity.
singe, n.m., ape, monkey, baboon.
singulier, singulière, adj., singular, peculiar.
singulièrement, adv., singularly, peculiarly.
sinistre, adj., sinister, unlucky, sad, dark looking, ominous.
sire, n.m., sire (title given to kings and emperors in addressing them).

sirop, n.m., syrup.
sitôt, adv., so soon, as soon.
situer, v. tr., to place.
six, num. adj., six.
sœur, n.f., sister.
soie, n.f., silk.
soif, n.f., thirst; *avoir soif*, to be thirsty.
soigneusement, adv., carefully.
soin, n.m., care, attendance on; pl., attentions; *avoir soin de*, to take care to.
soir, n.m., evening, night.
soirée, n f., evening, evening party.
soit, 3 sing. pres. subj. of *être*.
soit, conj., either, or; *soit que* (with subjunctive), whether.
soixante, num. adj., sixty; *soixante-dix*, seventy.
sol, n.m., soil, ground.
soldat, n.m., soldier.
soleil, n.m., sun.
solennel, solennelle, adj., solemn.
solide, adj., solid, strong, firm, good, perfect.
solitude, n.f., solitude.
somme, n.f., sum, amount.
somme, n.m., nap, sleep.
sommeil, n.m., sleep, sleepiness; *avoir sommeil*, to be sleepy.
sommeiller, v. intr., to slumber, doze.
sommes, 1 plu. pres. indic. of *être*.
son, n.m., bran; sound.
son, sa, ses, poss. adj., his, hers, its, one's (*son* is used for the *fem*. instead of *sa* when the word following begins with a vowel or a silent *h*).
songe, n.m., dream.
songer, v. intr. ir. (*g* becomes *ge* before *a* or *o* in conjugation), to dream,

muse, think; *songer à quelque chose*, to think of anything.
sonner, v. tr. and intr., to sound, ring, strike (of clocks), blow (of trumpet), toll (of bells).
sonnette, n.f., little bell; *serpent à sonnettes*, rattle-snake.
sonore, adj., sonorous.
sont, 3 pl. pres. indic. of *être*.
sort, n.m., fate, destiny, lot, fortune.
sorte, n.f., sort, kind, species, manner, way; *de la sorte*, thus, so, in that manner, in that way; *de toute sorte, de toutes sortes*, of every kind, of all kinds.
sortie, n.f., going out, departure.
sortir, v. intr. ir. (sortant, sorti, je sors, je sortirai, que je sorte), to go out, come out, get out; *sortir de table*, to leave the table.
sot, sotte, adj., stupid, silly, foolish.
sottise, n.f., silliness, folly, nonsense.
sou, n.m., sou, halfpenny.
souci, n.f., care, anxiety.
soucier (se), v. r., to care, mind, be anxious; *il ne s'en soucie guère*, he cares little for it.
soudain, adj., sudden, unexpected.
souffle, n.m., breath.
souffler, v. tr. and intr., to blow.
soufflet, n.m., bellows.
souffrance, n.f., suffering, sufferance.
souffrir, v. tr.ir. (souffrant, souffert, je souffre, je souffris, je souffrirai, que je souffre), to suffer, bear, undergo, endure.
souhait, n.m., wish, desire; *à souhait*, according to one's desire, as one would have it, splendid, magnificent.

soûl, adj., drunk, tipsy.
soulever, v. tr. ir. (stem *e* becomes *è* when the vowel of the following syllable is *e* mute), to raise, lift, heave up, lift up, stir up; *se soulever*, to raise one's self, rise.
soulier, n.m., shoe.
soupçon, n.m., suspicion, surmise, conjecture.
soupçonner, v. tr., to suspect, surmise.
soupçonneux, soupçonneuse, adj., suspicious, inclined to suspect others.
soupe, n.f., soup.
souper, n.m., supper.
soupirer, v. intr., to sigh.
souple, adj., supple, pliant, flexible.
souplesse, n.f., suppleness, flexibility; *tours de souplesse*, cunning tricks.
source, n.f., source, spring, fountain-head.
sourd, adj., dull, hollow (of sound).
sourd-muet, n.m., deaf and dumb person, deaf-mute.
souriant, adj., smiling.
sourire, v. intr. ir. (souriant, souri, je souris, je souris, je sourirai, que je sourie), to smile, be agreeable, please; *sourire à quelqu'un*, to smile upon any one.
sourire, or **souris**, n.m., smile.
sourit, 3 sing. pres. indic. or past def. of *sourire*.
souris, n.f., mouse.
sous, prep., under, beneath.
sous-officier, n.m., non-commissioned officer.
soutenir, v. tr. ir. (soutenant, soutenu, je soutiens, je soutins, je soutiendrai, que je soutienne), to support, bear, bear up.

soutien, n.m., support, maintenance.
souvenance, n.f., remembrance, recollection.
souvenir, n.m., remembrance, recollection, memory.
souvenir (se), v. ref. ir. (se souvenant, s'être souvenu, je me souviens, je me souvins, je me souviendrai, que je me souvienne), to remember; impersonally *il me souvient*, I remember.
souvent, adv., often, oftentimes, frequently, many times.
souverain, adj. and n., sovereign, supreme.
souviens-toi, 2 sing. imperat. of *se souvenir*.
soyez, 2 pl. imperat. and subj. of *être*.
spectacle, n.m., play, spectacle.
spectateur, adj. and n., spectator, looker on, by-stander.
spirale, n.f., spiral; *en spirale*, spirally, like a corkscrew.
spirituel, spirituelle, adj., witty, ingenious, intelligent.
statue, n.f., statue.
strophe, n.f., strophe, stanza.
stupéfait, adj., astonished.
stupéfier, v. tr., to stupify, astonish.
stupeur, n.f., stupor.
style, n.m., style.
su, p. part. of *savoir*.
subir, v. tr., to undergo, suffer.
subit, adj., sudden.
subitement, adv., suddenly.
subsister, v. intr., to subsist, live.
suc, n.m., juice.
succès, n.m., success.
sucre, n.m., sugar.
suffire, v. intr. ir., (suffisant, suffi, je suffis, je suffis, je suffirai, que je suffise), to suffice, be enough.
suis, 1 sing. pres. indic. of *être*.

Suisse (la), n. pr. f., Switzerland.
suite, n.f., rest, retinue, series, succession; *tout de suite*, immediately, at once.
suivant, prep., according to.
suivant, adj., next, following, succeeding.
suivre, v. tr. ir., (suivant, suivi, je suis, je suivis, je suivrai, que je suive), to follow; *suivre des yeux*, to look after, watch.
sujet, n.m., subject.
superbe, adj., proud, superb, lofty, splendid, gorgeous.
suppliant, adj. and n., suppliant, supplicating.
supplice, n.m., punishment, torture, execution.
supporter, v. tr., to support, endure, tolerate.
supposition, n.f., supposition.
suprême, adj., supreme.
sur, prep., upon, on.
sûr, adj., sure, certain; *bien sûr*, certainly, for certain.
sûreté, n.f., safety, surety, security.
surprendre, v. tr. ir. (surprenant, surpris, je surprends, je surpris, je surprendrai, que je surprenne), to surprise, catch.
surprise, n.f., surprise, amazement.
sursaut, n.m., start.
surtout, adv., above all, especially.
survenir, v. intr. ir. (survenant, survenu, je surviens, je surviens, je surviendrai, que je survienne), to come on, come up unexpectedly.
survint, 3 sing. past def. of *survenir*.
suspendre, v. tr. ir. (3 sing. pres. indic. il suspend), to suspend, hang; *suspendu*, p. part.; *se suspendre*, to suspend one's self, hang one's self.

VOCABULARY.   181

sut, 3 sing. past def. of *savoir*.
sylphe, n.m., sylphide, n.f., sylph.
Syrie (la), n. pr. f., Syria.

T.

table, n.f., table.
tableau, n.m., picture; *tableau noir*, black-board.
tache, n.f., spot, stain, blot.
tâche, n.f., task, job.
tacher, v. tr., to stain, spot.
tâcher, v. intr., to try, endeavour, strive.
taille, n.f., cut, size, height, stature, shape, waist, body.
tailler, v. tr., to cut, cut out, carve.
taire, v. tr. ir., (taisant, tû, je tais, je tus, je tairai, que je taise), to silence; *se taire*, to be silent, hold one's tongue; *veux-tu bien te taire!*, will you hold your tongue!.
talonner, v. tr., to be close at the heels of, press, urge.
talus, n.m., slope.
tambour, n.m., drum.
tandis que, conj., whilst, while.
tant, adv. (Takes *de* before the following noun); so much, so many, as much, so, so long, as far, as long; *tant . . . que*, as well, . . . as, both . . . and; *tant que*, as long as, as much as.
tantôt, adv., presently, by and by, soon, sometimes; *tantôt . . . tantôt*, now . . . now, at one time . . . at another time.
tapage, n.m., noise, uproar, row, racket.
taper, v. tr. and intr., to strike, hit.
tapis, n.m., carpet; tapestry, hangings.

tapisser, v. tr., to hang with tapestry, deck, adorn.
tard, adj. and adv., late; *tôt ou tard*, sooner or later; *plus tard*, later.
tarder, v. intr., to delay, stay, be long, be slow.
tardif, tardive, adj., tardy, late, backward.
tas, n.m., heap, pile.
tasse, n.f., cup.
te, t', pron., thee, to thee, you, to you.
tel, telle, adj., such, like, similar.
Télémaque, n.pr. m., Telemachus.
tellement, adv., so, in such a manner.
téméraire, adj. and n., rash, rash person.
témoigner, v. tr., to testify, show.
tempête, n.f., tempest, storm.
temps, n.m., time, weather; *dans le temps que*, whilst; *en même temps*, at the same time; *de temps en temps*, from time to time, now and then.
tendre, adj., tender, fond, affectionate, loving.
tendre, v. tr. ir. (3 sing. pres. indic. il tend), to stretch, hold out.
tendrement, adv., tenderly, affectionately.
tendresse, n.f., tenderness, love, fondness, affection.
tenir, v. tr. and intr. ir. (tenant tenu, je tiens, je tins, je tiendrai, que je tienne, que je tinsse), to have, hold, insist on, set store by, attach importance to, be contained in, find room in, hold out; *tenez!*, *tiens!*, see here!, look; *tenir au courant*, to keep informed; *il ne tient qu'à lui*, it depends on him alone; *se tenir*, to hold one's self, remain, be, stand.

tente, n.f., tent, pavilion.
tenter, v.tr., to attempt, try, tempt.
tenu, p. part. of *tenir*.
tenue, n.f., attitude, dress, carriage, bearing, appearance (of troops); *grande tenue*, full dress (milit.); *tenue de bal*, ball costume; *mauvaise tenue*, unsoldierly appearance.
terme, n. m., termination, end, limit.
terminer, v. tr., to terminate, end, finish.
terne, adj., tarnished, dull (of colours).
terre, n.f., earth, land, ground; *travailler à la terre*, to work on the land; *par terre*, on the ground.
terreur, n.f., terror.
terreux, terreuse, adj., earthy, dull (of colours).
terrible, adj., terrible, awful.
terrine, n.f., earthen dish.
tête, n.f., head, top; *en tête de*, at the top of, in front of.
thaler, n.m., dollar (German coin).
théâtre, n.m., theatre, stage.
Tibre, n. pr. m., Tiber.
tient, 3 sing. pres. indic. of *tenir*.
tige, n.f., trunk, stem, body, stalk.
tilleul, n.m., linden-tree, lime-tree.
timbre, n.m., bell.
timide, adj., timid, bashful, shy.
timidement, adv., timidly.
tinrent, 3 plur. past def. of *tenir*.
tiraillement, n.m., plucking, pulling, twitching; *tiraillement d'estomac*, pain in the stomach.
tirelire, n.f., money-box.
tirer, v. tr. and intr., to draw, pull, pull out, collect, fire, shoot; *se tirer*, to get along, manage; *se tirer d'affaire*, to get out of a difficulty; *s'en tirer*, to manage it.

tiroir, n.m., drawer.
tisane, n.f., diet-drink, drink.
toc, interj., a rap, a knock.
toi, pron., thee, thyself, thou, you, yourself.
toilette, n.f., toilet, dress.
toison, n.f., fleece.
toit, n.m., roof, top.
toiture, n.m., roofing, roof.
tomber, v. intr., to fall, fall down, tumble, drop, sink down, become; *laisser tomber*, to let fall, drop; *tomber de sommeil*, to drop down asleep, be overcome with sleep.
ton, m., **ta,** f., **tes,** pl. poss. adj., thy, your. (*Ton* is used for the fem. before a vowel or silent *h*.)
ton, n.m., tone, voice, accent.
tonne, n.f., tun, barrel, cask.
torpeur, n.f., torpor, torpidity.
torrent, n.m., torrent, stream.
tort, n.m., wrong, harm, injury, hurt; *faire tort à*, to wrong, harm.
tôt, adv., soon, shortly; *trop tôt*, too soon; *tôt ou tard*, sooner or later; *plus tôt*, sooner.
total, adj., total, whole, utter.
total, n.m., total.
touchant, adj., touching, tender, affecting.
toucher, v. tr. and intr., to touch; *toucher à*, to be near.
touffu, adj., tufted, bushy.
toujours, adv., always, for ever, ever, all the time, still, at least; *toujours est-il que*, still, the fact is that.
tour, n.f., tower.
tour, n.m., turn, trick, feat; *jouer un tour*, to play a trick; *fermer à double tour*, to lock securely; *tour à tour*, by turns, in turn.
tourbillon, n.m., whirlwind, whirlpool, eddy.

tourbillonner, v. intr., to eddy, whirl.
tourelle, n.f., turret.
tournée, n.f., circuit, round, journey.
tourner, v. tr., to turn, turn round ; *se tourner,* to turn one's self, turn about.
tournoi, n.m., tournament.
tournoyer, v. intr. ir. (*y* becomes *i* before *e* mute), to turn round and round, wheel round.
tousser, v. intr., to cough.
tout, adj., all, whole, each, any, every ; *tout le monde,* everybody ; *tous les jours,* every day ; *pas du tout,* not at all ; *tous deux,* both ; *tout ce que,* all that.
tout, adv., wholly, entirely, quite ; *tout à coup,* suddenly ; *tout d'un coup,* all on a sudden ; *tout à l'heure,* just now ; *tout à fait,* completely, altogether, quite.
trace, n.f., trace, track, step, footstep, print, mark ; *sur les traces,* in the footsteps.
tracer, v. tr. ir. (*c* becomes *ç* before *a* or *o* in conjugation), to draw, trace, sketch.
traduire, v. tr. ir., (traduisant, traduit, je traduis, je traduisis, je traduirai, que je traduise), to translate, interpret, express ; *se traduire,* to be interpreted, be expressed, be manifested.
trahir, v. tr., to betray.
trahison, n.f., treachery.
train, n.m., train, noise, 'racket' ; *en train de,* engaged in, busy at ; *train de derrière,* hind-quarters.
traîner, v. tr., to draw, drag.
traire, v. tr. ir. defective (trayant, trait, je trais, je trayais, no past def., je trairai, que je traie, no impf. subj.), to milk ; *se laissant traire,* allowing herself to be milked.
trait, n.m., arrow, feature.
tralala, n.m. (fam.), grand display.
tranchant, n.m., edge.
tranche, n.f., slice.
tranquille, adj., quiet, calm, still, tranquil, easy (in mind).
tranquillement, adv., tranquilly, quietly, peaceably, calmly.
transformer, v. tr., to transform ; *se transformer,* to transform one's self.
transir, v. tr., to chill.
transport, n.m., transport, ecstacy, outburst.
transporter, v. tr., to convey, transfer.
travail, travaux, n.m., labour, work, working.
travailler, v. intr., to labour, work.
travailleur, n.m., workman, labourer.
travers, n.m., breadth ; *à travers,* athwart, through, across ; *au travers de,* through.
traverser, v. tr., to cross, go or pass over, travel over, traverse.
traversin, n.m., bolster.
tremblant, adj., trembling, quaking, shivering, quivering.
trembler, v. intr., to tremble, quiver, quake.
trente, num. adj., thirty.
très, adv., very, most, very much.
trésor, n.m., treasure, treasury.
tressaillement, n.m., start, thrill, quiver.
tressaillir, v. intr. ir. (tressaillant, tressailli, je tressaille, je tressaillis, je tressaillirai, que je tressaille), to start, give a start.

trève, n.f., truce.
tricolore, adj., tricoloured.
tricorne, n.m., three-cornered hat.
tringle, n.f., rod.
triomphal, adj., triumphal.
triomphe, n.m., triumph.
triste, adj., sorrowful, sad, melancholy, dull, dark.
tristement, adv., sadly, sorrowfully.
tristesse, n.f., sadness, melancholy.
trois, num. adj., three.
troisième, num. adj., third.
trompe, n.f., horn, trumpet.
tromper, v. tr., to deceive, cheat, delude, beguile; *se tromper*, to be mistaken; *il n'y a pas à se tromper*, there is no mistake about it; *se laisser tromper*, to allow one's self to be deceived, be capable of being deceived.
trompette, trumpet.
tronçon, n.m., broken piece, fragment, stump.
trône, n.m., throne.
trop, adv., too much, too many, too.
trophée, n.m., trophy.
trottoir, n.m., foot-path, foot-way, side-walk.
trou, n.m., hole.
troubadour, n.m., troubadour.
trouble, adj., thick, muddy, dull, dim, confused.
troubler, v. tr., to trouble, make muddy, disturb, agitate, perplex, disconcert, interrupt, ruffle, discompose; *se troubler*, to grow muddy, be confused, be disconcerted, become agitated.
trouer, v. tr., to bore, perforate, make a hole in.
troupe, n.f., troop, band; pl., troops.
troupeau, n.m., flock, herd.
trouvaille, n.f., thing found by chance, godsend, windfall, find.
trouver, v. tr., to find, meet, light on, like; *comment le trouvez-vous?*, how do you like it?; *aller trouver*, to go to; *tout trouvé*, right to hand; *se trouver*, to find one's self, be, feel, feel one's self, happen, chance to be.
trouvère, trouvere, name of old poets of the North of France.
truite, n.f., trout.
tu, pers. pron., thou, you.
tuer, v. tr., to kill; *se tuer*, to kill one's self.
tuile, n.f., tile.
tuilerie, n.f., tile-fields; *les Tuileries* (name of a palace in Paris).
tunique, n.f., tunic.
tuyauter, v. tr., to flute, frill.
tyrannie, n.f., tyranny.

U.

uhlan, n.m., German lancer.
un, num. adj. and pron., one; *l'un, l'autre*, one, the other; *les uns*, some; *les autres*, others; *un à un*, one by one; *l'un ou l'autre*, either, the one or the other; *l'un et l'autre*, both; *ni l'un ni l'autre*, neither the one nor the other, neither.
un, indef. art., a, an, any.
uni, p. part., united, smooth, even, level.
union, n.f., union, agreement, harmony.
unique, adj., only, sole, single, unique.
unir, v. tr., to unite, join, combine.
univers, n.m., universe.
universel, adj., universal.
urgent, adj., urgent, pressing.

VOCABULARY. 185

usage, n.m., use, usage; *à l'usage de*, for the use of.
user, v. tr. and intr., to use, wear out, use up, spend, wear away; *user* to make use of, employ.
ustensile, n.f., utensil.
usurpateur, n.m., usurper.
usurpation, n.f., usurpation.

V.

va, 3 sing. pres. indic. and 2 sing. imperat. of *aller*.
vagabond, n.m., vagabond, vagrant, wanderer.
vague, n.f., wave, billow, surge.
vague, adj., vague, indeterminate.
vaillant, adj., brave, courageous; *n'avoir pas un sou vaillant*, not to have a 'red cent'; *tout ce que j'avais vaillant*, with all the money I had.
vain, adj., vain, fruitless, ineffectual; *en vain*, vainly, in vain, to no purpose.
vaincre, v. tr. ir. (vainquant, vaincu, je vaincs, je vanquis, je vaincrai, que je vainque), to conquer.
vaincu, p. part. used as n., conquered, vanquished.
vaisseau, n.m., vessel, ship.
vais, 1 sing. pres. indic. of *aller*.
vaisselier, n.m., place for holding dishes, cupboard.
valencien, adj., Valencian.
vallée, n.f., valley, vale.
vallon, n.m., dale.
valoir, v. intr. ir. (valant, valu, je vaux, je valus, je vaudrai, que je vaille), to be worth, be good, be of use; *il ne vaut pas la peine de*, it is not worth the while, the trouble of; *valoir mieux*, to be better.
valve, n.f., valve.

vanité, n.f., vanity, nothingness.
vanneur, n.m., winnower.
vapeur, n.f., vapour, steam, exhalation.
vaquer, v. intr., to attend, devote one's self.
varier, v. tr., to vary, diversify; *varié*, p. part. varied.
vase, n.m., vase, vessel, dish.
vassal, vassaux, n.m., vassal.
vaste, adj., vast, great, extensive.
vaut, 3 sing. pres. indic. of *valoir*.
vautrer (se), v.r., to wallow.
veille, n.f., watch, eve, day before.
veillée, n.f., sitting up.
veiller, v. intr., to watch, sit up.
velouté, n.m., velveting, 'velvetiness,' appearance of newness.
vendre, v. tr. and intr. ir. (3 sing. pres. indic. il vend), to sell.
vengeance, n.f., vengeance, revenge.
venger, v. tr. ir. (*g* becomes *ge* before *a* or *o* in conjugation), to avenge, take revenge for; *se venger*, to revenge one's self, avenge one's self, be revenged.
vengeur, n. and adj., avenger, avenging.
venir, v. intr. ir. (venant, venu, je viens, je vins, je viendrai, que je vienne, que je vinsse), to come; *il vint se jeter*, he came and threw himself; *vint heurter*, came and knocked; *viens te coucher*, come and lie down; *la nuit venue*, as soon as night has come; *venir au-devant de*, to come to meet; *il vient de partir*, he has just gone; *il vient à passer*, he happens to pass by; *il vient de passer*, he has just gone by.
vent, n.m., wind.

ventre, n.m., belly, stomach.
venu, p. part. of *venir*.
verge, n.f., rod.
verger, n.m., orchard.
véritable, adj., true, genuine, real.
vérité, n.f., truth.
vermeil, vermeille, adj., vermilion, ruddy, red, rosy.
verre, n.m., glass.
verras, 2 sing. fut. of *voir*.
vers, n.m., verse; pl., verses, poetry.
vers, prep., towards.
vert, adj., green.
vêtement, n.m., garment; pl., clothes, raiment.
vêtir, v. tr. ir. (vêtant, vêtu, je vêts, je vêtis, je vêtirai, que je vête, que je vêtisse), to clothe.
vêtu, p. part., dressed, clothed, clad.
veuve, n.f., widow.
veux, 1 and 2 sing. pres. indic. of *vouloir*.
viande, n.f., meat.
vibration, n.f., vibration.
victoire, n.f., victory; *remporter la victoire,* to gain the victory.
victorieux, victorieuse, adj., victorious, triumphant.
vide, adj., empty, vacant.
vide, n.m., void, vacuum, emptiness, empty space.
vider, v. tr., to empty.
vie, n.f., life, living; *il passe sa vie à,* he spends his life in; *gagner sa vie,* to get one's living; *à la vie, à la mort,* in life and death.
vieillard, n.m., old man.
vieille, adj. fem. of **vieux**.
vieillesse, n.f., old age.
viendra, 3 sing. fut. of *venir*.
vieux, vieil, adj. m., **vieille,** f., old, aged.

vif, vive, adj., quick, lively, brisk, sprightly.
vigne, n.f., vine, vineyard.
vigoureux, vigoureuse, adj., vigorous, strong.
vilain, adj., ugly, vile, nasty, wicked.
village, n.m., village.
villageois, n.m. and f., villager.
ville, n.f., town, city.
vingt, num. adj., twenty.
vint, 3 sing. past def. of *venir*.
viole, n.f., viol.
violemment, adv., violently.
violence, n.f., violence, force.
violent, adj., violent.
violer, v.tr., to violate, break, infringe, transgress.
violet, adj., violet-coloured.
violette, n.f., violet.
visage, n.m., face, visage, countenance; *faire bon visage,* to look pleasantly.
vis-à-vis (de), prep., opposite, over-against.
visite, n.f., visit, visiting.
vit, 3 sing. past def. of *voir*.
vite, adj., swift, quick, fleet, speedy, rapid.
vite, adv., quick, quickly, speedily, fast.
vitre, n.f., window-glass, pane of glass.
vivant, adj., living.
vivement, adv., quickly, briskly, sharply, eagerly.
vivre, v. intr. ir. (vivant, vécu, je vis, je vécus, je vivrai, que je vive), to live; *vive !,* long live !, hurrah for!; *vive la France !,* France for ever.
vœu, n.m., vow, prayer, wish.
voici, prep., see here, behold, here is, here are, this is, these are; *me*

VOCABULARY.

voici, here I am; *le voilà*, there he is.
voie, n.f., way, road, track.
voilà, prep., see there, behold, that is, those are, there is, there are, here is; *le voilà*, there he is, here he is; *nous voilà*, there we are; *voilà qui*, that's what; *voilà ce que c'est*, that's how it is; *voilà où*, that is where; *en voilà une*, that's one.
voile, n.f., sail, ship.
voir, v. tr. ir. (voyant, vu, je vois, je vis, je verrai, que je voie), to see; *faire voir à*, to show; *voyons!* come!; *se voir*, to see one's self.
vois, 1 sing. pres. indic. of *voir*.
voisin, adj., neighbouring, bordering, adjacent, next.
voisin, n.m. and f., neighbour.
voisinage, n.m., neighbourhood; *service de voisinage*, a neighbourly service.
voiture, n.f., carriage, conveyance, vehicle.
voix, n.f., voice; *à demi-voix*, in a low voice.
vol, n.m., flying, flight; *prends ton vol*, fly away.
volée, n.f., flight, flock.
voler, v. intr., to fly, hasten.
voler, v. tr., to steal, rob.
voleur, n.m., thief, robber; *au voleur!*, stop thief!
volonté, n.f., will.
volontiers, adv., willingly, readily.
volume, n.m., volume.
vont, 3 pl. pres. indic. of *aller*.
votre, poss. adj. m. or f., **vos**, pl., your.
vôtre (le), poss. pron. m., **la vôtre**, f., **les vôtres**, pl. m. or f., yours.

vouloir, v. tr. and intr. ir. (voulant, voulu, je veux, je voulus, je voudrai, que je veuille), to will, be willing, wish, insist; *je voudrais*, or *je voudrais bien*, I wish, I should like; *ne vouloir plus de*, to wish to have nothing more to do with; *en vouloir à*, to have a grudge against, be angry with.
vous, pers. pron., you, ye; *c'est à vous*, it is yours.
voûte, n.f., vault, arch.
voyage, n.m., journey, travel, trip; *voyage sur mer*, sea-voyage.
voyager, v. intr. ir. (*g* becomes *ge* before *a* or *o* in conjugation), to travel.
voyageur, n.m., traveller.
voyant, pres. part. of *voir*.
voyez, 2 pl. pres. indic. of *voir*.
vrai, adj., true, real, genuine; *n'est-ce pas vrai?*, *pas vrai?*, is it not so?
vraiment, adv., truly, indeed.
vraisemblable, adj., likely, probable.
vu, p. part. of *voir*.
vue, n.f., sight, view.

Y.

y, adv., there, thither; used idiomatically in *il y a*, 'there is' or 'there are.'
y, pron., by it, by them, for it, for them, in it, in them, at it, at them, to him, to her, to it, to them.
yeux, n. m. pl., eyes (plur. of œil).

Z.

zébré, adj., striped.
zéphyr, n.m., zephyr.

NOTES.

Page Line.
1. 1-6—Fable 1 presents some interesting examples of the use of the Imperfect and Past Definite tenses. The differences between them are chiefly subjective, depending less on the nature and time of the action than on the standpoint of the relator. If an action is viewed as progressing, without reference to its beginning or completion, the Imperfect is used ; if viewed as complete, whether the period of action be long or short, remote or near, the Past Definite is used.

The force of the Imperfect can often be indicated in English by translating it by the Progressive form, thus : *traversait* (l. 1.), 'was crossing,' *portait* (l. 3.), ' was carrying.'

4—Verbs of depriving, such as *arracher, voler, ôter,* etc., generally require the indirect object to indicate the person deprived, robbed, etc.

6—du monde. This is parallel to the ordinary construction with the superlative : *la plus belle chose du monde,* 'the finest thing in the world.'

,,—à regagner, 'in regaining.' The Infinitive in *-ing* is often used to translate such constructions.

9—raisin has often a collective force, as here.

12—Construe *y* with *atteindre*. Beginners in French composition should not imitate the word order here.

,,—dit-il. An interjected explanatory remark referring to a quotation regularly assumes the interrogative word order.

15—à se divertir. See note to l. 6.

16—fut venu. This tense (Past Anterior) and not the Pluperfect, is commonly used after *quand, lorsque, aussitôt que,* etc., unless habitual action in past time is implied.

19—le. Pronouns referring to *quelque chose* are masculine, although the word *chose,* itself is feminine.

20—demanda-t-elle. See note to l. 12.

,,—One of the important uses of the dash in French is to denote a change of interlocutor.

2. 4—Ne pouvait en sortir. *Pas* may be omitted after *pouvoir, oser, cesser,* most frequently when followed by an infinitive.

8—descends cher ami. Observe the use of the familiar 2 sing. by the animals in a fable when addressing each other.

Page. Line.
2. 9—à en boire. For à boire, see note to l. 6, p. 1, en = 'of it,' 'some'; better translated here perhaps by 'it.'
   12 Swift. Jonathan Swift (1667-1745). Distinguished satirist, author of several remarkable books (Gulliver's Travels, etc.). Made Dean of St. Patrick's, in Dublin, 1713.
   14—lui dit le doyen. See note to l. 12, p. 1.
   15—j'ai pensé. The use of the compound tense (Past Indefinite), does not correspond wholly with the use of the Present Perfect in English. Often, as here, ('I thought') it must be translated by the simple Past.
   21—beaucoup à souffrir. Not to be translated by the infinitive in -ing, but by the infinitive with 'to.'
   25—s'avise. The historical Present. French permits a freer use of this tense side by side with past tenses than is customary in English.
3. 2—que fais-tu? The master addresses the servant with the familiar tu. The servant replies in l. 3 in the more formal and respectful 2 plur.
   6—Frédéric le Grand. Frederic the Great, King of Prussia, reigned from 1740 till 1786. By his many wars he greatly increased the power and importance of Prussia.
   7—dans la gêne, 'in poverty.' The def. art. is used with a noun in a general sense in French, though not commonly so used in English.
   9—il rencontre. See note to l. 25, p. 2.
   10—comment avez-vous trouvé?, 'how did you like?' See note to l. 15, p. 2.
   13—quand vint la fête, etc. Inversion of verb and subject often takes place in subordinate clauses after such words as quand, que, où, etc., especially if the subject be long.
   14—avec ces mots en tête du livre, freely, 'with these words inscribed on the book.'
   16—grand ennemi. A Fr. apposition corresponding to the Eng. apposition with 'a' commonly omits the article.
   18—n'osant. See note to l. 4, p. 2.
   21—rat. See note to l. 16 above.
   22—et cela plus tôt que plus tard, 'and the sooner the better.'
4. 2—à lui sauver la vie, 'in saving his life.' Note this method of expressing possession by the use of the indirect object and article, common in French.
   4—out repris. See note to l. 16, p. 1.
   10—soit jeté. The subjunctive is regularly used after verbs of 'commanding,' in a subordinate clause introduced by que.
   ,,—était tombé, 'had fallen.' A number of intr. verbs are conjugated with être when the result of the action is prominent, and with avoir when the action is prominent.

NOTES.

Page. Line.
4. 22—**de plus belle.** An adverbial phrase with ellipsis of some such word as *manière, façon.*
   23—**en**=*de la paix.*
   1 **il viendra,** 'there will come.' *Il* is impersonal, *un temps* being the logical subject.
   3—**son orgueil, sa fainéantise et sa prodigalité.** Observe the repetition of the poss. adj. before each noun to which it refers.
   8—**son.** *Son* is possessive adj. referring to *on* ('one') implied here.
   12 and 14—**Elle m'appartient . . . elle est à moi.** Note the alternative ways of expressing simple ownership.
   13—**c'est moi qui l'ai vue le premier,** 'I saw it first.' This sentence exemplifies a common method of denoting emphasis in French. A Frenchman could say *je l'ai vue le premier*, but *je* could not be emphasized as *I* can in English, so the circumlocution *c'est moi qui* is used.

   Note too the agreement of the participle *vue* with its direct object *l'* (*la*) whose antecedent is *noix*.

   le premier, compare the Latin: *Primus hoc fecit ; il a fait ceci le premier,* ' he was the first to do this. '
   15—**il s'éleva . . . une violente querelle.** See note to l. 1 above.
   23—**Rosbach** or **Rossbach.** A village in Saxony at which Frederic the Great, King of Prussia, defeated the French and Austrians in 1757
6. 11—**Charles XII.,** king of Sweden, reigned from 1697 to 1718. A large part of his reign was a struggle with Russia and other European powers.
   12—**en**=*de piller.*
   14—**Leipsic,** a city in Saxony.
   16—**lui enlever.** See note to line 4, p. 1.
   23—**souviens-toi.** Note the change from the former *vous* of line 18 to the more familiar and affectionate 2 sing.
   26—**Henri IV.,** king of France, reigned from 1589 to 1610. His memory is cherished amongst Frenchmen as that of a wise and good king, a true father of his people.
   „—**s'étant écarté.** Translate by ' having,' etc., and note that all reflexive verbs are conjugated with *être*.

FRENCH READER

Page. Line.
7. 2—**j'étais venu.** Several intr. verbs form their compound tenses with *être*, to be translated as if it were *avoir*

5—**où est le roi.** See note to l. 13. p. 3.

9 and 10—**sera, auront.** The French use the future where we commonly use the present in subordinate clauses after relatives and conjunctions such as *pendant que, lorsque, quand, toutes les fois que,* etc., when future time is implied.

10—**la tête nue.** 'their heads bare.' The singular is commonly used in speaking of an article of clothing or part of the body, which is single even when several persons are referred to. The article is used instead of the poss. pronoun in speaking of parts of the body, etc., when there can be no ambiguity as to the possessor.

15—**ayons.** The subjunctive is used in relative subordinate clauses following a negative.

16—**Charlemagne,** the great emperor of the West, began to reign in 771, was crowned Emperor of the Romans at Rome in 800, and died in 814.

20—**le dos, et . . . la ceinture.** See note to l. 10 above.

27—**fait approcher le moine.** Construe *moine* with *fait*.

8. 6—**serez.** See note to l. 9, p. 7.

11—**feras.** See note to l. 9, p. 7.

17—**en avait-il.** Rhetorical inversion.

20—**se mieux conduire.** The regular position of the adverb is after the verb, but certain adverbs, such as *pas, point, bien, mieux,* etc., may come before the infinitive.

9. 2—**fussent.** The subjunctive is used in subordinate clauses depending on words denoting joy, sorrow, etc.

4—**chargé de biens et d'années,** 'very old and very rich.'

13—**sans avoir de sûreté.** *de* is partitive sign after *sans,* as after other negatives.

,,—**me l'a redemandé.** See note to l. 15. p. 2.

14 and 15—**ne mérite-t-elle pas des éloges?** Note the form *des* instead of *de* after *pas,* the reason being that the question expects the answer 'yes.'

10. 4—**Quelle grandeur d'âme que.** *Que* may be translated here by 'namely,' or it may be omitted. It is used to introduce the phrase *de faire du bien,* etc., which is in apposition with *grandeur d'âme.*

NOTES. 193

Page. Line.
10. 5—**son**. See note to l. 8, p. 5.
    6—**St. Bernard**. One of the Swiss Alps on the Italian frontier, celebrated for its pass and monastery of Augustinian monks. The remarkable breed of dogs, employed by them in rescuing unfortunate travellers, is renowned the world over for its sagacity.
    18—**le cœur**. See note to l. 2, p. 4. Construe *cœur* with *fait*.
    21—**confiée**. See note to l. 13, p. 5.
11. 1—**j'y réussis**. The antecedent of *y* is *monter sur lui*.
    4—**le croire, d'autre**. Omit *le* in translating. *d'* is the partitive sign with the negative.

PART II.

1. LITTLE RED RIDING-HOOD.

[CHARLES PERRAULT (1628-1703), is the greatest of French fairy-tale writers.]

12. 1—**Il était** for *Il y avait*.
    2—**eût**. The subjunctive is used in a relative clause subordinate to a superlative.
    „—**mère-grand**. Antique for *grand' mère*. *Grand* is used for *grande* because in Old French adjectives derived from Latin adjectives of two terminations had but one form for masculine and feminine. The apostrophe is due to the blunder of the grammarians who thought there was an elided *e*.
    3—**lui fit faire**. The phrase is ambiguous ; it may mean 'had her make' or 'got made for her.' The latter is no doubt the meaning.
    4—**on l'appelait**. 'She was called,' or ' people called her.' *On* is very often used in French where in English we have the passive voice.
    „—**le petit**. The def. art. is used before a title or before an adjective used as a title : e.g., *le petit Robert*, 'little Robert.'
    7—**comment so porte**. See note to l. 13, p. 3.
    „—**on m'a dit**. 'I have been told.' Compare note to l. 4.
    11—**compère le Loup**, 'Master Wolf.'
    13—**où elle allait**. See note to l. 3, p. 1.
    19—**tout là-bas, là-bas**, 'away over yonder, over yonder.'
    „—**du village**. Place *in which* after a superlative is *de*, never *dans* or *à*.
    21—**je m'y en vais**. *y=là-bas*.

FRENCH READER.

Page. Line.
12. 22—**nous verrons à qui plus tôt y sera,** 'we shall see who will be there first.' Compare the phrase *c'est à qui y sera*, 'it is (a contest as to) who shall be there.'
13. 6—**à cause que.** Colloquial for *parce que*.
   7—**se trouver mal** means generally 'to faint'; here it means 'to be ill.'
   9—**s'ouvrit**, 'opened.' A reflexive verb is frequently translated into English by an intransitive.
   10—**car il y avait plus de trois jours qu'il n'avait mangé,** 'for he had not eaten for more than three days.' Note that *pas* is omitted in such constructions when a compound tense is used.
   11—**alla se coucher,** 'went and lay down.'
   25—**était faite,** 'looked.'

2. PUSS IN BOOTS.

14. 7—**n'y furent.** The antecedent of *y* is the phrase *Les partages . . . faits.*
   8—**Ils auraient eu mangé.** Colloquial. There is no appreciable difference between this phrase and *ils auraient mangé*.
   9—**eut,** 'received.'
   12—**aurai.** See note to l. 9, p. 7.
   13—**que** is for *lorsque*. It is often used in this way to avoid repetition of other conjunctions.
   15—**en**=*de l'entendre*.
   18—**vous n'êtes pas si mal partagé,** 'you have not received so poor a share.'
   20—**fit.** *Quoique* is always followed by the subjunctive.
   ,,—**il lui avait vu faire,** 'he had seen him do.' When *voir* is followed by an infinitive which governs a direct object, the object of *voir* is indirect. This rule applies also to *laisser, entendre* and *faire*. There is, however, a tendency in modern French to disregard the rule in the case of *laisser, voir* and *entendre*.
   22—**quand il se pendait par les pieds ou qu'il se cachait dans la farine.** A reference to the stories contained in Fable 18, Book III., of the Fables of La Fontaine.
   ,,—**qu'** for *quand*. Compare note to l. 13.
   23—**en**=*du chat*, 'by the cat.'

NOTES.   195

Page. Line.
14. 24 eut. Compare line 9. Translate 'had received.'
    27—grand nombre. Virtually an adv. of quantity like *beaucoup*, etc., hence no article.
15. 2—comme s'il eût été mort=*comme s'il avait été mort*. The pluperfect subjunctive is the only tense of the subjunctive which can be used after *si*='if.'
    „ —que=*jusque à ce que*, and hence, like the latter, takes the subjunctive.
     4—à peine fut-il. *A peine, peut-être, ainsi,* and a few other expressions generally cause inversion of subject and verb. For tense see note to l. 16, p. 1.
     5—qu', 'when.'
    „ —un jeune étourdi de lapin. 'A young mad-cap of a rabbit.'
    10—lapin de garenne, 'wild rabbit.' /
    19—lui fit donner pour boire, 'sent out a present to him'; lit., 'caused to be given to him (something with which to get something) to drink.'
    21—un jour qu'il eut, 'one day when he had learned.' Note the modification of meaning in the past definite of *savoir*.
    22—devait, 'was to.' *Devoir* in this construction implies pre-arrangement.
    „ —aller à la promenade, means to go out for pleasure or exercise, whether walking, riding, driving, or in any other way. Here, as appears from the context, driving is meant.
    26—me laisser faire. The construction is loose, it is (*vous n'avez qu'à) me laisser faire*.
    30—se noie. See note to l. 9, p. 13.
    31—mit la tête à la portière, 'put his head out of the carriage-door.' See note to l. 10, p. 7.
16. 2—allât. See note to l. 10, p. 4.
     5—était venu. In impersonal constructions the verb agrees with the representative *il*, not with the logical subject.
     7—cachés. See note to l. 13, p. 5.
     9—querir, or *quérir*, is now generally replaced by *chercher*.
    10—lui fit mille caresses, 'overwhelmed him with kindness.'
    13—lui. The antecedent is *fille*.
    13-14—ne .... pas plus tôt, 'no sooner.'
    15—en=*de lui*=*du marquis*; *en* more commonly refers to things than to persons.

196   FRENCH READER.

Page. Line.
16. 15—**voulut,** 'insisted.'
    16—**montât, fût.** Subjunctives after a verb of wishing.
    ,,—**fût de,** 'should join,' 'should take part in.'
17. 2—**c'est à M. le marquis de Carabas.** Supply *qu'ils appartiennent.* 'They belong to, etc.'
    5—**disait,** 'would say,' 'kept on saying.'
    8—**ait.** See note to l. 2, p. 12.
    14—**le peut.** *le=recevoir.* Omit in translating.
    ,,—**le fit reposer.** The *se* of reflexive verbs in the infinitive after *faire* is omitted. *Il se tait,* 'he is silent;' *il le fait taire,* 'he causes him to be silent.'
    18—**le** stands for the phrase *que cela est vrai.*
    ,,—**vous allez me voir,** 'you shall see me,' 'you are about to see me.'
    25—**saurais**=*puis.*
    31—**dessus**=*sur elle.* Compare the English *thereon,* and the German *darauf.* So *dedans* in the next line (l. 1, p. 18)=*dans le château.* Such expressions are used to avoid putting after a prep., a pronoun standing for the name of a *thing.* Hence, not *dans lui* (for *château*), but *dedans.*
18. 6—**rien de plus beau,** 'nothing finer.' Note the construction with adjectives after *rien, quelque chose,* etc.
    11—**avait fait préparer,** 'had caused to be prepared.'
    17—**que vous ne soyez mon gendre,** 'whether you shall be my son-in-law.' Subjunctive because depending on an impersonal verb expressing doubt.
    19—**que lui faisait le roi.** See note to l. 13, p. 3.
    ,,—**dès le même jour,** 'that very day.'

3. BOUM-BOUM.

[JULES CLARETIE. Born in 1840, and known as a successful journalist, novelist and dramatist. He is at present manager of the Théâtre-Français. His full name is *Jules-Arsène-Arnaud Claretie.*

18. 23—**devant lui,** 'straight ahead.'
19. 4—**un brave homme d'ouvrier,** 'a worthy working-man.'
    7—**rue des Abbesses.** The name of a little street in Montmartre one of the poorer districts of Paris.
    ,,—**se mourait,** 'was wasting away.'

NOTES.

Page. Line.
19. 14—**depuis** is an adverb here.

18—**jeter,** 'throw away.'

23—**entendît.** Conjunctions that denote purpose are followed by the subjunctive.

24—**depuis deux jours il inquiétait le médecin,** 'for two days he had made the doctor uneasy.' Note the difference in tense in the French and English constructions.

28—**laissant ballotter sa tête maigre sur le traversin,** 'letting his emaciated head (refers particularly to 'face') roll on the bolster.'

20. 1—**Là-haut,** 'up yonder' (in Heaven).

2—**lui.** See note to l. 20, p. 14.

15 **le dimanche,** 'on Sundays.'

17—**Champs-Élysées.** A public garden in Paris just west of the Place de la Concorde. In it are many places of amusement such as Punch and Judy (*Guignol*) shows, *cafés chantants*, etc. *La ficelle* is the cord forming the enclosure containing the seats for the children who pay to see Punch and Judy.

23—**nous en avons vu un, un général,** 'we saw a general.' The reader will have observed the frequent use of redundant constructions: *ça c'est*, l. 13, l. 14, and elsewhere in this story which is representative of the colloquial style.

"—**en.** The French are careful not to omit the *en* before the verb if the noun is omitted after: 'How many apples have you? I have three.' *Combien de pommes avez-vous ?—J'en ai trois.*

24—**bois de Boulogne.** A large public park just outside the fortifications on the west side of Paris.

25—**un pour de vrai,** 'a real one.'

21. 5—**Mais qu'est-ce que tu veux, enfin?** 'But do tell us what you want!', 'But tell us what you want anyway.'

9—**gentiment.** 'coaxingly,' 'gently,' 'softly.'

18—**qui revenait,** 'coming back.'

20—**en** is redundant, in apposition with *de ces mots*.

22. 18—**Et à chaque fois qu'il arrivait.** 'And every time it happened.'

25—**un clown articulé.** 'A (toy) clown with (limbs and) joints.'

28—**eût**=*aurait*.

23. 9—**les jambes cassées,** 'his legs trembling.'

FRENCH READER.

Page. Line.
23. 10—**Montmartre.** The quarter of Paris in which the scene of the story is laid.
12—**vont bien chanter, dire.** 'Go, to be sure, and sing, and recite.'
15—**lui.** In apposition with *le*, for emphasis.
19—**comme un décor choisi à,** 'as it were a tasteful setting for.'
24—**ça ne se faisait pas,** 'people did not do that sort of thing.'
25—**Mais enfin il s'agissait du petit.** 'But, you know, it's about our little fellow.'
29—**tenez,** 'here it is,' 'is this.'
24. 5—**lui,** 'on his part.'
7—**s'il allait.** (He wondered) 'if he was going.'
25. 4—**écrasée,** 'overwhelmed (with grief)'.
11—**que,** 'since.'
12—**tout à l'heure,** 'a little ago.' The phrase is also used of the future: 'after a little.'
15—**bouche de tirelire,** 'slit in a money-box (or child's bank.)'
27—**qui faisait rire encore et toujours rire le petit,** 'who made the little fellow laugh again and again.'
26. 14—**dessous**=*sous ceci*.
17—**fit sa première sortie,** 'went out for the first time.'
19—**ses deux larges mains d'Hercule doux.** 'His two broad hands like those of a kindly Hercules.
27—**médecin ordinaire du,** 'physician in ordinary to.'

4. THE UNCLE FROM AMERICA.

[EMILE SOUVESTRE (1806-1854). A distinguished journalist. Wrote also many stories long and short. His best book is probably *Un Philosophe sous les Toits.*]

27. 1—**Dieppe,** a French port on the English Channel.
,, —**eût,** subjunctive after *bien que*.
5—**vît,** subjunctive after negative.
7—**dont le théâtre a tant abusé,** freely, 'a theme which has been so overdone on the stage.'
11—**quelque** is adverb here, hence no agreement.
28. 4—**faisait . . . l'objet,** 'had been—the object.' See note to l. 24, p. 19.
12—**recueillie,** 'received' (into the family).
20—**voilà qu'il eût trouvé,** freely 'would he not have found!' *eût*=*aurait*.

Page. Line.
28. 21—**faire observer** means to cause another person to observe something, i.e., to make a remark, to remark.
22—**mam'selle**, colloquial for *mademoiselle*.
27—**Ils ont eu beau embarquer leur fils.** 'It was useless for them to send their son to sea.'
28—**à cette fin.** Colloquial for *afin*.
29—**allez !,** 'I tell you !'

29. 1—**en.** See note to l. 23, p. 20.
7—**j'espère bien que non.** 'indeed I hope not.' *que* is the conjunction introducing *non* which represents the subordinate clause.
15—**leur esprit est au plaisir,** 'their mind is bent on pleasure.'
29—**fit pousser aux enfants,** 'made the children utter.' See note to l. 20, p. 14.

30. 2—**prit dans,** 'took from.' Compare *boire dans un verre*, 'to drink out of a glass.'
4—**possédât.** Subjunctive depending on *unique*. Compare note to l. 2, p. 12.
12—**encadré,** 'as if in a frame.'
18—**est-ce qu'on a peur ?,** 'are you afraid of ?'

31. 6—**ça** is familiar for *il*, and is redundant here.
14—**fait.** When *faire* is used as a causal verb the Past Participle is invariable, contrary to the general rule mentioned in note to l. 13, p. 5.
16—**vous nous avez dit venir**=*vous nous avez dit que vous veniez*.
22—**mais on n'en est pas plus triste pour ça, les enfants,** freely, 'but I am none the less jolly on that account, my children.' *les* familiar for *mes*.

32. 2—**la soupe aux pommes.** What we call 'apple sauce.'
11—**se traduisit,** 'manifested itself.'
17—**exigea,** 'insisted.'
26—**s'appuyant des deux coudes,** lit., 'leaning with both elbows,' i.e., 'resting both elbows.'
30—**qui font froid au cœur,** 'which chill one's heart.'
31—**c'est pas,** fam. for *ce n'est pas*.

33. 4—**pouvait,** 'might.'
8—**j'aime pas.** Compare note to l. 31, p. 32.
15—**le**=*qu'il possède*; omit in translation.

Page. Line.
33. 20—**pour leur faire part de,** 'to communicate to them.' Note the different sense of *faire part* at l. 9, p. 28.
23—**de ce que,** 'on the ground that.'
24—**eussent.** The subjunctive expresses the writer's doubt as to the validity of the excuse.
28—**à quoi pensez-vous?,** ·'what are you thinking of?' *Penser* when transitive, may be followed by *de* as: *que pensez-vous de cela?,* 'what do you think of that?'
29—**reste.** See note to l. 5, p. 16.
34. 5—**lui passant la main sous le menton,** freely, 'chucking her under the chin.' See note to l. 2, p. 4.
7—**il y a longtemps qu'on me parle de toi.** 'I have been hearing of you for a long time.' Compare note to l. 24, p. 19.
9—**eût.** *avant que* is generally followed by the subjunctive.
21—**né natif,** 'born native.' Tautological for *natif.* The old sailor makes many slips.
28—**Avec une part de voyage,** 'With a share of profits from the voyage.'
29—**sans avoir .... pendre la crémaillère,** freely, 'without needing the help of his relatives to set up house-keeping.'
35. 5—**lui avait toujours souri,** 'had always pleased her.' *sourire à,* 'to smile on, please,' etc.; *sourire de,* 'to smile at.'
14—**pas vrai?,** 'are we not?', for *n'est-il pas vrai?*
36. 3—**je nage à rendre des points aux marsouins, moi.** 'I could teach porpoises a thing or two about swimming, *I* could.'
5—**l'affaire de Tréport.** A French town on the English Channel. The reference is probably to some battle in which Bruno and Didier had been engaged.
13—**était,** 'had been.' See note to l. 24, p. 19.
19—**j'ai su,** 'I learned.'
20—**j'ai retrouvé la montre du neveu.** 'I found my nephew's watch.' Note the use of the Past Indefinite (not the Past Definite), in conversation. Note also the use of the article for the Possessive Adjective.
29—**put retrouver la parole,** 'was able to speak again.'
37. 2—**elle était tout entière à la reconnaissance du,** freely, 'she was all thankfulness for the.'
6—**bien,** 'indeed,' 'it is true.'

Page. Line.
37. 14—**gagnées de cœur**, lit., 'won over with respect to their hearts,' i.e., 'with their hearts won over.'
    22—**fistot.** A popular and affectionate dim. of *fils*. Conf. the English 'sonny.'
    27—**faire**, 'fix.'
    31—**fit un geste de contrariété**, 'showed that he was annoyed.'
38. 1—**c'est jouer de malheur.** 'it's nothing but misfortunes.'
    5—**été fait**=*aurait été fait*. Note the use of the imperfect for Past Conditional.
    22—**qu'avait fait naître son retour**, 'which his return had aroused.'

5. LITTLE GAB'S JOURNEY.

[ANDRÉ THEURIET. A novelist and naturalist, born in 1833. His works, descriptive of scenes from nature and family life, are written in a style which is simple, graceful and at times highly poetical].

39. 1—**le regard plongeait . . . sur**, freely, 'one could see . . . into.'
    14—**au**, 'with a.'
    17—**on lui en eût donné à peine cinq**; freely, 'you would hardly have thought he was five.'
    23—**fît.** Subjunctive is used after verbs of commanding, forbidding, etc.
40. 13—**Ah ! vilain méchant,** 'Oh ! you naughty boy.'
    15—**si mignon,** 'such a darling.'
    17—**ait.** Note that the subjunctive is used after *quel dommage*. So after *c'est dommage*, 'it's a pity.'
    18—**Berck,** (*Berck-sur-mer*), a small sea-bathing town not far from Boulogne.
    24—**machine à plisser et à tuyauter,** 'plaiting and quilling machine.'
    30—**Thomas Hood** (1798-1845). An English poet, author of the Song of the Shirt referred to here.
41. 1—**sans regards,** 'cannot see'; in the poem, 'dim.' By comparing the original with this translation the student will get some idea of how difficult a thing idiomatic translation is.
    9—**maison.** The houses of Paris generally contain a number of families. At the entrance is the *loge de la concierge* (l. 28, p. 39) who has general charge of the whole house.

202   FRENCH READER.

Page Line.
41. 16—**troisième** (sc. *étage*), 'third story.'
    19—**ouvrait de navrantes échappées sur,** 'gave you a harrowing insight into.'
    29—**cinquième.** Compare l. 16.
42. 8—**outragement** is probably a misprint for *outrageusement.*
    14—**misères intérieures,** 'domestic troubles.'
    15—**Au Bon-Marché.** An immense establishment in Paris for the sale of wearing apparel, house furnishings, etc.
    29—**bruissement de sauterelle,** 'grasshopper's buzz.'
43. 2—**des falaises escarpées aux rochers,** 'steep cliffs with their rocks.'
    4—**s'éparpillant.** The pres. part. does not agree with its noun when the verbal idea predominates.
    10—**prenait sur,** 'took from.'
    20—**dans le vide,** 'in space.'
    21—**ses regards s'arrêtaient,** 'his eye fell.'
    25—**vers la mi-mars.** Observe that the compound *mi-mars* is fem., although *mars* itself is masc.
44. 3—**c'est que je suis pressé,** 'but I'm in a hurry.'
    5—**Et il se faisait indiquer,** 'And he had them tell him.'
    7—**Chantilly, Clermont, Amiens, Abbeville.** Towns through which one passes when going by the *Chemin de Fer du Nord* from Paris to Boulogne and Berck.
    20—**il n'en a pas pour longtemps,** 'he will not last long.' *en* refers to some unexpressed idea, such as *la vie.*
    21—**Le pauvre,** 'poor fellow.'

6. MASTER FOX AND MASTER WOLF.

45. 4—**force** has the value of an adverb of quantity, 'many,' but is not followed by *de* before the noun as other expressions of quantity regularly are, e.g., *beaucoup de victoires.*
    6—**paraît-il.** Inversion similar to *dit-il,* etc., in quotations.
    8—**à se jouer des tours,** 'in playing tricks on one another.'
    10—**A compère féroce, compère rusé.** Constructed in imitation of the saying: *à bon chat bon rat,* 'he gave him as good as he got.'
    17—**sa,** 'one's.'
46. 4—**va pour le dehors,** 'all right, take the outside.'
    14—**Tiens,** 'See there.'

Page. Line.
46. 24—**dame l'Oie.** Sometimes *ma mère l'Oie*, ' Mother Goose.
47. 1—**Il crut même avoir trouvé,** 'He even thought he had found.' After verbs of saying, believing, etc., we find the infinitive instead of *que* with subordinate clause if the two verbs relate to the same subject.

    5—**en**= 'at the thought of the butter.'

    11—**tous chiens dehors,** 'with all the dogs let loose,' nominative absolute clause ; so also *la nuit venue* (l. 12).

    14—**c'est que.** 'I tell you,' 'the trouble is.'

48. 4—**Pendant que j'y étais.** There is an ellipsis (why did I not attend to the other) 'while I was about it.'

    7—**tu es bien bon,** 'you are very obliging.'

    13—**que je ne savais pas au calendrier,** 'which I did not know were in the calendar.' The custom of calling infants by the names of saints found in the calendar is alluded to here.

49. 5—Brittany and Normandy are celebrated for their dairy products.

    10—**Jardin des Plantes.** Situated on the south bank of the Seine in Paris. Although called ' Botanical Gardens,' there is a fine collection of animals as well.

    15—**qui courent le monde,** freely, 'who are found everywhere.'

7. THE LAST LESSON.

[ALPHONSE DAUDET. A celebrated French writer of the present day. Born at Nîmes in 1840. His literary fame rests chiefly on his novels—Lettres de mon Moulin, Contes du Lundi (from which this story is taken), Jack, Tartarin de Tarascon, etc. He is also known as a dramatist].

La dernière Classe is the story of an Alsatian boy who describes the last day of school under the French master who had been ordered to leave in order to make room for the German master sent by the German Government on the cession of Alsatia to Germany after the war of 1870. The object of the author is to stir the patriotism of his French readers.

49. 17—**grand'peur.** See note to l. 2, p. 12.

    23—**le pré Rippert,** 'the Rippert meadow.' Note the position of the proper adjective when it is the name of a person.

50. 1—**du monde arrêté,** 'people standing.'

    4—**les réquisitions.** The levying of necessaries by the German troops on the Alsatians.

    10—**y.** Redundant, in apposition with *à ton école*.

Page. Line.
50. 17—**se bouchant les oreilles**, 'stopping their ears (with their fingers).'
25—**vous pensez si j'étais rouge**, 'imagine whether I blushed.'
27—**eh bien non**, 'not at all.' This may be considered a reply to an imaginary question such as: *M. Hamel t'a-t-il grondé ?*.
51. 11—**mangé**, 'worn away.'
26—**comme je m'en voulais de**, 'how angry I was with myself for.'
28—**Saar**. A river which rises in the Vosges Mts., and flows into the Moselle.
52. 8—**y**, redundant. See note to l. 10, p. 50.
11—**la patrie qui s'en allait**, freely, 'their country which was passing away.'
12—**j'en étais là de mes réflexions**, 'I had reached that point in my reflections.' Compare the idiomatic use of *en* in this phrase with the *en* in *en rester là*, l. 26, p. 51.
16—**je restai debout à me balancer**, 'I stood there swaying.'
20—**voilà ce que c'est**, 'that's how things go.'
26—**ce n'est pas encore toi le plus coupable**, 'but you are not the most guilty one.'
53. 3—**est-ce que je me gênais pour?**, 'did I hesitate to?.'
21—**cela faisait comme**, 'they looked like.' The author's patriotic imagination has caused him to use a somewhat forced comparison here.
22—**Il fallait voir**, 'You should have seen,' 'It was worth seeing.'
28—**encore**, 'too.'
54. 2—**fixant**, 'gazing at.'
6—**toute pareille**, 'quite the same' (i.e.; without change). The adverb *tout* agrees with the fem. adj. following it when the adj. begins with a consonant or *h* aspirate.
22—**en** is redundant.
24—**Angelus**. The ringing of the church bell at morning, noon and evening, as a signal for the repetition of the *angelus*, a prayer said in honour of the incarnation.
55. 1—**tableau**, for *tableau noir*, 'black-board.'

NOTES. 205

8. M. SEGUIN'S GOAT (FROM DAUDET'S LETTRES DE MON
MOULIN).

Page. Line.
56. 9—**un beau matin,** 'some fine morning.'
10—**cassaient,** 'would break.' And so, *s'en allaient* and *mangeait*, the impf. denoting customary action.
24—The *sous-officier* is often the butt of humorists.
57. 13-**je lui donnerai des coups de cornes,** 'I shall butt him.'
27—Locks which require two turns to be fully locked are common in France ; hence the phrase *fermer à double tour*.
58. 3—**Les genêts d'or, etc.,** 'The golden broom opened to let her pass.'
6—**plus de,** 'no more.'
8—**en** is redundant.
17—la **voilà partie !,** 'off again !'.
18 **la tête en avant,** 'head up.'
30—**comment ai-je pu tenir là-dedans?,** freely, 'how was I ever able to find room in it?'
59. 9—**qui rentrait,** 'which was returning (to its nest).'
21—**se faire à cette vie,** 'get used to that life.'
60. 12—**elle tomba en garde,** 'she assumed the defensive.'
„—**la corne en avant,** 'presenting her horns.'
14—**eût,** 'had.' Subjunctive after *non pas*.
27-**pourvu que je tienne,** 'I hope I shall hold out,' or, 'if I only hold out.'

9. THE SIEGE OF BERLIN (FROM DAUDET'S CONTES DU LUNDI).

61. 5-10—**l'avenue des Champs-Élysées.** A beautiful wide street leading from the Champs-Elysées to the *rond-point de l'étoile*, a circular *place*, in the western part of Paris, from which streets radiate in all directions - hence the name *l'Étoile*—and in the centre of which stands the colossal *Arc de Triomphe* (160 ft. high) erected to commemorate the victories of Napoleon I.

14—**mois d'août, etc.** War was declared between France and Germany on July 15th, 1870. Wissembourg was fought August 4th ; Reichshoffen, August 6th ; capitulation of Sedan and surrender of McMahon's army, Sept. 2nd. Treaty of peace, ceding part of Alsace and Lorraine, signed Feb. 27th, 1871. Paris entered by the German army, March 3rd following.

FRENCH READER.

Page. Line.
61. 17—**vieil entêté de**, 'an old stickler for glory and patriotism.' In the French *vieil* is the adj. and *entêté* the noun.

18—**Champs-Élysées.** The name is applied thus to the street as well as to the gardens which are more than a mile distant from where the colonel's house is supposed to be situated.

26—**il devait être très grand**, 'he must have been very tall,' =*il aurait dû être*. See note to l. 5, p. 38.

62. 5— In translating, supply 'they were' after *on eût dit*.

11—**McMahon.** A French general, born 1808, distinguished himself in the Crimean and Italian wars, was made a prisoner of war at Sedan ; after the institution of the Republic he was elected President in 1873 and held office for six years.

21—**le prince royal.** Frederick William, Crown Prince of Germany, born 1831, died June 15th, 1888, after having been emperor for a few months.

23—**sourd-muet.** Generally applied to one born deaf and dumb ; here of course to the old man stricken with paralysis.

63. 15—**Les premiers jours on s'en tira encore**, 'During the first days she managed it easily enough.'

22—**Bazaine.** A French general, born 1811 ; after the war, condemned to death Dec. 10th, 1873, for having surrendered Metz to the Germans, but the death penalty was commuted to imprisonment. He afterwards escaped.

23—**Froissart.** Should be Frossard, a French general, born 1807, died 1875.

64. 11—**Nous nous demandâmes**, 'We wondered'; lit., 'we asked ourselves,' or 'we asked one another.'

15—**lui.** See note to l. 20, p. 14.

17—**que** is object.

18—**nous . . . à tous**, 'all of us.'

27—**d'un petit air si tranquille**, 'with such a quiet, easy air.'

31—**un pan de**, 'part of.'

65. 3—**le roi de Rome** (1811-1832), also called Duc de Reichstadt, son of Napoleon I. and his second wife Maria Louisa, daughter of the Emperor of Austria.

6—**Sainte-Hélène.** A lonely island rock in the Atlantic off the coast of Africa, to which Napoleon I. was banished, and where he died.

21—**dirigé sur**, 'sent to.'

Page. Line.
65. 25—**en**=*des lettres.*
27—**lui**=à *elle.*
66. 6—**à n'en plus finir,** 'without end.'
13—The author in this paragraph criticizes the action of Germany in pursuing a policy towards France very different from the generous one recommended by the old Colonel.
14—**leur.** See note to l. 4, p. 1.
24—**je pus lui avoir,** ' I was able to procure for him.'
30—**le faisant boire,** 'helping him to drink.'
67. 7—**Je crois bien que, etc.,** 'I should think she *did* understand it.'
13—**la porte Maillot.** One of the western gates of Paris, about a mile distant from the *Arc de Triomphe.* There was heavy cannonading at this point during the siege.
16—**Invalides.** Hospital for old soldiers in Paris. The full title is 'Hôtel des Invalides.'
18—**Buzenval.** On the 19th of January, 1871, the *gardes nationaux* (volunteers of Paris) and other troops in Paris made a *sortie*, attacking the Germans in the neighborhood of Buzenval, a village lying about midway between Paris and St. Germain. After some severe fighting they were forced to retire without gaining any advantage over the Germans.
19—**avenue de la Grande-Armée.** The street which leads from the Arc de Triomphe to the Porte Maillot.
20—**qu'est-ce que c'est donc que ces troupes-là?,** 'what troops are those then?' Note carefully this periphrastic construction, so common in French.
24—**il n'en fut pas autre chose,** ' that was all there was about it.'
68. 7—**Lutzen.** A town of Prussian Saxony, where the French army defeated the allied armies of Russia and Prussia on the 2nd of May, 1813.
14—**Tuileries.** A royal palace in Paris, situated to the east of the Arc de Triomphe. It was destroyed by the Communists not long after the period of our story, with the exception of the wings which connected it with the Louvre.
17—**Milhaud.** A distinguished cavalry officer under Napoleon; born 1766, died 1833.
" —**je me demande encore,** freely, 'I do not know till this day,' 'I still wonder.'

FRENCH READER.

Page. Line.
68. 22—**sinistre**, 'sad looking,' 'gloomy.'
  23—**tout blancs avec des croix rouges.** The flags of the Red Cross army engaged in nursing the sick and wounded.
  28—**les aiguilles des casques.** The German helmets are referred to.
  30—**rhythmée par le pas. .... sabres**, 'to which the (measured) tread of the sections .... kept time.'
  31—**Schubert.** A celebrated German musician (1797-1828).

PART III.

1. UNION AMONG MEN.

[LAMENNAIS (1782-1854). A powerful but unsystematic writer on theological and social topics. The first extract exemplifies his socialistic tendencies, and the second his sympathy with the unfortunate. They are both from *les Paroles d'un Croyant*.]

70. 9—**ce que voyant**=*voyant ceci.* Lamennais often affects an antique style.
  18—**leur crainte à tous**, 'the fear of them all.' Note the possessive force of *à tous*, which forms a sort of apposition with *leur*.

2. JUDGE NOT.

71. 13—**est-ce.** When *peut-être* precedes the verb and is not followed by *que* it causes inversion of subject and verb.
  14—**en**, 'for it.'
  18—**un peuple martyr.** Probably an allusion to the French nation.

3. THE PEARL OF TOLEDO.

[PROSPER MÉRIMÉE (1808-1870). One of the most polished writers of the century, but somewhat pessimistic and cold. This extract, taken from a volume called *Mosaïque*, is called by Mérimée an essay in the Spanish style, and is a good sample of his most highly finished work, tinged with cynicism. He is the author of several stories of high merit and of a mass of interesting correspondence and miscellaneous matter.]

72. 7—**noir.** Adjectives of colour sometimes precede their nouns for rhetorical effect.
  23—**en**=*de la table.*
  28—**en** has no antecedent. It adds to the force of the expression.
73. 15-16—This is the lady's gentle way of refusing Tuzani's suit. It is necessary to bear this in mind to explain his subsequent cruelty.

NOTES.

Page. Line.

4. THE FALLS OF NIAGARA.

[CHATEAUBRIAND (1768-1848). The brilliant defender of Catholicism and Monarchy. He travelled in America as a young man, and the extracts in the Reader are based on his own observations. Some of his works are *Génie du Christianisme, Les Martyrs, Atala*. His style is exceedingly eloquent and highly coloured.]

74. 6—**La masse du fleuve,** 'That part of the river.'
11—**le roc ébranlé,** 'the quivering rock.'

5. THE SERPENT-CHARMER.

19-23—It is probable that Chateaubriand refers to some locality on the Genessee River in New York State.

20—**Onontagués.** 'The Odondagas,' an Indian tribe.

75. 5—**il sort.** *il* is impersonal. The logical subject is *bruit*.

11—**Moins perpendiculaires .... concentriques.** This passage is a description of the change of position of the serpent from that of a perpendicular spiral to that of concentric circles lying flat on the ground.

25—**qui en croyaient à peine leurs yeux,** 'who could hardly believe their eyes.' *en* has no antecedent, it changes the meaning of the verb; *en croire*, 'to put trust in.' Note also the idiomatic force of the imperfect in this passage.

6. THE GROTTO OF CALYPSO.

[FÉNELON (1661-1715), Archbishop of Cambray. One of the most distinguished of that age of eloquent men, the reign of Louis XIV. His best-known book, from which the present extract is taken, is *Télémaque*, which he wrote for the instruction of his royal pupil, the Duc de Bourgogne, grandson of Louis XIV., giving it the form of a continuation of the story of the wanderings of Ulysses. His style is singularly clear, polished and exact.]

76. 5—**en voûte,** 'in the form of an arch.'
21—**s'enfuyait au travers de la prairie,** 'stole away through the meadow.'
23—**découvrait,** 'could see,' conf. note to l. 25, p. 75.
24—**follement irritée,** 'madly dashing.'

77. 4—**revenaient sur leurs pas,** lit., 'retraced their footsteps,' i.e., 'flowed backwards.'
10—**le raisin,** 'the grapes.' conf. note to l. 9, p. 1.

210   FRENCH READER.

Page. Line.
7. LOUIS XIV. AND THE COURTIER.

[MADAME DE SÉVIGNÉ (1626-1696). Famous for the beautiful style of her familiar correspondence. The extract is from one of her letters.]

77. 16—**Le roi . . . des vers.** 'The King has been dabbling in verse-making for some (little) time past.'
78. 9—**en**=*des réflexions.* **là-dessus**=*sur cette affaire.*

8. THE TROUBADOUR.

[EDGAR QUINET (1803-1875). A voluminous writer of prose and verse on a variety of topics.]

The *trouvère,*' the finder, the inventor,' is the north French form of the better known south French word *troubadour.*

19—**jongleurs,** in this passage, 'minstrels.' The *jongleur* was an itinerant minstrel, who, in general, was employed to sing or recite the poetry of the *trouvère* his master. Some of the *jongleurs* also wrote poetry of their own.

79. 3 - **or.** Used here in its old sense of 'now,' referring to time.
16—l'=*chevalier.* *Pas* is sometimes omitted after *si.* **sa,** 'its.'

9. THE DEATH OF CÆSAR.

[SÉGUR, LOUIS-PHILIPPE comte de Ségur (1753-1833). A celebrated historian. Author of *Histoire Universelle, la Décade Historique,* etc.]

26—**ébranlée,** freely, 'wavered;' lit., 'was shaken or disturbed.'
80. 10—**le** refers to the previous interview between Cæsar and Spurina, i.e., "*tu vois que ce que tu avais prédit n'est pas arrivé.*" Omit *le* in translation.

20—**obsédé,** 'importuned on every side.'
81. 2—**qu'on savait instruit de,** 'who was known to be aware of.

10. DEPARTURE OF THE FIRST CRUSADE.

[MICHAUD (1767-1839). Known in literature chiefly by his *Printemps d'un Conscrit* and by his *Histoire des Croisades* (from which this extract is taken).]

82. 11—**le casque . . . le froc.** 'the helmet . . . the cowl, i.e., 'the soldier . . . the priest.'

26—**Dieu le veut,** 'It is the will of God.'
83. 20—**pénates,** 'belongings,' lit., 'household gods.'
23—**laissât.** Subj. after a verb of believing in the negative.

NOTES.

Page. Line.
11. THE FÊTE OF THE FÉDÉRATION.

[MIGNET (1796-1884). Known in literature by his *Histoire de la Révolution Française depuis 1789 jusqu'en 1814* (from which this extract is taken), his *Vie de Franklin*, and *l'Histoire de Marie Stuart*.]

A year after the destruction of the Bastille the Parisians invited the whole of France to come to the *Champ de Mars*, and on the *Autel de la Patrie* swear fidelity to the new Constitution passed by the *Assemblée Nationale*. This was the *Fête de la Fédération*. It is one of the most interesting episodes of the Revolution. It shows that the nation thought that everything was now on a solid foundation, and that nobody expected the frightful occurrences which were so soon to follow.

84. 10—**le 14 juillet.** The 14th of July, 1790. The Revolution may be said to have begun on the 5th May, 1789, the day on which the States General met, and to have ended on the 28th of October, 1795, when the Directory was established.

12—**Champ de Mars.** A large open space on the south side of the Seine, in Paris, directly opposite the Trocadéro.

17—**la commune.** Probably the municipality of Paris.

„—**districts.** Divisions of the *Départements*.

19—**fédérés des départements.** Those who had 'federated' themselves throughout the country to resist the enemies of the Revolution. They were present on this occasion as delegates.

18—**la garde parisienne.** The 'militia' or 'volunteers of Paris.'

20—The *Bastille* was a prison in Paris destroyed by the mob on the 14th July, 1789. This is considered as *the* event of the Revolution, and for that reason the 14th of July is the great *fête* day of the Republic.

85. 8—**la municipalité**, 'the municipal council of Paris.'

10—**la garde nationale**, 'the citizen militia.'

13—**tricolore.** La Fayette gave these colours to the *garde nationale*. The red and blue were the colours of the city of Paris, and the white that of the royal House of France. The tricolore has become the national colours of France.

15—**l'oriflamme.** The royal standard of France. Originally a small flag of red (or reddish orange) silk which the early kings of France, on going to war, used to receive at the hands of the Abbot of St. Denis, where, according to tradition, it had been brought by an angel

212   FRENCH READER.

Page. Line.
85. 16—**quatre-vingt-trois bannières.** *L'Assemblée Constituante* had formed 83 departments out of the ancient provinces of France.

18 - **La Fayette** (1757-1834). Well known on this continent on account of the part he took in the war of American Independence.

29—**le président de l'Assemblée nationale.** Corresponds to the Speaker of the English Parliament.

31—**Louis XVI.** In spite of these solemn proceedings, Louis XVI. was beheaded on the 21st January, 1793, and the queen Marie-Antoinette on the 16th of October of the same year, and the poor dauphin died in disgrace, some two years after.

86. 13—**joutes,** 'tournaments.'

12. INSIGNIFICANCE OF ROYAL GREATNESS.

[BOSSUET (1627-1704), Bishop of Meaux. Eminent theologian and preacher. His *oraisons funèbres* (funeral orations) are very celebrated ; from one of these—that on the death of Henrietta Maria, of France, queen of Charles I. of England, delivered on the 16th of November, 1669—the extract is taken.]

87. 10—**pour être,** 'although they are.'

11—**ils n'en sont pas moins,** ' they are (on that account) none the less.'

14—**Et nunc . . . . terram.** The Bishop's text, from the Vulgate, Psalm II., 10 ; in the authorized Version : ' Be wise now therefore, O ye kings ; be instructed, ye judges of the earth.'

24—**tout ce que . . . . . grandeur,** 'the greatest glory that the most glorious birth and greatness can give.'

26—**la bonne cause,** i.e., the cause of Charles I. in the Civil War.

30—**la majesté,** ' the sacredness of royalty.'

88. 2—**patrie,** i:e., France.

14—**particuliers,** ' private persons,' ' common people.'

15—**un roi,** i.e., The Psalmist.

PART IV.

1. THE MARSEILLAISE.

[ROUGET DE L'ISLE (1760-1837). Known as the author of *La Marseillaise* which was composed during the French Revolution at a time when France was threatened with foreign invasion. This famous battle song, known at first as the *Chant de l'armée du Rhin*, is said to have taken its name—

NOTES.

Page. Line.
La (sc. *chanson*) *Marseillaise*—from the Marseilles troops, by whom it was first sung in Paris.]

89. — The first and last stanzas only of *La Marseillaise* have been inserted.

2. THE DEPARTURE FOR SYRIA.

[DE LABORDE (1774-1841). Known only as the author of *Le Départ pour la Syrie* and a few other songs.]

90. 10—**Faites,** 'Grant.'
14—**Il trace . . . honneur,** ' He inscribes on the altar the oath of honour.'

3. THE COBBLER AND THE FINANCIER.

[LA FONTAINE (1621-1695). The most celebrated of French fable writers.]

91. 15—**faisait des passages,** freely, 'he used to warble.' *Faire des passages,* lit., ' to sing with variations.'
24—**n'eussent . . . dormir,** 'had not caused sleep to be sold on the market.' *le dormir.* Infinitive used as noun.

92. 8—**J'attrape le bout de l'année.** freely, ' I make ends meet.'
15—**L'une fait tort à l'autre,** ' One interferes with the other.'
18—**vous mettre sur le trône,** ' make a king of you.'

93. 4. THE FARMER'S WIFE.

[HÉGÉSIPPE MOREAU (1810-1838). He had hardly begun to attract public notice by the publication of *Myosotis,* a collection of poetry, when his peculiarly unhappy life came to an early close.]

8—**c'est,** 'she is.'
12—**puissiez-vous,** ' may you.' Subjunctive used with optative force.

94. 5. THE OXEN.

[PIERRE DUPONT, (1821-1870). His *Les Bœufs, Le Chant des Ouvriers* and other songs were much in vogue about the middle of this century.]

95. 28—**régent.** In Bretagne a *régent* is a person employed by a landlord to manage rented farm property, collect rents, etc. ; ' agent,' ' factor,' ' steward,' ' bailiff.'

96. 6. THE THOUSAND ISLANDS.

[LOUIS HONORÉ FRÉCHETTE (born 1839). A distinguished French-Canadian writer. The piece given here is a sonnet from *Les Fleurs Boréales.*

Page. Line.

96. 7—**aux fleurs d'or.** 'with golden flowers.' The logical order is *innombrables réseaux d'oasis aux fleurs d'or.*
    9—**mobiles.** 'waving.'
   15—**mirages.** Refers probably to the trees, etc., reflected in the water.

97. 7. THE CHILD'S HYMN.

[LAMARTINE (1791-1869). Poet, historian and orator. A writer of exquisite verse, but highly sentimental.]

   15—**avare** refers to *verger.*

98. 8. THE EXILE.
    9—**souvenance.** Antique for *souvenir.*
   13—**sois mes amours.** 'be my darling.'
   15—**Te souvient-il?**, 'Do you remember?' This (impersonal construction) is a form rarely used now; it has been replaced by the reflexive.

99. 2—**la Dore.** The name of a river in central France.
    4—**Du Maure.** 'Moorish.'

9. THE LEAF.

[ARNAULT (1766-1834). Of the mass of fables, tragedies and poems written by this author hardly anything is now read except *La Feuille*, which, as Saintsbury remarks, "deserves of itself to keep Arnault's memory green."]

100. 10. SADNESS.

[ALFRED DE MUSSET (1810-1857). A poet of very high merit, but one whose life was clouded by dissipation and sadness. This sonnet is eminently characteristic of him.]

   11—**j'ai perdu . . . . génie.** 'I have lost even the pride which made people believe in my genius.'

101. 11. TO MY DAUGHTER.

12. FOR THE POOR.

[VICTOR HUGO (1802-1885). The most distinguished literary Frenchman of this century. As critic, dramatist and novelist, he excelled, but his name will be longest remembered as poet. His lofty imagination was equalled by his vigour of thought and his brilliant mastery of language. The extracts are both from *les Feuilles d'Automne*, a collection of lyric poetry published in 1831.

www.ingramcontent.com/pod-product-compliance
Lightning Source LLC
Chambersburg PA
CBHW031819230426
43669CB00009B/1190